清华大学社会科学学院
Tsinghua University SCHOOL OF SOCIAL SCIENCES

Tsinghua
Journal of Social Sciences
清华社会科学
第 2 卷第 2 辑（2020）

商务印书馆
The Commercial Press

主办单位：清华大学社会科学学院

学术委员会（以姓氏拼音或字母为序）：
陈明明（复旦大学）
Deborah Davis（耶鲁大学）
James Fishkin（斯坦福大学）
李　强（清华大学）
刘守英（中国人民大学）
刘涛雄（清华大学）
彭凯平（清华大学）
Philip Zimbardo（斯坦福大学）
Richard Nisbett（密歇根大学）
时殷弘（中国人民大学）
王天夫（清华大学）
项　飙（牛津大学）
谢喆平（清华大学）
阎学通（清华大学）
应　星（清华大学）
俞可平（北京大学）
张　静（北京大学）
张小劲（清华大学）
周黎安（北京大学）
周晓虹（南京大学）

主　　编：应　星
编辑部主任：杜　月
编　　辑：刘小溪　颜燕华　董焱尧　齐　群（特约）

目 录

专题·思想史、社会史与政治史的交汇与激荡

3　在乡里"作圣"
　　——17世纪北方学者颜元的例子　/王东杰

41　约族：清代徽州婺源的一种乡村纠纷调处体制　/刘永华

69　政治史与事件史在中国：一个初步反思　/侯旭东

专题·田野调查传统的赓续与创新

127　矢志田野，传承薪火
　　——杨善华教授访谈录　/杨善华　田　耕

156　处处是田野，人人是对象
　　——马戎老师谈社会调查　/马　戎　王　娟

191　田野调查的洞察力和想象力
　　——刘世定教授访谈录　/刘世定　周飞舟

论　文

221　论生活习惯与制度建设：变革的视角　/杨雪冬

281　过程-事件分析方法视角下的D市民间金融危机研究
　　　　　　　　　　　　　　　　　　　　/刘卫平　杨艳文

评 论

307　社会空间与社会理论　/王天夫

324　《清华社会科学》投稿指南

专　题

思想史、社会史与政治史的交汇与激荡

在乡里"作圣"*

——17世纪北方学者颜元的例子

王东杰**

摘要： 明代中叶以后，成圣成贤的理想广为普及，成为一股强有力的社会思潮。但清初河北学者颜元及其周边一些士人的经历表明，与许多成果展示的"大家一起来作圣"的情形不同，大多数民众对于成圣成贤并无浓厚兴致，许多立志者亦很难从其所在社群获得鼓励。事实上，"教化"绝非只是精英对大众的单向施教，大众对精英的塑造也不可忽视。一方面，颜元虽高自标持，但不得不调整自己的处世风格；另一方面，在围绕颜元而产生的民间传说中，庶民百姓不动声色地重新界定了"圣人"的内涵，也重新规划了"施化者"和"受化者"的关系。

关键词： 颜元 圣贤 乡里

儒学发展至宋明时期带来了一个重大认知，即让越来越多的人意识到，圣人不再遥不可及，而是经由艰难跋涉所能抵达的位阶。这一认知最初只限于士人群体内部，及至王学勃兴，乃向更大范围的民众扩散。人人可以成圣的承诺，亦为儒学吸引到读书人之外的更多受众。但即使

---

* 河北省博野县颜元研究会的郑文林先生为本文提供了众多线索，谨此致谢！
** 王东杰，清华大学历史系教授。

此风最盛之际,亦远非一种普遍现象。对大多数民众来讲,圣人依然尊而不亲①,儒学理想和一般人民的生活仍有相当差距,普通人还是要在儒教之外去寻找解决之道:故朝廷对非正统思想虽有禁止和压制,大体仍能包容;反而是对一些自居正统的儒者,必欲除之而后快,加深了他们和普通民众乃至深受民俗影响的中下层儒生之间的鸿沟。

儒家思想之所以认定普通人亦有成圣可能,很大程度上是因为其所设想的圣人并非遁世绝俗,而就生活于常人之中,高度认同于人世秩序。在此取径下,不但终极真理不出人伦日用,而且"庸常"本身就是一项正面价值;索隐行怪,刻意标新,即使不是离经叛道,也至少不受鼓励。但世俗社会既对儒教敬而远之,立志作圣就意味着要选择一条与众不同的道路。作圣者立志淳化风俗,也往往与周边环境扞格不入,吊诡地成为另一意义上的"行怪"之徒。如何协调"常"与"俗/异"的关系,是他们必须面对的难题。

近年有关明清士大夫和地方共同体建设的研究已经足够丰富,但一个立志作圣的读书人如何在乡间自处,那些不识之无的乡邻又会给他怎样的回应?我们仍然所知甚少。本文希望通过 17 世纪河北学者颜元(号习斋)及其周边士人的例子,对此略做探讨。颜元是中国近世思想史的要角,不过学界以往只将其视作明清思想转型的一环,对于他和乡里的关系很少措意。但我在 2018 年 6 月前往其家乡——河北省博野县北杨村考察时,亲闻村中妇孺呼之为"圣人爷"。这令我想到:习斋一生活动范围主要集中在冀中一带;若非其高第弟子李塨(字刚主,号恕谷)不遗余力的宣传,其声名恐终难出里闬,他将如同好友王法乾一样,永远是个"乡里的圣人"。这提示我们,要理解"作圣"理想在读书人中的影响和意义,不仅应该知道精英(包括地方精英)如何自上而下地推行教化,也应具备下层眼光,了解乡民作何反响,又怎样界定自己心中的"圣人"。

---

① 黄进兴:《"圣贤"与"圣徒"——儒教从祀制与基督教封圣制的比较》,载《圣贤与圣徒》,台北:允晨文化实业股份有限公司,2001 年,第 144—146 页。

一、作圣贤与处乡里

颜元本出博野颜氏，其父幼时为蠡县巡捕朱九祚抱养，遂从姓朱。颜元长在朱家，初名邦良，直到37岁才恢复颜姓，改名为元；39岁认祖归宗，迁回博野。① 他早年习文应举，和一般士子并无大异，也不具备严格的"正统"意识。相反，和理学史上不少人物一样，他在正式认同儒者身份之前，多次"误入歧途"：十四五岁沉迷道教丹法，志在修仙，"娶妻不近"；16岁"知仙不可学"，又耽溺闺房，兼之交友不慎，"习染轻薄"；19岁投入名士贾珍门下，经其人格感召和严格要求，一革旧态，"习染顿洗"；21岁，因读《资治通鉴》，决意放弃功名；24岁，立志法古，自号"思古人"，接触陆王之学，大为喜好；26岁，读《性理大全》，"知周程张朱学旨，屹然以道自任"；29岁，与王法乾订交，始立日记以自课，二人定期集会，质问学行，考核功过；34岁，为养祖母治丧期间，悟及朱子学说之误，毅然冲出理学阵营，自出机括，开始倡导以习行实践为主旨的"孔孟正途"；35岁，据此改斋号为"习斋"。②

颜元25岁所作《小盒歌》，初次表露了作圣之想："识得孔叟便是吾，更何乾坤不熙皞？"彼时他还是陆王信徒，相信孔子与"我"本来无二。不过这是整个理学传统的共识，故其虽然后来转入程朱路线，而此一认知并无改变。他和王法乾彼此以圣人相期，砥砺学行，精进不已，以致王氏亡故，自己也已在暮年的颜元想及"良友中再无以圣人相责者"，竟至"泣下不已"。③ 王法乾曾对颜元讲："吾兄弟初志作圣，即令到的贤人位次，终是自恶。"④颜元亦言："圣人必可学而至，希贤则已卑。"⑤其心中直

---

① 为表述方便起见，本文统称之为"颜元"或"习斋"，请读者谅察。
② 李塨：《颜习斋先生年谱》，载颜元：《颜元集》，北京：中华书局，1987年，第709—726页。以下简称《颜谱》，下文征引史料，凡未注出版信息者，皆出《颜元集》。
③《颜谱》，第713、787页。
④ 颜元：《四书正误》，载《颜元集》，北京：中华书局，1987年，第173页。
⑤《颜谱》，第794页。

以"尧舜周孔"为"比勘"对象,程朱陆王亦不足与商,"今人"之褒贬更不在其意中。① 即使偶陷自伤,他也不肯稍降悬格,以为其"言之是"与其"心之悲",唯有孔子能够知解。②

颜元认为,人生而为人,即应以圣贤为鹄的,否则即是自弃。他批评时人:"不敢言圣贤,并不敢言为圣贤。夫不自圣贤可也,若并不为圣为贤,成何人?"不过,他所谓成圣,并不是要人人皆能做到尧舜一般,而是"只就各人身分,各人地位,全得各人资性,不失天赋善良,则随在皆尧舜矣"。他强调,孟子所说"人皆可以为尧舜",是有普遍意义的:"此'人'字,自圣知至庸愚,王公至隶胥,千万人都括尽;'皆可以为'四字,是将生安、学利、困勉,用学问之择执与不用学问之择执,千万等工夫都包尽。"③这种全称性表达释放出强大的道德动力,以至于一位江南士子听闻习斋学说,当即表示:"人不作圣人非人矣!"④

颜元认为,后人之所以"不敢言为圣贤",是因为存在两个误区:一是"望圣人之大德不敢为",二是"忽圣人之小节不屑为"。⑤ 前者源于志气卑弱,后者则是误认措手之方。这两种认知看来相反,实则皆是将"圣人"看得过高,似乎成圣是在日用伦常之外别有一事。其实,即便孔子亦非天纵之圣,而是靠着"终身志、终身学",一路"用功"才有此成就。⑥ 故人首先须知"圣人是我做得",凡"不能作圣,不敢作圣",皆是"无志"。⑦ 其次,圣人由"小节"积渐而成,其间"层次"甚多,需要由近及远,自卑至高,渐次打理,不能一蹴而就。故他提倡"得尺是尺,得寸是寸"的为学之方,先从日常"粗小"之处入手,"学得一端亦可";即使不能抵达终极

---

① 李塨:《赠张篯门序》,载《李塨集》,北京:人民出版社,2014年,第1386页。
② 颜元:《朱子语类评》,载《颜元集》,北京:中华书局,1987年,第264页。
③ 钟錂:《颜习斋先生言行录》,载颜元:《颜元集》,北京:中华书局,1987年,第690、648—649页。以下简称《言行录》。
④ 李塨:《赠刘生序》,载《李塨集》,北京:人民出版社,2014年,第1382页。
⑤ 《颜谱》,第774页;《言行录》,第675页。
⑥ 颜元:《四书正误》,载《颜元集》,北京:中华书局,1987年,第177页。
⑦ 《言行录》,第668页。

化境,亦可做到"部分的"圣人。①

王阳明有两句关于"圣人"的名论。一句是:"满街人都是圣人。"一句是:"你们拿一个圣人去与人讲学。人见圣人来,都怕走了,如何讲得行？须做得个愚夫愚妇,方可与人讲学。"②二说相反而互足。前句是立志之事,要让"愚夫愚妇"亦知圣人可为。后句是处世之事,"愚夫愚妇"不知自己与圣人本来无二,反谓天悬地远,反而阻断了上升之念。故"圣人"须以"愚夫愚妇"面目示现,循循善诱,令其发见本来具足的"圣人"心性。换一角度说,前句事涉个体("我")的选择,后句指向与世道的交涉。圣人不是孑然独立的"自了汉",而须兼济天下,己溺己饥。"为人""为己"二义兼备,"作圣"意义始备。

然而,同时保持"愚夫面"和"圣人心"岂是易事？颜元志存高远,言行不免突出常格,放弃举业只是其一,已然招来物议③；更令人感到格格不入的,则是他秉持的那套理学信念和修养工夫。钟錂说,青年颜元"屹然以道自任,谓圣人必可学,期于主敬存诚,日静坐八九次,谤毁交集。尝敝衣敝冠出,人望而笑之,不恤也"④。日习静坐,敝衣出行,恐怕还是表象;"期于主敬存诚",才是使其与众不谐的根由。潘平格就曾因从事程朱之学,被"乡里友朋"视作迂腐。⑤对许多士人来说,理学话头只是言说作文的材料,并非真要躬行的法则。方苞有位朋友就说,经书只需"浮慕"一下就好,若是衷心欢喜,"不祥孰甚焉?"⑥此虽是极端之辞,亦是许多人的真实想法;故有人若真要遵之而行,难免被认作咄咄怪事。

颜元并不因此退缩,这既因其本人意志强大,亦有赖师友的支持。事实上,正是其同道的存在,使我们意识到,颜元的遭遇绝非个例。比如

---

① 《颜谱》,第774页；颜元:《四书正误》,载《颜元集》,北京:中华书局,1987年,第240、177页;《言行录》,第675页。
② 陈荣捷:《王阳明传习录详注集评》,上海:华东师范大学出版社,2009年,第213页。
③ 士子主动放弃功名,已令世俗惊异,与颜元同时而年长的关中学者李颙就曾遭到这种对待。参见惠霖嗣:《历年纪略》,载李颙:《二曲集》,北京:中华书局,1996年,第560页。
④ 钟錂:《习斋先生叙略》,载颜元:《颜元集》,北京:中华书局,1987年,第618页。
⑤ 郑义门:《潘先生传》,载潘平格:《潘子求仁录辑要》,北京:中华书局,2009年,第4页。
⑥ 方苞:《书李雨苍札后》,载《方苞集》,上海:上海古籍出版社,2012年,第809页。

其密友王法乾,亦有类似经历:他力排二氏,"投佛像于井";焚烧帖括,专意"五经";行事一遵朱子《家礼》,"居必衣冠,率家众朔望拜祖祠、父母,相其生母拜嫡母";课毕"辄令门人站班,高声歌'战战兢兢,如临深渊,如履薄冰'。王子悚起拱听,乃退"。种种行为令"乡党遐迩"大感怪异,或言其"风"(疯),或言其"癫"。颜元却大起知音之感,谓"士皆如此'癫',儒道幸矣",主动修书纳交。在信中,他特别提到,自己"有笑为狂者,有鄙为愚者,有斥为妄者,有訾为迂阔、目为古板、指为好异者,甚至望而讥,迎而拒,呼朋引类而辱笑之"①。法乾读及此处,应有身受之感。

在王法乾感召之下,颜元亦开始遵行朱子《家礼》——实际上,正是在为养祖母治丧期间严守《家礼》,才引发了他对程朱学说的怀疑,促成了他的思想转向。② 但这并未改变他对"礼"的态度,反而强化了他守礼的决心。他认为礼是切道之事、"作圣之事",唯朱子之礼颇不合理,他要回返"古礼"。其所谓"习",几乎全部围绕"礼"字展开,于日常仪节、年节祭拜,尤多措意。更重要的是,他不只临事守礼,更提倡在平日不断演习。比如他有日忽然想到,"习礼一人亦可,乃起习周旋之仪。凡习礼,以三为节,转行宅巷,必习折旋"。独自"周旋"进退,揖让如仪,而态度郑重,旁若无人,在不明就里者看来,岂不以为癫狂?颜元对此其实也一清二楚,曾自述道:"无人处勉为《雅》《颂》之歌吟,家塾中勉率子弟以习演,而即惊世骇俗,招谤笑,惹刺议,欣然受人指斥,如两间狂夫、怪兽。"其行为连家人也不理解,更有"长者"劝其不必与世乖违。但他认定自己所行即是"圣人之道",而"守礼"本该以"执",故立定脚跟,愈挫愈勇。③

颜元不仅亲自习礼,而且四处推广之,但人多视作"虚礼",以至于

---

① 《颜谱》,第716页;颜元:《初寄王法乾书》,载《颜元集》,北京:中华书局,1987年,第447、446页。
② 参见王东杰:《气质为何不恶:颜元的身体经验与思想建构》,《清史研究》2021年第1期。
③ 《颜谱》,第788、735、749页;颜元:《题礼观于乡二章》《居忧愚见》,均载《颜元集》,北京:中华书局,1987年,第554、570页;《言行录》,第671页。

"做戏"。仅钟錂所记习斋《言行录》就有两例。其一云：

> 或言："习礼自好，但有近优人演戏之疑。"先生曰："今日正坐不及优人耳。彼平时演定，手足扮出，丝毫不差。学者终日袖手诵读，临事一切懵懵，顾以演仪为耻乎！且以孔子之圣，而与弟子习礼树下……以习行为羞，乾坤所以日非也。"

又一云：

> 朱主一言："用习礼等功，人必以为拿腔做势，如何？"先生曰："正是拿腔做势，何必避？甲胄自有不可犯之色，衰麻自有不可笑之容。拿得一段礼义腔，而敬在乎是矣；做得一番韶舞势，而和在乎是矣。后儒一扫腔势，而礼、乐之仪亡矣。"

拿腔做势，迹近俳优，两条彼此发明，可以让我们一探颜元邻人对其行事风格的评断。演仪、演戏，皆有一个"演"字，实际也不无相通。对此，习斋亦不讳言。他根本认为，将礼乐视同"礼生""吹手"之"贱"业，正使人去道弥远；儒者就应不避"做戏"嫌疑，学而时"演（习）"之，才能重回孔子真精神。因此，与大多数理学家对天理、"喜怒哀乐之未发"的体贴不同，颜元更看重由"外"及"内"的办法。他相信，通过持续地模仿圣贤的"腔势"，我们就能逐渐习得"敬"与"和"，接近圣域。这和作文、写字先从临摹开始是同一道理，而世人漫不加察，遂至妄加讥议。①

颜元与世俗枘凿，也与其个性有关。他自谓年轻时"狂妄特甚"，"道进一寸，骄盈一尺"，又"棱角乖张"，以此"得罪执友，取讥乡邦"②，此是

---

① 以上数段参见《言行录》，第 631、632、664、671、687 页。
② 颜元：《祭石卿张先生文》《祭李孝悫文》，均载《颜元集》，北京：中华书局，1987 年，第 534、531 页。

谦辞,亦是实录。其行事爽直,"待人恩义甚切",却也"望人过甚,责人过切",致人不快,故人亦"不亲就"。① 王法乾的弟弟王顺乾甚至说他为人"骄慢"②。李塨的父亲李明性性情宽和,而亦不无微词,尝寓书习斋、法乾,谓二人"英浮""矫强","圭角"外露,勉其"炼至'如愚'光景";又特言习斋"欠涵养,且偏僻",恐其"蹈矫激之僻"。他有次与颜元同坐,屡道"冬日可爱",习斋悟及此是其婉言讽谏语。③

　　颜元刻意远俗,反被视为"浮俗"。李明性揭出"如愚"(语出《论语·为政》)二字,不啻为其点出向上一机。④ 而颜元一旦知错,亦从不惮改。故随着年岁渐长,他的性格也大为改善,虽然还是会被人批评"未融锋棱""言躁而长""怒时责人语过甚",但在"做个愚夫愚妇"方面,已大有进展。晚年的颜元多次叹服"孔子之处乡党"之道:"大圣人杂于愚人而不惊,不自贤圣,不大声色……恂恂似不能言,俨然昌平乡中一乡人耳。及在宗庙朝廷,却便便言,大圣人一样气象。"反观自己,"多少自贤自智,不安乡人本分处,却真小家孩子势"。⑤ 其弟子李植秀因跟从习斋,人"多毁忌"。颜元告诉他:"汝初立志,当暗然自进,不惊人,不令人知,可也。然亦须坚定骨力,流言不惧,笑毁不挫,方能有成。"⑥可知晚年的习斋仍被有些人看作"异类",不过他已软化了对俗众的态度,至少不再在主观上刻意张扬"忤物"了。

　　颜元一反阳明学术面向大众讲学的传统,认为儒学中最为精微的部分("性命之理"),只可供"一二人秘受"。即使孔门弟子,亦只曾子、子贡等寥寥数人可得而闻,其他"及门与天下所可见者",唯有《诗》、《书》、六艺而已"。他反复强调:"'民可使由之,不可使知之',是孔子明言千圣百王持世成法,守之则易简而有功,失之徒繁难而寡效。"宋明儒

---

① 《颜谱》,第748页;颜元:《四书正误》,载《颜元集》,北京:中华书局,1987年,第207页。
② 颜元:《与王顺乾书》,载《颜元集》,北京:中华书局,1987年,第449页。
③ 《颜谱》,第720—721、723、724、740页。
④ 《颜谱》,第721页。
⑤ 颜元:《四书正误》,载《颜元集》,北京:中华书局,1987年,第243、202页。
⑥ 《颜谱》,第746、751、748、764—765页。

者"动谈性命,相推发先儒所未发",早已背离先圣正统。他的这些论说意在摧毁理学根基,但也在少数精英和多数人众之间划出了一条界线。对他来说,上智下愚之别似乎是天生而不变的,"能理会者渠自理会,不能者虽讲亦无益"①。

将人划为三六九等,似和人人皆可成圣的观念抵牾,但颜元并未因此而对后者产生怀疑。实际上,一方面,他把圣人看作一个实践的果位,而非思考的果位。这就意味着,即便是下愚,亦有勉为圣贤的可能。另一方面,他高自标持,年纪轻轻就把自己看作孔庙候选人②,理应在精英之列,但他既对高玄理论兴致无多,又刻意矫枉,坚持圣人是"作"出来的,故终身所行都落在众人一边——然而这并不能改变他认为他们"可由而不可知"的预设。

对颜元印象不佳者,既有胸无点墨的庶人,也有读书人或士大夫。后者对颜元的批评亦可分为两类。一类是像李明性、王余佑这样的前辈,他们与颜元志趣相同,甚至对他相当欣赏(李明性令李塨从其受学,即是明证),他们批评习斋,是秉承"《春秋》责备贤者"之意;而另一类人的反对既有学术思想的分歧,更有对颜元"独行其是"的不满。颜元的同乡后学尹会一曾说:

> 始予垂髫,每闻乡里间语及先生,辄有"颜圣人"之目。而学者则或笑或讪,或怒加诋毁,殊不解其所以。嗣先生与王业师会于塾。予从旁谛视,则貌古言庄;论议古今事,虽毫无假借,而心气自平。因私问于师曰:"颜先生有何遗行,而学者嫉之若此其甚也?"师云:"昔恶无礼,今恶有礼。江河日下,小子安知?"③

---

① 颜元:《存学编》,载《颜元集》,北京:中华书局,1987年,第41、43、39页。
② 《颜谱》,第726页。
③ 尹会一:《颜习斋先生墓表》。碑存河北省博野县北杨村颜习斋祠堂,清乾隆八年(1743年)原刻,1917年重刻。

这段回忆殊堪注意。尹氏所谓"乡里",乃与"学者"对举,似指普通百姓而言。如是,则当地社会上层和下层对习斋看法可谓截然异趣。有关庶民怎样看待颜元的问题,第三节将做进一步分析。此处要指出的是,尹氏借塾师之口提出,颜元遭嫉的缘由皆与"礼"有关:"昔恶无礼",是其目高于顶,行事乖张;"今恶有礼",是其志在从古,不肯谐俗。显然,习斋与反对他的读书人之间的隔阂,根源在于信仰,不是仅仅通过调整行为方式就可消除的。

颜元的看法可以放入明末清初"礼治社会"的思想运动,这个运动的首要关怀是"以礼抗俗"。"俗"并非无"礼",但"俗礼"被认为受到二氏玷染,必须以"古礼"代之。① 令颜元不安的是,对于社会上种种失"礼"行径,"愚民既莫之知,士子亦习而不察,间有能觉其误者,又不敢任主礼变俗之名,仍因循而惮改",遂至牢不可破。他强调礼为"治平"先务,不可掉以轻心。具体方式有二,一是通过基层组织进行劝化:"自牌头教十家,保长教百家,乡长数(当作"教"——引者注)千家,举行冠、婚、丧、祭、朔望、令节礼,天下可平也。"二是重视精英的表率作用:"一人行之为礼法,数人从之为学术,众人习之即成风俗矣。"②一个"教"字(不是"讲"),一个"行"字,均落在"使由之"的路线上。

但颜元也并非不知变通,一味复古,为此他首先考虑到时王权威。以丧礼为例,其主张是:"惟国家制度更定者,宜遵行而不返古。若律令所不载,情理所不合者,皆当决断去取而变更之。"③其次他认为有些俗礼虽不合"礼文",却合乎"礼意"。不可徒以今古为判,而须斟酌损益,择善而从:"敢于违俗以从礼,罪也;敢于违礼以从俗,亦罪也。"④礼以"合于理"为原则,"非以苟异于俗也,亦非以礼自我出也"。要在"使神

---

① 王汎森:《清初"礼治社会"思想的形成》,载陈弱水主编:《中国史新论·思想史分册》,新北:联经出版事业股份有限公司,2012年,第361—392页。
② 颜元:《明吊奠礼》,载《颜元集》,北京:中华书局,1987年,第574、575页;《言行录》第669页。
③ 颜元:《明吊奠礼》,载《颜元集》,北京:中华书局,1987年,第574页。
④ 颜元:《居忧愚见》,载《颜元集》,北京:中华书局,1987年,第568页。

人各安,一人可行,人人可法,远不谬圣,近不悖王,斯可耳"①。故他所说的"礼"是折中性的考量,既有"变俗"一面,亦有"从俗"一面,"礼"和"俗"并非不可共处的两极。

至少有三个因素促使颜元必须正视"俗"的力量。一是价值上的:既然儒学之道是凡常、平易、可行的,就不能远离庶民日常。他说:"夫子乃乡里、道路、朝庙之夫子也,其道乃乡里、道路、朝庙之道,学乃乡里、道路、朝庙之学也。"②"朝庙"是传统的儒学空间,倒是"乡里"和"道路"这些平常环境,赋予孔子一种别样的意味。因此,在颜元眼中,孔子可谓"乡里的圣人""道路的圣人"——当然也是"朝庙的圣人",但那对一生不登庙堂的颜元来说,其意义可以虚化。习斋相信王阳明的名言:"与愚夫愚妇同底便是同德,与愚夫愚妇异底便是异端。"并执此以衡朱子,断言其所提倡的读书静坐,是在"士农工商之业"之外别开一途——"是与愚夫愚妇同乎?异乎?"③

另两个因素都是策略性的。一是为了避祸。他曾于途中偶遇蠡县令,立刻"避人门下",县令仍"回首谛视久之"。这让颜元想道:"吾人不言不动,犹的然致世别眼,况轻言妄动,焉能晦其明以求免乎?"一是为了传道。拒人千里,也是为人所拒,一个人要移风易俗,就不能孤芳自赏,不与人同。他自38岁起,渐有"不宜过峻以绝物"的感悟。47岁时,听到王法乾责备李塨交友不严,起而为之辩护:"吾二人不苟交一人,不轻受一介,其身严矣;然为学几二十年,而四方未来多支,吾党未成一材。刚主为学仅一载,而乐就者有人,欲师者有人。夫子不云乎:'水清无鱼,好察无徒。'某将以自改也。"不久他就想到,自己"从不入寺,不与僧道言",即是"褊狭不能载物"。57岁时,他更明确指出:"化人者不自异于人。"这些反省当然反映出其修养的进阶,但也有技术层面的考量。他认为,"方今孔子之道涂地,但有志者,即宜互相鼓舞,以相勉于圣道

---

① 《言行录》,第647页。
② 《言行录》,第688页。标点略有更动。
③ 颜元:《驳朱子分年试经史子集议》,载《颜元集》,北京:中华书局,1987年,第565页。

之万一。有八长而二短,姑舍其二;有八短而二长,姑取其二",乃至"奖人"不妨"常过其量",更不可一味求全。事实上,由于刻意"容众",晚年的颜元和王法乾在"交友"原则上分歧越来越大:王坚持必须"择交",颜则提倡不妨"节取"。①

这当然不是说习斋降低了对自己的要求。他仍认为,"吾人当于尧舜周孔衡长短",唯也因此不必"卑之较论时辈"。②然而讽刺的是,他的这一改变却招致有些友人的误会,认为他陷入"滥交"。为此,习斋辩解到,自己实具一番"苦心"。盖自三代以下,"气数益薄,人才难得",即有一技之长亦令人"不忍"弃绝。他举例道:"昔蠢人某,恶人也。吾欲治河以救一方,驰寸纸,立集夫五百名,赴吾于数里外,限时不爽也。脱鄙而远之,数十乡为水国矣。"③即使"恶人"亦有其用处,关键在于如何用之。显然,在迷途知返之后,他并未完全与那些不良少年一刀两断。虽然资料不多,但既能召之即来,则平日对之绝不止"不鄙而远之",而应更为积极;且与之往来,亦不应只此一例。只是此时的颜元已不再随波逐流,而是采取主动,变"废"为"宝"。而他对自己善用"恶人"的能力,亦颇感得意。

颜元曾说,其最初脱离理学窠臼,"尚有将就程朱,附之圣门支派之意",直到 57 岁南游(参见下文),"见人人禅子,家家虚文,直与孔门敌对",方才意识到,"必破一分程朱,始入一分孔孟",从此公然与程朱立异,"不愿作道统中乡愿矣"。但他在传道过程中,也越来越倾向于放低身段,与世妥协,曾认真考虑过"以时文教人,借以明道倡学"的可能。62 岁时,他在肥乡(今属河北邯郸)士绅的再三敦请下,前往漳南书院,于中设六斋,除"文事""武备""经史""艺能"外,亦置"理学斋"和"帖括斋"。后二者与其认定的正学乃是背道而驰,习斋之意是要以之"渐引"

---

① 《颜谱》,第 749、737、753、754、751、763、771 页;《言行录》,第 668、652 页。
② 李塨:《王子传》,载《李塨集》,北京:人民出版社,2014 年,第 1422 页。
③ 《言行录》,第 654 页。

学人入道,以免过于惊世骇俗。① 与早年的激昂意态相比,早已是大相径庭。

二、与"异端"共享的文化

在习礼之外,颜元易俗活动的另一个重心是对"异端"的批判。他这样做不仅是在追随历代先贤的范例,也受其自身居乡经验的刺激。明清时期,随着社会、经济剧变,宗教生活也日趋活跃,三教互渗互融趋势进一步加剧,各种新兴民间宗教势头猛健,甚至一度深入内廷,亦被用作动员民众造反的工具。河北是这些教派的一个活动中心。颜元弟子钟錂愤愤指陈:"乡民惑于异端,焚香聚会者,十百为群;男女杂遝者,夜以继日。相昵相亲,逾于骨肉,而父母兄弟,反视若路人。家多不梵刹之寺庵,人尽不削发之僧尼。"②习斋亦在养祖父朱九祚传中说:"启祯间邪教蜂起,有九门传头高应贤者,倡妖言,蛊惑燕蓟,民群趋之,出则壮骑云绕,居则弓刃环席,伪封刘福山等为国公,会谋不轨。"时朱九祚为蠡县兵备道禀事官,急赴北京告发,才获平息。③

颜元本人对民间宗教也不陌生。他平日接触的乡邻,就有不少是它们的信徒;而他提到于"近地眼见"或耳闻的教门,就有皇门会(皇门教)、皇天道、九门会、十门会、无为教、大乘教、龙华会、清茶会、归一教等,将近十种之多。对此,习斋皆予以激烈抨击④;而其锋芒所及,又不仅是这些异端组织,实际也涵盖了士庶间流行的诸多民俗信仰,如文昌

---

① 《颜谱》,第 774、761、778 页。
② 钟錂:《颜习斋先生辟异录》(以下简称《辟异录》),载颜元:《颜元集》,北京:中华书局,1987 年,第 614 页。这段话系钟錂按语,非颜元原话。
③ 颜元:《巡捕朱公行实》,载《颜元集》,北京:中华书局,1987 年,第 583 页。
④ 颜元:《存人编》,载《颜元集》,北京:中华书局,1987 年,第 140—145 页。他并没有试图去梳理这些教门之间的关系,而是像 16 世纪以来的大多数士大夫一样,采用了田海(Barend ter Haar)所谓"'牵连犯罪'的原则"(田海:《中国历史上的白莲教》,刘平、王蕊译,北京:商务印书馆,2017 年,第 190、45—49 页),将它们视为彼此有关的同类现象。但他毕竟不是教门中人,所知仍以耳食为主,误会自也难免。参见马西沙、韩秉方:《中国民间宗教史》,北京:中国社会科学出版社,2017 年,第 315 页。

帝君、五龙圣母、财神、福神,及扶箕、祭灶等行为。其中,他特别厌恶普通百姓家的"天地三界真宰之牌"和"家宅六位一主",视之为人民"惑于异端大干法纪、大乱典章""狃于贪昧,甚为无稽、甚为无识"的明证。①

颜元熟察民情,深知这些教门信众并无多少真正的"好奇尚怪,聪明隐僻,大可乱世"之徒,"不过几个庄稼汉,信一二胡诌乱讲之人,当就好事做"而已。他们不知加入教门是"犯王法,乱人道,得罪神明"的,亦无为非作歹之念,而是将之看作"修善"的法门。然而,这并未使教门的危险程度降低。颜元担心,民众的无知很可能会被别有用心者利用,起事作乱,酿成"黄巾、白莲之祸"。②

但颜元对教门的批判,也不只从治安角度出发。他认为,"邪教"的罪恶首先在其思想,而非行动:"天子奉天道以教万民",故"凡别名一门而叛天子之教者",即是"与天子争民",此"即宜诛,非为其聚众易为盗而始不赦"。最使颜元痛恨者,是教门唆使信众"表上帝,礼三光"。在习斋看来,这是"以庶人而僭天子"之举,挑战了整个社会等级秩序与朝廷权威,无法容忍。③ 他反复向人申说,祭拜的对象是有等级的,不可僭越:

> 即如你们唤日光叫"爷爷",月亮叫"奶奶"。那是天上尊神,我们是百姓,最小最卑,那可加以名号?你看,北京才有日坛、月坛,天子才祭的他,便是都堂道府也不敢祭,况我们愚民,每日三次参拜他做甚么?……又如你们把"日"改做"昫",把"月"改作"节"之类,也只说是尊日月,不敢冲犯之意。不知我圣人书上说:"非天子不议礼,不考文。"那官府行文都叫"日、月",没

---

① 《辟异录》,第 612、610、647 页;颜元:《与刘焕章论礼书》《祭灶神斋款》,均载《颜元集》,北京:中华书局,1987 年,第 452、581 页。
② 颜元:《存人编》,载《颜元集》,北京:中华书局,1987 年,第 142、140 页。
③ 《辟异录》,第 608、607、610、614 页。

有改就"晌、节"的文。你们私议私改,是又一天子了,看是小事,却犯大法。①

"天地、三光生长照临",万民所赖,理应礼敬,但"敬天"不是"祭天"。祭天是天子特权,"我等百姓"则"惟父母有来享之理"。身为庶民,必需安守本分,"我们愚民只可做庄稼,做买卖,孝父母,敬尊长,守王法,存良心,便是本等";教门"焚香聚众,妨你庄农、买卖,正是不安生理,正是作非为了"。② 最后两句化自明太祖"圣谕六言"("各安生理,毋作非为"),可见其配合官府的意识何等鲜明。

颜元注意到,教门诱众皆以"修善"为名。因此,对"善"的定义乃是正邪斗争的关键。随着劝善运动在晚明的兴起,"善人"一词也大量涌现。据梁其姿观察,其时所谓"善人"多为"有相当家财"的布衣,以"慷慨散财行善于乡里"著称,"已成为一种特殊社会人"。③ 此外,善人一词亦往往具有一种宗教意味,即是敬奉神佛之人——事实上,许多乐善好施行为背后的心理动力,就是善恶报应和神佛监临信仰。颜元深知此点,故虽对异端思想和组织攻击不遗余力,对其信众则不无恕词。他曾孤身舌战一群"异教"信徒,辞锋甚厉,而又"宽之曰:'凡汝道人,也是心要为善,但不明乎善也'"④。

在为蠡县"善人"刘润九所作祭文中,颜元试图较为系统地澄清"善人"的定义。他指出,由于"世教不明",人们对"善"的认识已经大为混乱:"碌碌耕夫,率指焚香佞佛、修寺缮塔为善人;即学士大夫亦不过指键户咿喔、不走时蹊、不预世事者为善士。"其实,真正的善行乃是"孝、友、睦、姻、任、恤,如周公、孔子所重三物中敦六行者"。而刘润九即是

---

① 颜元:《存人编》,载《颜元集》,北京:中华书局,1987年,第142—143页。
② 《辟异录》,第610、611页;颜元:《存人编》,载《颜元集》,北京:中华书局,1987年,第145—146页。
③ 梁其姿:《施善与教化:明清的慈善组织》,石家庄:河北教育出版社,2001年,第83—84页。
④ 《辟异录》,第610页。

这种意义上的"善人":他热心公益,私德绝佳,最令人"心折"者,"尤在事亲能孝,事兄能悌"。颜元称他是自己"生蠹四十年"来"仅见"的一位"真善人"。故刘氏虽"诗书未亲",却无益一位"真士夫"。在此意义上,其"又宁仅为一邑善人耶!"①

与异端的流行相比,儒教却难以深入百姓生活。颜元观察到:"今日淫祠遍天下村庄,曾不闻村庄有一夫子庙,惟国典令各邑有文庙一设而已。里巷之杰,辄以寺观不修,无僧道焚香为虑,至其子弟之不孝不弟,顾不知忧。"②这令他分外痛心。他认为,造成这种局面,主要应由士人负责。他曾对教门信徒讲:"你们陷于邪说者深,初闻吾言,未必不怒。"但这"也与你们无干",因"你们本心是修善,我们儒者不自明其道,无人讲与你们听,不知如何是善,却差走邪路上去。我们殊深可愧也!"③

因此,习斋很重视面向庶民、童蒙的教育。他删补《三字经》成《删补三字书》,又因明人吕得胜、吕坤父子的蒙学读物《小儿语》"以俚语入人心而善鼓舞之",将其改为《通俗劝世集》。④ 为了劝人改归正道,他写下《唤迷途》,分别针对"不识字与主持云游等僧道""参禅悟道、登高座发偈律的僧人与谈清静、炼丹火、希飞升的道士""西域真番僧""名儒而心佛者""世间愚民,信奉妖邪,各立教门,焚香聚众者"发言立论。除了第四部分,其余均为白话,道理浅白显易,紧贴百姓生活,容易为人接受:"你们摆几碗豆腐凉粉,请甚么'玉皇大帝''东岳天齐''城隍''土地',我们听的大为寒心。你们摆下那东西,敢请县官否?县官且请不得,请许多尊神来做甚么?亵渎神明,罪必不赦,思量思量!"⑤此话颇觉幽默,对习斋来说是极罕见的,故他自己也颇为得意,多次对人称说。⑥

---

① 颜元:《公祭蠡县善人刘润九文》《祭耆德宋赓休文》,均载《颜元集》,北京:中华书局,1987年,第546—547、549页。
② 《辟异录》,第603页。
③ 颜元:《存人编》,载《颜元集》,北京:中华书局,1987年,第145页。
④ 颜元:《删补三字书序》《通俗劝世集序》,均载《颜元集》,北京:中华书局,1987年,第401、400页。
⑤ 颜元:《存人编》,载《颜元集》,北京:中华书局,1987年,第121—144、147页。
⑥ 《辟异录》,第611页。

颜元20多岁时,曾说自己"所见乡里人耳"①。此处"乡里人",既是地域意义上的,更是社会意义上的,亦即庶民百姓。此话虽属谦辞,却也是实录。此后他交游渐广,结识了不少前辈学人,眼界顿开,但活动范围大体仍在冀中一带,所见者仍以"乡里人"为主。无论是思想观念还是行事风格,习斋都深受河北民间文化的熏陶。因此,在劝说"异端"信徒时,他采用的叙事架构、思想理据、行事风格乃至修辞语汇,都与所要改造的对象之间存有高度相似。

《唤迷途》的含义很清楚:异端信仰的崇奉者已经误入歧途,需要有人将其唤回"家"中;而一个人也只有在"家"里才能尽享天伦,"心安意乐"。因此,他提议以"归人伦"替换常见的"还俗"一词,因为这更能描述一个人"前此迷往他乡而今归家"的经验。② 我在另文中已经指出,"归家"的比喻呼应了颜元一生中两个重要经历:一是他了解自己身世后,毅然认祖归宗;一是他以50之龄,出关寻找离家出走46载的父亲,历尽千辛万苦,终于奉主而归。习斋将自己对家庭生活的美好向往推而广之,投射为整个人伦乃至宇宙秩序的构成准则③,意味着他频繁使用的"归家"二字,既是实指,也是象征。

有意思的是,一个同构的故事脚本也出现在晚明以降的民间教门叙事中。其时众多教派都有"真空家乡,无生老母"的信仰,认为世人皆是"无生老母"(无生父母)的儿女,不幸沦落在婆婆世界,迷失真我,历劫受难;只有返回"真空家乡"(本分家乡),才能彻底摆脱痛苦,享受极乐。由此,"归家"也成为这些教门的核心教义和终极目标。罗教经典"五部六册"就有不少这方面的表述。比如《苦功悟道卷·混元一体品第十六》:"离家乡,在苦海,万万生死。我如今,到家乡,永不轮回。"《正信除疑无修证自在宝卷·布施品第十三》:"有智慧,参大道,归家去了。到

---

① 颜元:《寄祁阳刁文孝》,载《颜元集》,北京:中华书局,1987年,第430页。
② 颜元:《存人编》,载《颜元集》,北京:中华书局,1987年,第124页。
③ 王东杰:《血脉与学脉:从颜元的人伦困境看他的学术思想——一个心理史学的尝试》,《华东师范大学学报(哲学社会科学版)》2018年第5期。

家乡,永不散,永得团圆。在家乡,永团圆,无量寿限。到家乡,同聚会,快乐无边。"①其他民间教派经典和佛道二教著作,虽未必使用"真空家乡,无生老母"的字眼,但类似说法也俯拾即是。

可以说,由"迷途"与"归家"构成的两部曲成为当时最为流行的一种叙事框架,为众多信仰体系提供了(常常是无意识的)思想原型。颜元用来劝说人们改宗的言论,同样遵循了这一模式,甚至使用的措辞都一模一样,只是双方所谓"迷途"与"归家",在运动方向上恰好相反而已。这当然未必就是因为颜元受到"异端"的影响,更可能的是双方皆受同一文化传统的熏陶——这从他们都看重"家"(家乡)、天伦等价值,将家庭生活描写得自足快乐等方面,可得到清晰的认识。②

前边讲过,颜元试图与异端信仰争夺"善"的解释权,将以混融三教为特色的劝善运动导向正统儒家的立场;但与此同时,他亦与劝善运动分享着一些共同观念。比如,后者的一个重要思想前提是相信功和过皆可以累积。颜元也说:"为人日行一善,三年可千善。积善何难?人病不为耳。""积善"当然不是劝善运动的专利,传统儒家文献中亦可见到,但它成为人们的日常用语,还是靠了劝善运动之力;而习斋将"善"看作可以一件件计量结算的物事,更是受到劝善运动影响的明证。

在习斋的交游圈中,"报应"和"阴德"的观念也很流行。李明性曾教导王法乾,要"阴行善"③。王法乾亦对李塨讲:"天报德亦报功,而功犹较著,可忖量而指算也。"④李塨则信誓旦旦地说:"生平阅历,凡诚心周

---

① 转引自郑志明:《无生老母信仰溯源》,台北:文史哲出版社,1985年,第84页;马西沙、韩秉方:《中国民间宗教史》,北京:中国社会科学出版社,2017年,第207—208页。有关"真空家乡,无生老母"八字真言和罗教的关系,学界存在不同看法,多数人主张二者关系密切,如庄吉发:《真空家乡:清代民间秘密宗教史研究》,台北:文史哲出版社,2002年,第428—431页;马西沙、韩秉方:《中国民间宗教史》,北京:中国社会科学出版社,2017年,第151—158页。
② 田海认为,晚明兴起的民间教门要求信徒对"同一个宗教家庭"的效忠,是和儒家的宗族理想相冲突的(田海:《中国历史上的白莲教》,刘平、王蕊译,北京:商务印书馆,2017年,第239、284页),只是一个逻辑推论。事实上,一个虔诚的教徒未必会减少他对宗族的效忠。在这方面,田氏似乎轻信了士大夫阶层的片面指责。
③ 冯辰等:《李谱》,载李塨:《李塨集》,北京:人民出版社,2014年,第1734页。
④ 李塨:《李赠翁传》,载《李塨集》,北京:人民出版社,2014年,第1419页。

急好施,与竭力孝友,处昆弟群从,甘心忍让受其亏损者,子姓家业必发。"①颜元的看法当然也不会有何不同。他还解释过为何行善不宜声张,因为一个人只能为一件善事得到一次报偿:"人之为善,得人之感报,人之称传,天不必报之矣;人之有长,而自表自见,天亦不必祚之矣。天之所祚报者,人不感称,自不表见,乃所谓阴德也。"②

报应观念亦被颜元用作讨伐"异端"的利器。他对一信教少年说,邪教"犯王法而获罪于天",故入其教者"多嗣绝而灾殃"。③ 在《唤迷途》中,他更是反复称说:

> 你们家下供佛的、供仙的,三世再无不得奇祸的,再无不得断宗绝嗣的,再无不得恶疾的。这是怎说?他是忍心舍世的狠鬼,他是无子无孙的绝魂,你们把那狠鬼绝魂招到宅上,焉得不作祸?焉得有子孙?……佛以覆宗绝嗣为好,你们敬他,以气相召,也叫你覆宗绝嗣,是必然的了……你看你那师傅们,都被恶灾,都绝后了,你还不怕么?……佛、菩萨、仙师,都是断子绝孙、不忠不孝之鬼,凡招这邪气在宅,自是不祥。④

报应观念在儒家著作中同样存在,如《周易·坤·文言》里的"积善之家,必有余庆;积不善之家,必有余殃",即是广被征引的思想资源。不过,习斋此处的思路是从结局之祸福逆推行动之善恶,更多还是受到佛教和民间宗教中因果观的影响。无独有偶,王法乾亦曾告人:"自古多男者"以周文王为最,故欲生子就要遵从儒家之教,佛教本是"无后之教",向其求子,"岂不益绝乎"?钟錂记其乡里一位时监生,虔敬神灵,"而卒以无嗣。无何,族裔争论此庙香火地,与马姓构讼三十余年,财倾

---

① 李塨:《衡水杜氏世德记》,载《李塨集》,北京:人民出版社,2014年,第1491—1492页。
② 《言行录》,第672、673页。
③ 《辟异录》,第608页。
④ 颜元:《存人编》,载《颜元集》,北京:中华书局,1987年,第141—142页。

怨结,孰非此翁敬神所胚胎哉?"①

颜元和其友人、弟子都把"断子绝孙"当作信仰神佛的果报,显然认为这是最能打动听众心弦的论说。在他们那里,这不是一个论辩策略,而是真实信仰。我们还可参看李塨自述:"予自弱冠,承父师志,编《日谱》考身心得失。独不乐观《感应篇》诸书,谓其言颇荒唐,且以徼福之心为善窒恶,已属私欲也。"但他年近不惑尚未得子,为此"日夜悬结不去怀,见贩夫佣保携孩童过,瞿然念其德行必胜我"。40岁时,他决定,强化自己的道德规范:

闻公庭呼暴声,心若割;主人来议催科刑名(时李塨作幕于浙江桐乡署中,故有此言——引者注),必语以宽大。日三复"小心翼翼,昭事上帝"之句。夜卧不庄,辄悚然而敛股;尝梦杂乱,方及半,遽惊曰:"兹不敬矣!"遂寤。生平粗傲,深自惩。遇一微虫蠕动,避而行;或如厕,践一生草,蹶然起。

此时"徼幸祸福心未尝敢存,而但觉实有神明来伺",果于是年冬月得嗣。②

善恶果报是劝善运动的核心理念,其中传嗣成功与否更是判断一个人行善绩效的重要指标。袁黄就在《了凡四训》中津津乐道,只要诚心行善,即可改薄命,登科第,生儿子,得富贵,享高寿。③ 他又有《祈嗣真诠》一书,专讲得子之法,亦涉及改过积善的内容。④ 事实上,此一观念在河北至今犹存。⑤ 颜李自居正统,当然不能接受以袁黄为代表的通俗教化运动,但其言论表明,他们也不能全然摆脱时风波及,在不自觉处,甚至

---

① 《辟异录》,第 613、611 页。
② 李塨:《警心编序》,载《李塨集》,北京:人民出版社,2014 年,第 1376 页。
③ 袁黄:《袁了凡先生四训》,苏州:灵岩山寺,2009 年,第 6—9 页。
④ 袁黄:《祈嗣真诠》,北京:团结出版社,2015 年。
⑤ 岳永逸:《行好:乡土的逻辑与庙会》,杭州:浙江大学出版社,2014 年,第 162 页。

深受其影响。恕谷虽然自称密加修行功夫并非为了邀福,但此辩本身就难免"此地无银"之嫌,更何况其修行实践也与善书宣传口径密合。王汎森说他在"心理的最深层仍然相信善恶都会得到现世报应",与袁黄无异①,是非常敏锐的观察,而它毫无疑问也适合习斋。

然而,颜元本人就没有子嗣。按照同样原理,是否意味着他的信仰也是错的?史料有阙,我们很难知道习斋有何感想,甚至是否意识到这一问题的存在。但他周边的人们对此显然有所论议。尹会一在《颜习斋先生墓表》中说:"或曰:先生敦善行而不怠,胡艰于遇又艰于嗣,其君子之泽,不必五世乎?"应道出不少人的共同困惑。尹会一的回答是:"是数也,不足道。道其正,则先生殁后数十年来,海内英才有闻其名而生慕者,有读其书小试其经济而辄效者,则礼教之不泯,即道脉之常绵,较之子姓蕃衍于乡曲,而寂寞无闻者,其为轻重短长何如哉?"同样,李塨晚年丧子,方苞以为是其承继习斋之学,著述多诋朱子所致。②锋芒不仅直指恕谷,亦波及习斋。可以想见,用"断宗绝嗣"的理由指责颜李学非正途,在对他们感到不满的学者中应不少见,而习斋门下亦对此极为困惑,无奈只能如尹会一一样,将之归诸"天"命。

颜元对于读书人崇拜的文昌帝君亦毫不留情,以为是二氏造来"欺弄文人"的伎俩,直呼为"妖"。③但他对敬惜字纸一类活动则充满好感,要求门人:"凡学堂街路,但见字纸必拾,积焚之,或不便,则填墙缝高处。"④后来李塨所定《学规》,亦有同样规条。⑤须知惜字活动本身就是围绕文昌帝君信仰展开的,与善书的流行亦有密切关系。⑥颜李虽似不明其间源流,但所述惜字规范,与文昌信仰的通行做法并无二致,对于后

---

① 王汎森:《日谱与明末清初思想家——以颜李学派为主的讨论》,载《晚明清初思想十论》,上海:复旦大学出版社,2004年,第124页。
② 方苞:《与李刚主书》,载《方苞集》,上海:上海古籍出版社,2012年,第140页。
③ 《辟异录》,第611页。
④ 《颜谱》,第743页。
⑤ 冯辰等:《李谱》,载李塨:《李塨集》,北京:人民出版社,2014年,第1736页。
⑥ 梁其姿:《施善与教化:明清的慈善组织》,石家庄:河北教育出版社,2001年,第173—179页。

者显然毫不陌生。

除了在家设学,颜元亦偶尔外出(主要是趁行医之际)宣传自己的学说。57岁时,他毅然南下,历经冀南、豫北,出游近八阅月;所到处拜访名流,切磋学问,发抒己见,可谓其平生最重要的一次传教活动。在开封,他扮作游方之徒,"张医、卜肆以阅人",某日见一老翁自摊前经过,"骨甚健,异之,挽入座",攀谈之下才知是孙奇逢弟子张天章。二人论学久之,天章"体愈庄,容愈恭"。习斋"因指曰:'非夙用戒慎功,此容不得于人前矫强妆饰也,故一望识君。'天章悦服,抵夜乃去"。又有一次,他在街上偶遇一少年:

> 颇异。问之,朱超越千也。约来寓,已而果至。问其志,愿学经济。乃沽酒对酌,与之言。已,提剑而舞,歌曰:"八月秋风凋白杨,芦荻萧萧天雨霜,有客有客夜彷徨。彷徨良久鸰鸰舞,双眸炯炯空千古。纷纷诸儒何足数,直呼小儿杨德祖。尊中有酒盘有餐,倚剑还歌行路难。美人家在青云端,何以赠之双琅玕。"翌日报一刺曰"吴名士拜",遂行。

在商水,他又持"吴名士"的名刺,拜访"大侠"李木天:

> 与言经济,木天是之。先生佩一短刀,木天问曰:"君善此耶?"先生谢不敏。木天曰:"君愿学之,当先拳法。拳法,武艺之本也。"时酒酣,月下解衣,为先生演诸家拳法。良久,先生笑曰:"如此可与君一试。"乃折竹为刀,对舞,不数合,击中其腕。木天大惊曰:"技至此乎!"又与深言经济,木天倾倒下拜。次日,令其长子珖、次子顺、季子贞,执贽从游。①

---

① 以上均载《颜谱》,第760、769—770、772页。

这些故事都被李塨写入颜元年谱,活灵活现,有若亲睹,以示其老师英武不凡,文武兼擅,读者则不难从中发现几分传奇色彩。不过,它们也表达出习斋气质中"豪杰"的一面。① 近世华北民间教门领袖招徕会众,常以行医和习拳为诱饵——前者是传统的传教手法,后者则和华北风俗有关:自金元以来,冀鲁豫的人民就有练拳自卫的传统。武艺高强,在民间是一项极具说服力的资本。此外,术士身份也深受宣教者青睐:占卜相面,泄露"天机",很容易招引信众。颜元扮作走方郎中和算命卖卜之人,不动声色察访"异士"(仿佛身怀绝大秘密使命,然而并没有),更以高超的武艺收服一代大侠,绝类民间文艺中传述的奇人高手②,而阳明所言"愚夫愚妇"。

从颜元的某些用语中亦可察知民间文化的痕迹。比如他表扬习包,"专要救济乾坤兄弟",即使大志不行,"却仍想着万世兄弟"。③ 虽然子夏早就说过"四海之内皆兄弟也"(《论语·颜渊》),张载《西铭》亦有"民吾同胞"的名言,但"乾坤兄弟""万世兄弟"这样的表述,却更似出自教门和江湖中人之口。此外,颜元在漳南书院主持祭孔典礼,自称"保定府博野县奉教弟子"④,亦是儒林罕见之辞。按"奉教"二字多为承教、受教之意。今日冀中地区,乡土宗教信徒自称"行好的"或"行善的",而将基督教或天主教徒称作"奉教的"。⑤ 我们虽无法确知习斋所谓"奉教弟子"源出何处,但它和"奉教的"一词都被作为与教门徒众区分的标示(唯一是自称,一是他称;且颜元绝不会把天主教和儒教相提并论),大概也非纯粹巧合,而是提示我们它可能受到民间习语的影响。

---

① 对此,习斋的友人深有体会。刘焕章曾警告颜元"贤豪恃聪明,欲驾驭英雄",但也可能在"不觉"中为"佞人"所误(《颜谱》,第751页)。习斋对待朱超和李木天的态度,与前述他利用"恶人"治河的举动一样,都出自这股要"驾驭英雄"的心理冲动。
② 习斋比武前与李言说经济,"木天是之",此"是"应为泛泛酬应之语;比试后又与之"深言"经济,木天遂"倾倒下拜",可见武术的说服力。又,习斋武者相互切磋,输者拜赢者为师,也是华北武林的规矩。参看周锡瑞:《义和团运动的起源》,张俊义、王栋译,南京:江苏人民出版社,1995年,第57页。
③ 颜元:《读习文孝用六集十二卷评语》,载《颜元集》,北京:中华书局,1987年,第508页。
④ 颜元:《初至漳南书院释采孔子祝》,载《颜元集》,北京:中华书局,1987年,第526页。
⑤ 岳永逸:《行好:乡土的逻辑与庙会》,杭州:浙江大学出版社,2014年,第33页。

颜元尝云:"吾儒无一处不与异端反。"①但他和他那些误入"迷途"的乡亲之间共享的文化,显然要远超他自己的认定。习斋生长于县城小吏家庭,20岁家道中落,由城返乡,日处农人间,耳濡目染,所受影响未必少于圣贤书的教导,只是并不自觉而已。值得注意的是,许多民间教门领袖和活跃分子,亦和颜元出自同样的社会阶层。如1774年山东清水教起义首领王伦,本为衙门皂吏;1813年天理教起义首领林清,原为大兴巡检司书吏。他们了解官府,贴近细民,熟知他们的需要,算是"群众"里的"能人";若敢于冒险,又能说会道,很容易煽动人心,成为一股不稳定的力量。②颜元与他们的选择虽是大相径庭,但行动风格甚至宣教内容都不无神似,或可由此得到部分说明。事实上,与16世纪以来士大夫阶层批判民间教门的众多著作相比,颜元却罕见地忽视了这些教门的"下层社会背景"。③也许正是在这里,颜元表达出他未必自觉的"阶级意识"。

三、一个"圣人",各自表述

颜元的特立独行虽然招来不少非议,但在志同道合者的眼里,却也别具一番魅力。他39岁时,一位秀才赠其"砥柱"之号,誉之为"汉、唐、宋以来一二人"④。完县一位著名的孝子王学诗,虽"目不识丁,而志学向道,闻名下士则师之",曾以六旬之躯,在颜元门外"长跪两昼夜,欲侍门下",习斋则因一向不喜"世之好师弟之名而无其实者",坚持不允。学诗归家,"力行朔、望哭奠诸礼,竟以疟逝",终于感动习斋,追认其为

---

① 《颜谱》,第733页。
② 颜元的养祖父朱九祚就是这么一位精明敏决之人(这从颜元为其所作传记中可以看得很清楚),只是他是属于效忠朝廷而非反叛的一方罢了。
③ 关于晚明士大夫对民间宗教社会出身的"蔑视",参见田海:《中国历史上的白莲教》,刘平、王蕊译,北京:商务印书馆,2017年,第233页。颜元也有"豆腐凉粉"之类的嘲笑之辞,但他的语调是平和的,并未把社会阶层看作一个核心因素。
④ 颜元:《答齐笃公秀才赠号书》,载《颜元集》,北京:中华书局,1987年,第465页。

弟子。① 颜元在其追慕者心中,地位崇高,一至于斯。故虽讥毁不绝,而社会声望仍逐年攀升。

在颜元崛起的背后,有三大推力的作用。其一是河朔老辈如刁包、王余佑、张石卿、张公仪、李明性等人。颜元自幼仰慕高士,弱冠即"博访"乡贤,事以父礼,恭敬有加,而他们也对习斋甚为器重,以致"北学"大佬孙奇逢虽从未与之谋面,亦听人言,将之纳入"郡贤"之列(孙籍容城,与博野皆属保定府)。② 颜元36岁时,蠡县名绅刘焕章"忘年爵来拜",加入他和王法乾的修身团体③,要习斋"左提右挈,始终勿弃"④。刘焕章在明末曾任荆州兴山等地县令,时已年过五旬,主动折节,对于颜元乡里威望的提升,作用自不待言。

其二是官府。颜元37岁时,蠡县教谕王心欲荐以"行优",县令单务嘉请其往见,皆被其拒绝;49岁时,博野知县罗士吉派"差役来候"⑤。不过这都还只是零星关注。一个关键点发生在其出关寻父之后。此举引发轰动,士人纷纷作诗撰文以志盛⑥,蠡县、博野二令亦"亲临吊奠"。他随后守丧三年,"泣血骨立",孝子之名腾播人口。"蠡人士公举先生于县,将达道院上奏",有人为其"谋遍扬当道"。这些举动虽然都为习斋制止,但博野县令罗士吉、蠡县县令赵旭、直隶学使李应荐与直隶巡抚于成龙都耳闻其名,"悬扁旌闾"。御史许三礼、灵寿知县陆陇其、清苑知县邵嗣尧亦致函或请人引介,愿结交论学。此后习斋声誉日隆,历任博野知县皆"造庐拜见"。而颜元的表现也完全符合圣贤的标准:他彬彬有

---

① 颜元:《笔工王学诗传》《奠孝子王全四文》,均载《颜元集》,北京:中华书局,1987年,第480—481、548页。
② 颜元:《存学编》,载《颜元集》,北京:中华书局,1987年,第46页。
③ 《颜谱》,第731页;冯辰等:《李谱》,载李塨:《李塨集》,北京:人民出版社,2014年,第1753页。
④ 颜元:《答刘孝廉焕章书》,载《颜元集》,北京:中华书局,1987年,第453页。
⑤ 《颜谱》,第736、755页;颜元:《上本庠王广文书》,载《颜元集》,北京:中华书局,1987年,第445页。
⑥ 李塨:《和王献甫咏颜习斋寻父十首》,载《李塨集》,北京:人民出版社,2014年,第1598—1600页。

礼,"受而不报",拒绝与当道有密切往来。①

其三,颜元的学友生徒逢人说项,四处揄扬,是树立习斋圣贤形象的主要推手。罗士吉就是听了几位友人的介绍而关注到颜元的,许三礼等则是从李塨处了解到习斋学说。② 值得一提的是,在此过程中,官民之间亦有意识地彼此配合。官府知晓颜元之名,是通过民间的传扬;而官方要褒奖颜元,也需基层官吏和民意的合作。颜元寻父归来,李塨立刻"纠众公举颜先生寻亲苦孝";"抚院两道"闻得习斋"贤孝"之名,"令县开行实",亦由李塨写就上报。康熙六十一年(1722年),颜元物故18年后,直隶学政陈世倌"唤博、蠡教官,传二县士子,公举颜先生入文庙乡贤祠"③,更是清楚揭示出"官意"与"民意"的相互借用。即使士林另有异见,在官方和"舆论"的双重压力下,亦会噤口不言。

李塨在为颜元暮年所收弟子王源所写传记中说:颜学一直"传闻不出里闬"。及至"王子来学,渐播海内。如吴涵、万斯同、王复礼、郭金城、方苞、谢野臣、陶窳、恽鹤生,以名宦闻人,传布其说,而道日益著"④。此是恕谷谦语。事实上,对于颜元声名外播贡献最大者,正是李塨本人。他一生奔走,或口传,或赠书,尽力传播习斋学说,有很多人都是通过他才得知颜元之名的。⑤ 康熙辛巳(1701年),李塨入京,"持周孔三物四教之学告人……一时传为创论。凡海内有声士,无不过从者"⑥。按照方苞所说,经过李塨、王源努力,习斋名气远超北地其他学者。⑦ 不过,其

---

① 《颜谱》,第760、764、765、781、786页;钟錂:《习斋先生叙略》,载《颜元集》,北京:中华书局,1987年,第619页。
② 李塨:《原任户部郎中冒公易莽墓志铭》,载《李塨集》,北京:人民出版社,2014年,第1431页。
③ 冯辰等:《李谱》,载李塨:《李塨集》,北京:人民出版社,2014年,第1754、1838页;李塨:《赠衡水刘生序》,载《李塨集》,北京:人民出版社,2014年,第1390页。
④ 李塨:《王子传》,载《李塨集》,北京:人民出版社,2014年,第1423页。
⑤ 李塨:《给陈秉之学院书》《冯先生传》,均载《李塨集》,北京:人民出版社,2014年,第1415、1417页;冯辰等:《李谱》,载李塨:《李塨集》,北京:人民出版社,2014年,第1822页。
⑥ 李塨:《委摄四川仁寿峡江两县知县陈君墓志铭》,载《李塨集》,北京:人民出版社,2014年,第1433页。
⑦ 方苞:《刁赠君墓表》,载《方苞集》,上海:上海古籍出版社,2012年,第375—376页。

信仰者主要还在河北,亦偶有从周边如河南等地来者。至于其在江南的传扬,主要靠恽鹤生(皋闻)之力。虽信仰者始终不多,却令颜李门下欢欣鼓舞。①

颜元弟子对老师崇仰有加,不免将其神化。李塨所作《颜谱》,开篇就是一段神话:颜母"孕先生十有四月,乡人望其宅,有气如麟,忽如凤,遂产先生。啼声甚高,七日能翻身"。又,其"手纹生字,掌红润,舌有文曰'中',足蝉翅文甚密,其言中行洁之象乎!"这些描写同样出现在钟錂、王源笔下。叙述传主生时异象,在圣贤传记中并不罕见。但李塨自称谨守习斋之教,言必有据,"一字不为馒饰",故此处所述,应该来自民间传闻(见下文)。众所周知,麟与凤皆为孔子象征,故"有气如麟,忽如凤",是直白地把习斋比作孔圣再世。② 有关体纹的记录在传统文献中常被用来"预言与印证"一个人的"身份与命运"③;李塨则从习斋的舌纹、足纹中读出"言中行洁"之象,对其一生德行做了一个总评。此外,颜元行孝引发的种种异象,也是其弟子们津津乐道的话题。④

颜门弟子将习斋视同孔圣,在日常言行中亦有不少流露。钟錂曾"梦登孔子之堂,观颜曾诸贤讲习礼乐"⑤,隐隐然有以颜门为孔门之意;习斋南游,"国之桓请从",元"以其年老家贫子幼辞之。对曰:'吾敢逊子路乎!'"⑥自比子路,即是将颜元看作夫子。李塨说,只有少数"首出"之人才算得上万物之"灵","尧舜汤文"是"灵而在上者","孔、孟、颜习

---

① 李塨:《孙生日记序》,载《李塨集》,北京:人民出版社,2014年,第1467页;冯辰等:《李谱》,载李塨:《李塨集》,北京:人民出版社,2014年,第1843、1847页。
② 《颜谱》,第707、699页;钟錂:《习斋先生叙略》,载颜元:《颜元集》,北京:中华书局,1987年,第619页;王源:《颜习斋先生传》,载颜元:《颜元集》,北京:中华书局,1987年,第701页。
③ 范丽梅:《言者身之文:郭店写本关键字与身心思想》,台北:台大出版中心,2017年,第10—11页。
④ 如,颜元29岁时,养祖母朱媪刘氏"病剧,先生祷神求假寿,跪伏昏仆,忽闻空中声若大鼓者六,病顿愈",参见《颜谱》,第715页。又,颜元为父守丧,"室前槐叶为之枯黄,丧复常,乃更荣",参见钟錂:《习斋先生叙略》,载颜元:《颜元集》,北京:中华书局,1987年,第619页。
⑤ 《言行录》,第671页。
⑥ 《颜谱》,第768页。

斋"是"灵而在下"者①,明确把颜元和孔孟并提。钟錂编《颜习斋先生言行录》,分作上下两卷共 20 篇,除首篇《常仪功第一》外,余均取篇首二三字为题,无论篇数还是篇题,皆刻意仿效《论语》。

前边提到,尹会一言其自髫龄起,即耳闻"颜圣人"之名。王源也说:习斋"动必遵古礼,老而弥笃,乡里有圣人之目"②。按,《颜谱》记载,颜元 42 岁时:

> 正月,保定府阎经略鸣泰之裔,有妇人被妖魅,符箓驱之莫效,其妖自言一无所惧,惟畏博野颜圣人。是时先生与王法乾,人皆以"圣人"称之。专价来聘,先生谢不往;又力请,力却之,恐虚传招祸也。③

如是,此号出现甚早。事实上,颜元 41 岁时致人函中已有王法乾即"今蠡人所称为王圣人者"④之说。以二人相交之密,及蠡县和博野距离之近,有"王圣人",即当有"颜圣人"。而颜元自己也知道此号的存在,颇感到几分道德的压力。《颜谱》记载,颜元 65 岁时:"三月,思言行不相顾,即欺世也;使路人指为圣人,而一德未立,一行未成,即盗名也;见祸于天,受侮于人,不亦宜乎!"⑤"使路人指为圣人"一句,显然不是忽如其来、无的放矢。

不过,他们所说的"乡里"究竟是何人:士人群体、里巷庶民,抑或兼而有之? 按照尹会一的说法,士大夫似较下层民众对颜元有更多敌意,但前边的论述表明,习斋拥趸虽人数有限,但深获官方支持,势力不可低

---

① 李塨:《人说》,载《李塨集》,北京:人民出版社,2014 年,第 1464 页。
② 王源:《颜习斋先生传》,载颜元:《颜元集》,北京:中华书局,1987 年,第 705 页。
③ 《颜谱》,第 745 页。
④ 颜元:《与高阳孙夷渊书》,载《颜元集》,北京:中华书局,1987 年,第 455 页。
⑤ 《颜谱》,第 784 页。

估,而在明代中期以后,士林已有"动辄尊人为圣"的风气。① 故"颜圣人"和"王圣人"应是当地士民通行的称呼。

不过,颜元"圣"在何处,大家的看法并不一样。在其弟子看来,其师近乎"全能",学术与笃行俱称"当世第一人"乃至"秦后第一人"。有些官员如郾城知县温德裕刊刻《存性》《存人》《存治》三编,陈世倌读过《四存编》后,称习斋为"传道大儒",皆对其学术表示认可。② 但有更多的人将颜元的行事与思想一分为二。如方苞一方面肯定"其艰苦卓绝之行,实众人所难能",一方面又指"其本指欲外程朱而自立一宗,故知道者病焉"。③ 大多数官员对颜元的态度也近乎此类。如前所述,他们密集表彰颜元,就是在其寻父壮举之后,侧重于行的意图极为鲜明。

事实上,孝行确是各方在颜元那里所能寻到的最大公约数。普通士庶对习斋刮目相看,就是在其为养祖母治丧期间,他的举动直令观者动容,以致一位朱家老者于心不忍,偷偷告诉他本非朱姓,不必如此"承重";第二年,他即被蠡县"士民"公举"贤孝"。④ 习斋的朴实笃厚,在相当程度上矫正了其怪异举止给人带来的偏见。之后,随着"颜圣人"的形象逐渐树立,民间围绕颜元的论说更开始向神异方向转变。比如《颜谱》中那个妖魅独畏"颜圣人"的传言,就和其时许多志怪情节如出一辙,而读者对其要表达的含义也心知肚明:邪魔畏惧足以证明习斋的正直。

不过,要想听到更多"乡里"的声音,我们要到口碑资料中寻找。20世纪80年代,博野县文联曾搜集颜元传说147则,其中66则冠以《颜元轶事》的总题,收录于《中国民间故事全书·河北·博野卷》。⑤ 这些故

---

① 张艺曦:《阳明学的乡里实践:以明中晚期江西吉水、安福两县为例》,北京:北京师范大学出版社,2013年,第76—77页;赵园:《易堂寻踪:关于明清之际一个士人群体的叙述》,北京:北京师范大学出版社,2013年,第38页。
② 《颜谱》,第796、797页;李塨:《赠衡水刘生序》,载《李塨集》,北京:人民出版社,2014年,第1390页。
③ 方苞:《刁赠君墓表》,载《方苞集》,上海:上海古籍出版社,2012年,第376页。
④ 《颜谱》,第725、730页。
⑤ 2008年,中共博野县委宣传部编印有《颜元在博野》一书,收录了其中的62个故事,内容基本相同,有一则是同一故事的不同版本。

事起于何时,又怎样流传下来,今已难知,但它们反映的都是已经"成圣"的颜元形象(故其中反复出现"颜圣人""颜圣"的称呼)。其中一部分不难在文献中找到印证,或者根本就脱胎于颜李的著述,几乎是对习斋学说的"准确"改写;有些不乏拔高成分,某些表述(如"死抱孝的僵尸""程朱理学这具僵尸")和主题(如反对迷信、愚孝和妇女守节等),明显可见20世纪新思潮的影响。① 这些故事应都经过地方文化人较多的润饰,甚至不无今人"创作"的可能。② 但也有一部分传说中的颜元形象,与其本人的观念相距较远,甚或背道而驰,虽然也经过了文墨之士的整理,但在修辞和思想方面都保留了更多的"民间风味",其出现时间绝不会迟于20世纪,可以让我们更多地看到民间自发的理解。

这些故事的主题不外以下几个方面:一是褒扬颜元的品行,如宽容大度、与人为善、勇于改过、不慕虚华、表里如一、不肯奉迎权贵等;二是对其学术思想的阐发,主要是排击佛老和理学,尤以后一主题居多;三是渲染习斋的智慧与技艺(如医术和武术);此外,也有个别故事描绘他怎样受人敬重。故事所透露的其乡人对颜元的印象,有些定为习斋所喜闻,比如称赞他为人宽和的情节,表明他"容众"的努力收效不小,获得了乡人认可。③

但也有很多故事对颜元的认知明显违背了其本人意愿。比如,习斋

---

① 《万事之魂》《怪方》《作画》,均载白庚胜总主编:《中国民间故事全书·河北·博野卷》,北京:知识产权出版社,2011年,第91、143、129页。
② 如,前述妖魅惑人事就被描述为,颜元之所以不答应女家请求,是因不愿"装神弄鬼"。他断言这只是"气迷心窍所致,哪里是什么妖孽附身?"后来,他还是出于慈悲之心去医好了病人,却被传说为"神通广大,法力无边,神鬼皆避",而他"听到后,仰天叹道:'世风竟如此也,我颜某真是想不到呀!'"参见《救疯女》,载白庚胜总主编:《中国民间故事全书·河北·博野卷》,北京:知识产权出版社,2011年,第131页。故事极力渲染颜元反对迷信,很明显地将其"现代化"了,而在李塨原来的记载中,习斋并不认为妖魅附体是假的,他只是不愿过多招人注目而已。
③ 本段和以下两段,分别参见《水清无大鱼》《规友》《颜圣戏翰林》《糖葫芦药方》《祝寿》《无欲则刚》《拔草》《放驴》《借犁》《夜宿鸡毛店》《巧戏财主》《赠枣治水》《赠言预事》《泼墨救火》《寻牛》《树是我栽的》《遗嘱》,均载白庚胜总主编:《中国民间故事全书·河北·博野卷》,北京:知识产权出版社,2011年,第141—142、144—145、135—136、123—124、124—126、109、74—75、93—94、145—147、96、58、59—61、63、64、120—121、147—148、149—150页。

虽不喜与官场往来,亦不至拒之千里,更不会去戏弄他们;他可能会说读书人变成了"书呆子大傻瓜",却绝不会骂他们是"兔子王八"。颜元念兹在兹的"习"的观念,在故事中被理解为拔草、放驴、耕田、灌园一类农事活动①,其真正在意的"礼"却全无影踪——前文讲过,在其乡人眼中,"习礼"像是"演戏",更近乎"呆子"和"傻瓜",而非圣贤所为。颜元放弃科考,本为追求"成圣",故事也另有解说:这是因他在赶考途中遇到了一个被"陈世美"抛弃的"秦香莲",预见当官必使人丧尽天良,乃毅然撒手功名。这和戏侮权贵的故事一样,都体现了下层民众对有权有势者的不信任,而颜元本人几乎从未表达过这类感想。

尤其引人注目的是,颜元在许多故事中都以智者形象出现:不但文武双全,无所不擅,而且"知前预后,善晓阴阳",有时会赠人锦囊或隐语,预先给人提供帮助。他曾以头发泼墨,熄灭了几天之后别处的一场大火。这大概跟他懂点数术有关,但所要传达的信息正和颜元本人的理想胡越相左。这些故事告诉我们,在庶民百姓看来,"圣人"不仅应德行高尚,知识渊博,还得"料事如神",甚至会点"巫术"。比起一个循规蹈矩的端方之士,他更应像一个方士:一位县令从颜元留下的几句迷语中寻得线索,破获了一桩奇案,不由感慨"颜先生真乃圣人",就清晰地将这层意思揭示出来。而这种"知前预后"的本领,不仅用来服务公益,也被用来保护家财——很可能,后者更令乡党感到艳羡。②

---

① 这当然也都不是向壁虚构,而是有所本的。李塨《颜谱》记载,颜元 45 岁时:"客有见先生扬场者,异之。先生曰:君子之处世也,甘恶衣粗食,甘艰苦劳动,斯可以无失己矣。"《颜谱》,第 750 页。不过在由颜门弟子执笔的《年谱》等传记性文件中,这类事迹并不多见。
② 表达这一主题的故事《树是我栽的》,另有一个版本,叫《这地是我的》(张晓笠主编:《颜元在博野》,保定:中共博野县委宣传部编印,2008 年,第 52 页),细节有异,但结构和主题完全相同。而蠡县的民间故事中,也有一则几乎一模一样的传说,叫作《这棵树是我的》,只是其主人公成了李塨。此外,习斋轶事中另一个保护私财的故事《遗嘱》,也以《刨坟》的题目在李塨传说里出现。两则故事均收录于白庚胜总主编:《中国民间故事全书·河北·蠡县卷》,北京:知识产权出版社,2013 年,第 11—12、12—13 页。可见民众对于保护私财是何等挂怀——对于弱势群体,这无疑至关重要,何况保定府本是清初统治者圈占的核心地区之一。参见秦佩珩:《清代前期圈地问题阐释》,《中州学刊》1982 年第 3 期。

乡民对圣人想象中的方术维度,在有关李塨的传说中表现得更加鲜明。《中国民间故事全书·河北·蠡县卷》收录了 12 则李塨故事,除一则讲李塨怎样惩罚一个为富不仁的财主外,其余全部带有神异色彩,描述李塨如何"上知天文下通地理,还能观其相,知人富贵吉凶""神通广大,能观云测天、呼风唤雨"等。我们通过这些故事知道,李塨也有"李圣人"之名(可知明末清初的乡里"圣人"何其多也)。① 与《颜元轶事》加入了许多"思想解放"的成分不同,李塨故事中"圣"的意味轻(按照儒者的标准看)而"神"的意味重,更接近我们常见的民间传说。这意味着,对于普通百姓而言,"神"和"圣"是难以分割的,或者说,"神"是"圣"之为"圣"的一个要件。②

和任何一种社会记忆一样,这些故事所保存的颜元记忆,亦是在一个已经成型的叙事架构中运行的,这个架构预设了人们对某一类型事务(人物)的理解。成圣之人首先要符合人们对圣人的预期。在此意义上,民间流传的颜元形象与其本来面目差异多大并不重要,重要的是,它们展示出习斋的乡亲怎样按照自己的认知,重新打造出一个新的颜元。"颜圣人"在里人心中地位崇高,但他和颜元本人的追求并无多大关联,其主要功能是寄托庶民的理想和价值观。习斋念念不忘要做到"如愚地步",可是庄户人家并不需要多一个"愚夫愚妇",他们要的是能够帮助他们实现自己无法企及的愿望(无论是通过实际还是象征的方式)的人,那是属于他们的圣人。一个人不会因为"平凡",而只能因为"不凡"而成圣,这不是颜元的思想。因此,"颜圣人"既是民众对颜元的"神化",又何尝不是对他的"驯化"?

---

① 《观巾救人》《打场》《钉身法》,均载白庚胜总主编:《中国民间故事全书·河北·蠡县卷》,北京:知识产权出版社,2013 年,第 9、15、10 页。又,李塨故事中有一则《研墨成云》,也和《颜元轶事》中的《泼墨救火》相同。
② 岳永逸在研究冀中乡土宗教的著作中指出,"作为信仰对象的'神'与'灵验'紧密相连,与'圣'则关联甚少",参见岳永逸:《行好:乡土的逻辑与庙会》,杭州:浙江大学出版社,2014 年,第 313 页。本文的讨论表明,越出"乡土宗教"的框架,从更近于日常生活的角度考察乡民,问题或可能呈现另一面。

因为史料不足,我们很难判断,究竟是什么力量促成了颜元在里人心中从一个"狂夫"变为一个"圣人"。那么,在其成圣之后,之前人们对他的负面品评是否随之消失?未必。《颜元轶事》中有两则故事,都借康熙皇帝之口,以开玩笑的口吻将颜元称作"颜疯子"。① 这令我们想起王法乾一度有过的"风""癫"之名,而习斋亦可能得到过同样的称号。心理学家河合隼雄曾说,在神话中,凡是"不适合出现在英雄形象上的特征",多以"英雄身边的动物属性来展现"。② 这些故事里的"疯子"一词,似乎承担着同样的功能。自然,此二字未必就是贬义,甚至可能还流露出一种亲昵意味;但也未必就是称允,至少并不算端庄。事实上,它更可能是把乡人对颜元的某些不满,以玩笑方式表达了出来;而说这话的人高高在上,远离乡里,既意味着乡人将对颜元的否定在心理上驱除出了他们的社区,却又借着"金口玉言"再次肯定了这一评价。"圣人"与"疯子"一体两面,揭示了百姓对颜元认知的多元和暧昧。

这也提示我们注意,颜元教化乡里的努力收效如何?在颜门弟子的记录中,不乏"异端"信徒听了习斋劝诫后幡然改悟的例子。③ 但实情要复杂得多。习斋临终前自勘一生功过,就承认"化族一事"做得不好,至于"败坏不可收拾"。本族人犹且如此,何况外人?更能说明问题的是,颜元于"卒前遗嘱子孙,以习斋为门人公聚学习之所",题曰"习斋学舍",供奉其神位,"晨兴设祭"。每年二月、八月的上辛日,弟子们"公集致祭",讲习学术。④ 此事坚持20余年,后因"学舍渐圮",习斋后人又"遭侵岁,鬻其舍之前半",以致"四方同人至者不能容,难以周旋骏奔",遂由李塨于蠡县东庄"别建习斋祠堂"。⑤ 颜元故居不保,固因其后人穷苦,但亦可想见颜氏族裔对待习斋未必有太多敬重。

---

① 《女儿的嫁妆》《颜圣戏翰林》,均载白庚胜总主编:《中国民间故事全书·河北·博野卷》,北京:知识产权出版社,2011年,第128、136页。
② 河合隼雄:《童话心理学》,赵仲明译,海口:南海出版公司,2015年,第148—149页。
③ 《辟异录》,第612页。
④ 《颜谱》,第792、797页。
⑤ 刘调赞:《道传祠记》,载李塨:《李塨集》,北京:人民出版社,2014年,第1484页。

康儒博(Robert Company)曾据彼得·布朗(Peter Brown)研究基督教圣徒传的心得指出,要区分两种圣徒传记,一种是,"它的主人公本质上'像我们',是供人们模仿的(或者说听众听到这些圣徒的故事之后会想去模仿,而不论圣徒传作者的意图是什么)";另一种是,"圣徒根本'不像我们',是不可模仿的,仅供人们庆祝、赞美"。① 那么,当里人讲起"颜圣人"的时候,他们赋予颜元以何种情调:是可以"模仿",抑或只能"赞美"? 习斋本人当然希望是前者。但事实是,普通百姓几乎未把他看作可以效法的对象,更多时候只是用他来寄托自己的主张,实现自己无力做到的梦想,甚至不排除单纯娱乐的可能(比如讲述颜元戏弄权富的故事)。他有如诸葛亮一般的智者加方士的形象,恰是习斋本人极力避免的。在这些故事中,圣人和常人之间的差距是天生的,无法通过人为努力来填补。他们不准备成为"第二个颜元"。

颜门弟子提供的颜元形象当然更近事实,也更合乎儒家正轨,但它同样是按照预定的叙事框架进行的。李塨曾批评李颙年谱"载躬行实践之事少,而当道表彰之事多",无法让人了解其真正的风貌。② 那么,他对如何展示习斋形象,必有充分考量。同理,钟錂模仿《论语》编纂《言行录》,也非突发奇想。圣人的謦欬謦笑全在《论语》之中,习斋既踵接其后,自应以之作为蓝本。他因此将其师置入了真正的"圣人"之列。不过,和庶民百姓的认知不同,习斋弟子虽然也部分地接受了习斋的神化,但其意在强调他的超凡魅力(charisma),并不因此认为其道路不可追随。对他们来说,"我们"是"像"颜元的。要取得老师的成就,当然是迥乎其难,但那可以通过努力企及——这正是颜元本人的立场,也是颜李学派成立的前提。在这一点上,他们一直遵循着宋儒以来的共识:"学圣是又难又不难。"③

---

① 康儒博:《修仙:古代中国的修行与社会记忆》,顾漩译,南京:江苏人民出版社,2019年,第19页。
② 李塨:《复王丰川书》,载《李塨集》,北京:人民出版社,2014年,第1399页。
③ 吴天墀:《试论宋代道学家的思想特点》,载《吴天墀文史存稿》增补本,北京:北京师范大学出版社,2016年,第188页。

四、结论

　　儒学是入世之学,儒者不是隐修之士。希圣希贤是个人选定的事业,也是一个儒者与其周遭环境的互动过程。因此,即使是被虚化在背景中的无名小卒,亦会以自己的方式参与圣贤的创造,而不只是一个等待教化的消极角色。然而,以往的思想史研究多将精力放在少数士人的沉思、写作和自我训练上,社会史家则侧重于考察士大夫推广教化的措施,对他们身边那些不够"杰出"的人们常常视而不见。这当然是受制于史料所限,但也与中国政治和士人传统中仅有"教化百姓"而无"了解百姓"的兴趣有关。[①] 由于忽略"被教化者"的声音,有些著作给人的印象是,士大夫举措一出,人民影从。但事实当然不会这样简单。基于此,本文尝试在一个人际互动的环境中考察一个儒者的作圣行动及其后果。

　　如同大量研究指出的,明代中叶以后,成圣成贤的理想极大普及,成为一股强有力的社会思潮(颜元本人就是望风兴起的一位)。但,首先,与许多成果展示(或暗示)的那种"大家一起来作圣"的情形不同,大多数民众(包括士人在内)对此并无浓厚兴致,许多立志者亦很难从其所在的社群获得鼓励。如同颜元、王法乾等人的例子一样,他们反而因此陷入飞短流长、讥笑嘲讽。这些情节在许多名贤杰士的传记里都不难看到,即使被民间认为"能和下层群众真诚交往"的李塨,在现实生活中也很难逃脱乡人"杂然"之议。[②] 当然,在很多时候,这些描写只是一种固定的修辞格式,用以凸显主人公的苦志卓行,未必是对事实的准确摹绘;但一种修辞格式的出现,仍是以大量同类社会现象的流行为基础的,否则说服力从何而来?因此,成圣观念在基层社会的影响力其实相当有

---

① 侯旭东:《从田园诗到历史——村落研究反思》,载《北朝村民的生活世界:朝廷、州县与村里》,北京:商务印书馆,2005年,第4页。
② 白庚胜总主编:《中国民间故事全书·河北·博野卷》,北京:知识产权出版社,2011年,第141页;方苞:《释言》,载《方苞集》,上海:上海古籍出版社,2012年,第519页。

限,儒家理想和庶民生活之间依然存在鸿沟,下层百姓对于官方和士大夫所热衷的"礼下庶人"工程也缺乏足够的热情。

作圣者特立独行,亦令"无知细民"深感隔阂。袁枚注意到:元明以后,"束天下而崇宋儒",高才之士不以为然,私下论议,时有"过激"之举。"人见其激也,又群惊为奇服异民,而莫敢近焉。"① 这说的活脱脱就是一个青年颜元(实际当然不是)。颜元习礼,在乡邻看来就是"拿腔做势",可知这远离他们的日常,难以为之接受。② 事实上,若我们站在普通百姓角度考虑,演礼既非"做庄稼",又非"做买卖",与其所批判的读书、静坐又有多大区别?因此,他做程朱信徒时,"日静坐八九次"而"谤毁交集";抛却朱学,改由习礼,依然如此。可知在习斋看来具有根本意义的学术转向,对"愚夫愚妇"来说并无两样。民间传说中的习斋多以务农形象出现,而对其演礼活动从未一提,显然不是没有来由的误解。

其次,颜元的遭遇表明,"教化"绝非只是精英对大众的单向施教,而是双方的相互影响。正是乡里的疏远,促使颜元反思自己为人处世的不足,从矫激高亢转趋平易冲和。更具说服力的,则是民间故事对其形象的修改。而同样的事情也发生在李塨身上:恕谷四处教人要"戒奇异",反对"假鬼神,好玄虚,说梦幻",尤不喜"六壬奇门、南宫剑客"的怪谈③,但传说里的他却几乎成了一个道士!通过这种方式,庶民百姓作为(常被忽视的)行动主体,不动声色(也常常是不自觉)地重新界定了"圣人"

---

① 袁枚:《高守村先生传》,载《小苍山房诗文集》,上海:上海古籍出版社,第1304—1305页。袁枚志怪集《子不语》(或名《新齐谐》)中还有一则李塨的故事:"李刚主讲'正心诚意'之学,有日记一部,将所行事,必据实书之。每与其妻交媾,必楷书'某月某日,与老妻敦伦一次'。"参见袁枚:《子不语》,上海:上海古籍出版社,2012年,第280页。其实,此事很可能是促狭者的编造,而袁枚素来不喜道学岸然之貌,信以为真,以为是无比荒唐的行径,当然不会轻易放过嘲讽机会。
② 刘永华对明代以来福建四保"礼仪下乡"的研究,特别强调了"仪式表演"的重要性。正是通过下层士绅与乡民对儒家礼仪表演的观摩,朝廷与士大夫支持的"高级文化"及其政治势力才得以向基层延伸,而对有志迈入"士绅"群体的"庶民",学习成为礼生也是一门"必修课"。参见刘永华:《礼仪下乡:明代以降闽西四保的礼仪变革与社会转型》,北京:生活·读书·新知三联书店,2019年,第76、89—92页。四保民众对"仪式表演"的态度,和颜元的乡亲们恰好相反,或与两地政治、文化条件的差异性有关。
③ 李塨:《富平赠言》,载《李塨集》,北京:人民出版社,2014年,第1456页。

的内涵,也重新规划了"施化者"和"受化者"的关系。

不过,颜元和其邻人的差异,亦不宜过于强调。他成长并生活在华北基层,所受乡土文化的影响,深刻而持久。他虽竭力划清儒门和"异端"的边界,但他的安身立命之处,实与"异端"信徒共享着同一块土壤,只是他未曾自觉而已。这种共性使他最终被乡人接纳,也为后者对他的"驯化"带来了可能。

颜元安守"乡人本分",也限制了其思想的辐射范围。李塨流连北京时,曾对王源说,其"塨滞都门,实非所乐",但要传播习斋之学,便不能不忍受离乡之苦:"挽世警众,必在通衢。僻谷引吭,其谁闻之?"①师生二人的传教策略不无差异,多少跟他们的经历、志向和眼界有关。恕谷明言,不愿为"乡党自好"之徒。② 其所谓"乡党"主要是德行意义的,但他的确较习斋见识到更为广阔的世界,一度还有移民江南的嘉惠(并有所实行),眼界自然不同。这造成颜李学术思想的许多微妙差异,唯那已超出本文议题,不能赘述了。

颜元一生以"作圣"为使命,在某种程度上,也可算是如愿以偿。但一个人立志是一回事,是否被大家接受为圣人,又是另一回事。什么样的人才可被认为"圣人"? 或者说,"圣人"是什么样子的? 颜元的例子告诉我们,这个问题的答案虽不至于言人人殊,但也不止一个。习斋学派的追随者对他的认知,与乡里人家口中时常提起的那位"颜圣"之间的差距,绝不可以道里计,真可谓一个"圣人",各自表述。通常认为,"圣贤"观念是中国文化的一项特色,或谓其代表了"中国'人'的理想形态",犹如希伯来文化中的"选民"、希腊和印度人心中的"英雄"③;亦有人将其与基督教传统的"圣徒"制度加以比较④。不过,从本文所述迹象看来,对不同的人来说,这一"理想形态"仍是多元的。可是,话说回来,谁又能说,大家"各自表述"的,不是同一个习斋?

---

① 冯辰等:《李谱》,载李塨:《李塨集》,北京:人民出版社,2014 年,第 1784 页。
② 李塨:《献陵彭太君挽诗序》,载《李塨集》,北京:人民出版社,2014 年,第 1377 页。
③ 金克木:《文化三型·中国四学》,载《中国文化老了吗?》,北京:中华书局,2016 年,第 267 页。
④ 黄进兴:《"圣贤"与"圣徒"——儒教从祀制与基督教封圣制的比较》,载《圣贤与圣徒》,台北:允晨文化实业股份有限公司,2001 年,第 91—147 页。

Becoming a Sage in the Locality: A Case of Yan Yuan, A Northern Scholar in 17th Century

Wang Dongjie

Abstract: Since Mid-Ming dynasty, the idea of becoming a sage spread widely and turned into a influential ideological trend. However, the case of Yan Yuan and other scholars around shows that, most folks were not interested in being sage, meanwhile many devotees rarely got encouragement from ones' communities, opposite to what much literature called "becoming sages together". In fact, the education shall not be only an one-way process through the elites, but also a reciprocal one from the mass to shape the elites. Yan kept rigorous self-discipline but also did not refuse to adjust one's lifestyle. On the other hand, through folktales about Yan, the folk redefine the meaning of "sage", and reshape the relationship between the educator and the educatee.

Keywords: Yan Yuan, sage, locality

约族:清代徽州婺源的一种乡村纠纷调处体制

刘永华*

摘要:约族作为一个语词,在清初就已出现,更不时见于晚清民间文献。这一体制结合了半官方基层组织和地域宗族组织的功能,在乡村纠纷调处、地域秩序维护中起着重要作用。约族是清代婺源的一种乡村纠纷调处体制,是在明后期推行乡约保甲制之后逐渐形成的。这个体制很可能有效解决了多数乡村纠纷和冲突,大幅减轻了州县衙门的司法压力,从而为"小政府"的正常运转提供了可能。

关键词:约族 乡约 纠纷调处 语词

  近些年来,随着历史学田野调查的开展和海量民间历史文献的搜集与公开,对民间文献的解读也呈现出充满活力的发展动向。来自历史学、法学、人类学等不同学科、领域的学者,带着各自的学术传统与问题意识,加入民间文献的解读当中,推动了对制度史、社会经济史、地域社会史、法制史等问题的讨论。这些研究体现了民间文献丰富的学术内涵。可以说,民间文献不仅为历史学者了解普通民众的生活提供了极其丰富的信息,也为社会科学开展经验研究和理论建构提供了不容忽视的材料和视角。

---

* 刘永华,复旦大学历史学系教授。

在目前对民间文献的解读中,有一个课题还有待得到更多的关注。作为在民间社会生活中形成的文字材料,民间文献包含了诸多来自民间的语词。这些语词类似于索引,体现了民众对自身周遭世界的认知,也标识特定的社会事实。从这些语词的阐释入手开展地域社会研究,可以兼顾历史上民众对世界的认知与社会生活本身,避免研究者客位观察的局限,有时对提炼本土概念也不无意义。这篇研究札记就是出于这个考虑,尝试对清代徽州婺源乡村秩序与纠纷调处中的语词"约族"进行阐释。为了便于深入分析,本文将以婺源十六都为个案展开讨论。

一、老人制与乡约保甲制

要理解"约族"这一语词及其所涉体制的出现,必须回顾明初以降乡村纠纷调处制度的发展脉络。明清时代,与"约族"体制关系最为密切的,是明初推行的老人制和明后期实施的乡约保甲制,两者都曾在本文讨论的徽州地区推行。

明初,政府以里甲制度为依托,在基层推行老人制,负责乡村纠纷的调处。[①] 老人制的前身,是洪武十几年施行的耆宿制。洪武二十一年(1388年)耆宿制废止后,导入老人制。洪武二十七年(1394年)四月、洪武三十一年(1398年)三月,明太祖针对各地民众因小事而越诉至京师的做法,严厉禁止越诉,命地方官选出公正的老人,委任其处理乡村诉讼,明确规定"民间户婚、田土、斗殴、相争一切小事,须要经由本里老人、里甲断决,若系奸盗、诈伪、人命重事,方许赴官陈告"[②],同时下令颁行《教民榜文》,老人制完善起来。此外,洪武五年(1372年),在全国里社内建造申明亭、旌善亭,将境内犯事者或有善行者的名字榜示亭中。

---

① 有关明代推行老人制的过程,参见中岛乐章:《明代乡村纠纷与秩序:以徽州文书为中心》,郭万平、高飞译,南京:江苏人民出版社,2010年。以下对老人制的讨论,主要参考此书。
② 张卤辑:《皇明制书》卷九《教民榜文》,载《续修四库全书》第788册,上海:上海古籍出版社,2002年,第352页。

洪武朝以后，永乐三年（1405年）重申《教民榜文》的规定，确认户婚、田地等诉讼，应首先由老人、里长进行处断。明代中叶（约1435—1521年），各地开始出现老人滥用职权、颠倒是非及申明亭荒废等问题，但老人制在乡村纠纷调处中继续发挥作用。只是明前期相当数量的纠纷是以老人、里长为中心，无须向官府提诉便在乡村中得到处理；而进入明中叶后，一些户婚、田地纠纷诉讼到州县，老人经常参与的一个重要事务，是根据受理户婚、田地等诉讼的地方官的指示，进行实地取证和事实调查，随之尝试各种和解调停。换句话说，明前期老人的职能近似于"理判"官的性质，而明中叶老人侧重于"谕解"，调停色彩日益浓厚。这一时期的史料还显示，老人在本都申明亭轮值受理民间投词。明代后期（1522—1644年），徽州乡村的社会关系和身份秩序逐步动摇，老人、里长调处纠纷变得困难，乡村纠纷调处体制开始发生变动。其中一个变动是乡约、保甲在纠纷处理和秩序维系中开始发挥重要的作用。

乡约本为北宋出现的以教化、劝善为目的的民间规约，同时也指代执行这些规约的组织及这些组织的负责人，而保甲法是王安石变法的主要内容之一。明代中叶，随着社会秩序变动，开始出现各地地方官和士大夫组织乡约、整顿风俗的情况，同时保甲法亦相继在各地推行。明代后期，乡约与保甲组织相结合，演变为兼具治安、教化职能的基层组织，并在纠纷调处中开始扮演重要角色。在不少区域，乡约保甲制的上述职能一直延续至晚清。①

徽州开始推行乡约，正是乡村纠纷调处制度开始发生较大变动的明

---

① 学界讨论明清乡约的论著极多，参见朱鸿林：《二十世纪的明清乡约研究》，载《孔庙从祀与乡约》，北京：生活·读书·新知三联书店，2015年，第242—269页。有关徽州乡约保甲制的讨论，参见铃木博之：《明代徽州府の乡约について》，载明代史研究会明代史论丛编集委员会编：《山根幸夫教授退休记念明代史论丛》，东京：汲古书院，1990年，第1045—1060页；陈柯云：《略论明清徽州的乡约》，《中国史研究》1990年第4期；Joseph McDermott, "Emperor, Élite, and Commoners: The Community Pact Ritual of the Late Ming", in Joseph McDermott (ed.), *State and Court Ritual in China*, Cambridge: Cambridge University Press, 1999, pp. 299-351；常建华：《明代徽州的宗族乡约化》，《中国史研究》2003年第3期；等。有关乡约与保甲的一体化，参见栗林宣夫：《里甲制の研究》，东京：文理学院，1971年，第261—273页。

代后期。早在嘉靖五年(1526年),应天巡抚陈凤梧行文南直隶各地推行乡约。① 嘉靖四十三年(1564年),徽州知府何东序也曾下令推行乡约。② 嘉靖末年,婺源知县张槚"举行乡约,每月季会于紫阳书院,一时风动几有无讼之化"③。这些乡约,很可能都以教化为基本职能。万历初年,知县吴琯再次推行乡约。④ 吴琯推行的乡约,与嘉靖年间徽州推行的乡约有所不同,县志载云:

  吴琯,福建漳浦人。号中云。甫下车,即揭四语于仪门柱,曰:谮愬不行,强御不避,苞苴不入,关节不通。历六载,守此语如一日。精明敏决,是非一谳立判,无留狱时。朝廷初行久任法,三载觐回,设保甲,置乡约,遍访善恶,得其实,躬巡村落中,弗率者系于约所,同众而诘,置之法不少贷,四境肃然。⑤

吴琯的乡约,实际上结合了乡约与保甲法,兼具教化与治安职能。此后,乡约和保甲成为婺源基层行政组织之一,乡约、保甲逐渐在徽州地方公共事务,特别是纠纷调处中开始扮演重要角色。⑥

此外,还须提到的是宗族组织在徽州的兴起。现有研究表明,徽州早在宋元时代就已出现了宗族建构的种种实践,但这一时期宗族在徽州

---

① 卞利《明清时期徽州的乡约简论》一文第74—75页转录了嘉靖五年祁门县推行乡约的告示碑,可作为陈凤梧在南直隶推行乡约的一个例证。参见卞利:《明清时期徽州的乡约简论》,《安徽大学学报(哲学社会科学版)》2002年第6期。
② 嘉靖《徽州府志》卷二《风俗志》,载《北京图书馆古籍珍本丛刊》第29册,北京:书目文献出版社,1998年,第68—69页。
③ 道光《婺源县志》卷一〇《官师五·名宦》,第4b页。张槚于嘉靖三十九年至四十四年(1560—1565年)担任婺源县知县。
④ 吴琯于隆庆五年(1571年)接任婺源县知县,任满一届朝觐返回后,开始推行乡约法,据此推断,他推行乡约的时间当在万历二年(1574年)前后。参见道光《婺源县志》卷一〇《官师一·县职》,第5a—5b页;道光《婺源县志》卷一〇《官师五·名宦》,第5a页。
⑤ 道光《婺源县志》卷一〇《官师五·名宦》,第5a页。
⑥ 廖华生:《明清时期婺源的乡约与基层组织》,《安徽史学》2017年第6期;中岛乐章:《明代乡村纠纷与秩序:以徽州文书为中心》,郭万平、高飞译,南京:江苏人民出版社,2010年,第181—182页。

乡村组织中受到各种宗教社团、群体的竞争与排挤,发展空间不大。只是进入明代后,宗族组织的发展,才成为不可逆转的趋势,以祠堂为中心的宗族组织,才最终开始主导乡村社会。① 在这个背景下,宗族在纠纷调处中也开始扮演越来越重要的角色。明代已出现了不少宗族处理族内纠纷的事例。中岛乐章认为,明初推行的老人制,"是以同族为中心的乡村社会关系为基盘,与同族、村落或'众议'进行各种民间调停、相互补充,形成乡村处理纠纷体系"。明代后期,老人制的角色逐渐被乡约保甲制取代,乡约、保甲取代老人,与宗族逐渐结合,成为乡村纠纷调处的主要体制。②

不过中岛乐章也指出,明末的徽州乡村社会中,"当地各种集团和人际关系,里甲和乡约、保甲等乡村组织,地方官的统治力量等,并没有形成固定框架,而始终保持混沌竞逐这种过渡时期的状态"。到了清初,以乡约和宗族为中心的纠纷处理框架才"整然成形"。③ 熊远报对康熙年间婺源县一位生员日记记载的纠纷事例进行了分析,发现乡约与宗族在纠纷处理上有一定分工,村落内、村落间纠纷多由乡约担当调停与仲裁,而同族内的纠纷则多由宗族担当调停与仲裁,此外族内、村内生员也常常作为调停者出现。④ 在这些纠纷处理中,乡约与宗族相互配合,"约族"的体制基础已基本奠定。

二、乡约、申明亭与诉状

笔者在解读婺源十六都沱川地域一个农户(姓程,下称"程家")所记排日账的过程中,发现这组文献记录了十几宗乡村纠纷调处事例,进而

---

① 章毅:《理学、士绅和宗族:宋明时期徽州的文化与社会》,香港:香港中文大学出版社,2013年;Joseph McDermott, *The Making of a New Rural Order in South China*, I: *Village, Land, and Lineage in Huizhou, 900-1600*, Cambridge: Cambridge University Press, 2014。
② 中岛乐章:《明代乡村纠纷与秩序:以徽州文书为中心》,郭万平、高飞译,南京:江苏人民出版社,2010年,第96、213页。
③ 中岛乐章:《明代乡村纠纷与秩序:以徽州文书为中心》,郭万平、高飞译,南京:江苏人民出版社,2010年,第213页。
④ 熊远报:《清代徽州地域社会史研究》,东京:汲古书院,2003年,第153—158页。

注意到当地文献中时有提及的"约族"表述,并对这一语词的内涵和指涉的相关体制产生了兴趣。下面结合婺源其他地域的文献,对沱川一带的乡约、诉状等问题进行讨论。沱川即今婺源沱川乡,位于婺源北部,北面与安徽休宁县毗邻,东为浙源乡,西为郭山乡。这一带是婺源地势最高的地区,沱川最重要的聚落,主要分布于一个山区盆地的河流两岸。由于群山的阻隔,这一带成为相对独立的地理单元。婺源十六都包括今沱川乡全部及郭山乡、古坦乡一部。

上文提到,万历初年,吴琯在婺源推行乡约。吴琯的举措,得到了沱川士人的响应。光绪《婺源沱川余氏宗谱》收录了一件《乡约》,前有地方士人的呈文,从中可了解沱川推行乡约的一些细节:

> 十六都一图约正副余时英、余德纯、余希宪、余世显、朱惟中、余纯似呈为奉行乡约事。上年节奉上司及本县立有乡约,始虽众志翕如,终则群情举涣。盖缘家喻户晓之道寡,以致移风易俗之效湮。兹蒙仁台复申前议,当上人更化善治之日,正父老扶杖愿生之秋。若从事虚文,曷以仰承德意?约等志存好古,学未通方,猥以匪人,谬赝重任。窃念欲兴教化,在服习于耳目常接之间;欲禁奸顽,贵预止于念虑未发之际。苟非详于训谕,令易知而易从,安能发其天良,俾可久而可大?……谨将所立条款,缮写成册,呈乞印信,给示颁行。为此,具呈须至呈者。①

后注:"县主吴父母批:准行。"这篇呈文弁于《乡约》之前。从"上年"一语,可推断呈文写于万历三年(1575年)前后。后注提到的"县主吴父母",正是吴琯。呈文以乡约的名义写就,此为十六都一图乡约。乡约不

---

① 光绪《婺源沱川余氏宗谱》卷四〇《礼俗》,木活字本,第1a—1b页。

突破图的范围,是明清婺源较为通行的做法,沱川乡约应该也在图内。①呈文提到的余时英等,除朱惟中身份不详外,其余均为士人。余时英以子一龙贵,赠通奉大夫②;余德纯、余希宪为生员③;余世显为正途监生,曾任南乐县县丞、辽东海卫经历④;余纯似为廪生,曾任紫阳书院山长⑤。此外,余时英、余世显、余德纯为燕山人,余希宪、余纯似为鄣村人,而朱惟中很可能是东坑人。

《乡约》小字注"冢宰少原公稿",可知沱川《乡约》是由余懋衡所撰。余懋衡,字持国,万历二十年(1592年)进士,历任永新知县、御史、大理寺少卿、右佥都御史、右副都御史、兵部右侍郎、南京吏部尚书、吏部左侍郎等职。⑥ 余懋衡万历二十年才中进士,上距推行乡约的万历二年已时隔18年,而且沱川乡约组织的约正、约副多为他的叔伯行。因此,《乡约》可能是在余时英所拟原乡约的基础上修订而成的,或是由余懋衡自拟,与原乡约并无关系,亦不无可能。

《乡约》包括"约仪""圣谕衍义""劝戒""保甲""待亲待子十反歌"五个部分,前四部分题余懋衡撰,第五部分题余长生撰。"约仪"规定了行乡约的相关仪节;"圣谕衍义"讲解明太祖的圣谕六言;"劝戒"共31则,涉及人际相处之道、民间习俗的不同方面,还规定了乡约的基本制度,是《乡约》的主体内容;"保甲"三则,介绍了保甲与乡约的关系及保甲制度的基本内容与运作方法;"待亲待子十反歌"是劝孝的歌诀。

余懋衡所定乡约的组织构架,与保甲相表里。"保甲"述其原则云:"乡约、保甲相表里。乡约以劝民为善,禁于未萌;保甲以弭盗安民,防于已发。"乡约的主要事务,由约正副、党正副、各甲长牵头组织,可见保

---

① 廖华生:《明清时期婺源的乡约与基层组织》,《安徽史学》2017年第6期。廖华生认为,按照"约正一、约副二"的设立原则,沱川余氏所在一图应该设了两约。
② 光绪《婺源沱川余氏宗谱》卷三八《仕进·封赠》,第1a页。
③ 光绪《婺源沱川余氏宗谱》卷三八《仕进·府县学生员》,第3b页。
④ 光绪《婺源沱川余氏宗谱》卷三八《仕进·正途监选》,第1a页。
⑤ 光绪《婺源沱川余氏宗谱》卷三八《仕进·府县学生员》,第4a页。
⑥ 张廷玉等:《明史》卷二三二,北京:中华书局,1974年,第6060—6061页。

甲组织部分地嵌入乡约组织,不过"保甲"并未交待保长在乡约组织中扮演何种角色。"保甲"介绍了十六都保甲的组织状况:"吾都有上、下保,上保量其里巷迂直、人家多寡之数,可分编为五保。每保编十甲,每甲编十家。若近有畸零不成一甲者,则并一甲内编十余家,亦无不可。下保亦然。本都可得十保。"①余懋衡设计的保甲,虽然没有提及图,但既然乡约以不超出图为原则,保甲也应该如此,而且应该是与乡约相配合的。换句话说,每都分为若干图,而每图设置一约或数约,保数与约数应该基本相同。

那么,明清时代沱川一带共有几约?乡约的空间布局有什么特点?与里甲/图甲组织有何关系?余懋衡时代的情况,我们无从知晓,不过晚清的情况,当地文献提供了一些线索。首先,晚清沱川的禁文中,多有"六约"的表述。如光绪三年(1877年)的禁赌博告示,有"六约五村"的表述②,光绪三十一年(1905年)的禁赌告示,有"五村三姓六约"的表述③。此处的"六约"是哪些乡约?覆盖多大的地域范围?道光七年(1827年)的一份禁山约提到燕山约、篁村约、鄣麓约、理源约四个约名④,四约对应的正是沱川余姓四大族聚居的燕山、篁村、鄣山、理源(又称理坑)四个聚落。此外,光绪八年(1882年)的禁山约提及漳前约⑤,所谓"漳前",大概是鄣山村之前的意思⑥,应该是指鄣山附近的东山等聚落。这五约应该就是六约的主体部分。另有一约名称不详。其次,上述提及的"五村",应即道光《婺源县志》"沱川"下所列燕山、鄣村、理坑、篁村、东坑五村。根据笔者调查,东坑居民有朱、程、余等姓氏,而其余四村均以余姓为主,可知"三姓"应即余、朱、程三姓。乡约人数为上述推测提供了旁证。光绪八年禁山约"约保"后列有余敦五、余上绍、余乐

---

① 光绪《婺源沱川余氏宗谱》卷四〇《礼俗》,第11a页。
② 光绪《婺源沱川余氏宗谱》卷四〇《遗文·公文》,第8a页。
③ 光绪《婺源沱川余氏宗谱》卷四〇《遗文·公文》,第8a—8b页。
④ 光绪《婺源沱川余氏宗谱》卷四〇《遗文·公文》,第5a页。
⑤ 光绪《婺源沱川余氏宗谱》卷四〇《遗文·公文》,第6a页。
⑥ 本文中,"漳""鄣"均为专有名词,故不予统一。

义、余余庆、朱述训、王义叙六人,光绪三十一年禁赌约"乡约"后列有余有余、余万青、余上绍、余敦五、余庆丰、朱彝叙六人,乡约人数、姓氏均与六约、三姓之数相合。如果上述判断无误,那么六约覆盖的空间,就是以五村、三姓为主体的沱川地域社会,也就可以认为,乡约与村落之间存在相当明确的对应关系:如果村落达到一定规模,就可能成立一个独立的乡约;而几个较小的村落,则可能组合成一个乡约。

此外,咸丰元年(1851年)一份禁约的立约主体为十六都一、二、三图,其中提到的乡约共有五人①,应即所谓沱川六约的乡约。这份禁约牵涉到了图与约的关系。为理解两者之间的关系,有必要对十六都图甲的空间布局稍作讨论。清代抄本《婺源户口赋役都图》记录了十六都四个图的户籍清单。十六都四个图,每图十甲,每甲一户。其中一图十甲余姓八户,其他姓氏仅有两户;二图余姓六户,其他姓氏四户;三图仅有余姓一户,其他姓氏九户;四图则全为其他姓氏。同时,三、四图各十甲中,吴、洪两姓居多,吴姓共七户,洪姓共六户,两姓共十三户,占三、四图总户数的三分之二左右。

从十六都各图户籍的姓氏构成,可了解沱川一带图甲制空间布局之梗概。具体来说,余姓以沱川为主要聚居地,十六都范围内、沱川之外的余姓聚落,数量较少,规模不大。同时,今沱川乡境内没有吴、洪二姓聚居的村落,十六都范围内,二姓主要分布于今鄣山乡车田、水路等村。从姓氏分布可见,沱川余氏主要以一、二图为根本,三图余姓户籍为余茂宗,当为理坑余氏宗族控制的总户。② 因此可以说,康熙三十年(1691年)增图③之前,沱川余氏控制了十六都的大多数图甲。康熙三十年增图的过程,主要是居住于车田、水路等村的吴、洪等姓的部分粮户,从三

---

① 光绪《婺源沱川余氏宗谱》卷四〇《遗文·公文》,第6b—7a页。
② 笔者在理坑搜集的抄本《各祠会等事仪规例》,是记载理坑某房祠堂、会社田产、祭祀的文书,这个文本罗列了余茂宗族控制的田产。
③ 就婺源而言,增图是康熙三十年推行的一项图甲制改革,这个改革允许部分甲户脱离原先的图甲,组合成新图。

图独立出来,组合成了四图。① 根据上述线索,笔者认为,所谓"六约",应即与十六都前三图相对应的乡约总数,大致是每图二约的分布格局。康熙三十年从前三图分出的四图,应该单独成立了两个乡约。②

上述文献还显示,在晚清的民间文献中,已经出现了较为固定的"六约五村""五村三姓六约"一类的表述,这些表述从侧面说明,很可能从明末或清前期的某一时期开始,地方纠纷和公务的处理,已从老人和里甲组织转移到乡约保甲组织的手上。十六都六约应该涵盖了现今沱川境的全部,六约的基础是沱川的五大聚落,特别是燕山、理源、郭村、篁村四个村落。需要说明的是,这四个聚落均为余氏聚居的单姓村,四村余氏各自形成一个宗族组织,四个宗族构成了一个高等宗族,其总祠在篁村,即余氏的始迁地。因此,沱川乡约的基础是聚居宗族。其结果是,宗族在乡约事务中扮演着相当重要的角色——在程家纠纷调处中看到的正是这种情形,而"五村三姓六约"应该是沱川地域处理地方公共事务的最顶层的权力网络。

这意味着,围绕跨村落地方公务的处理,已经出现了超越乡约、图甲、姓氏和村落的某种制度安排。有关这一制度的详情,文献没有透露多少信息。现在比较确切知道的一点是,这些公务和纠纷的处理是围绕当地的申明亭来开展的。前面提到,申明亭制度是明初建立的。一般认为,徽州的申明亭是以都为基本单位建立的。③ 晚清文献中提到的沱川申明亭,应该就是十六都的申明亭,此亭已毁,原址在今燕山菜市。燕山位于沱川盆地中心地段,是沱川余氏主要聚居地之一,在这里修建十六

---

① 上海交通大学图书馆保存了一份清代十六都四图的增图文书,开具了四图十甲的人丁事产,可知各甲的来源,对此笔者将另文讨论。
② 婺源十都万历年间增第四图,新成立的第四图十甲均分为两个乡约,参见黄忠鑫:《明清婺源乡村行政组织的空间组合机制》,《中国历史地理论丛》2018年第3期。需要追问的是,三图有洪姓四户、吴姓二户,这些户籍对应的粮户群体,是归属于沱川"六约",还是归属于四图乡约呢? 笔者认为,他们应归属于四图乡约,因为在前三图的乡约姓氏中,没有出现吴、洪二姓。
③ 中岛乐章:《明代乡村纠纷与秩序:以徽州文书为中心》,郭万平、高飞译,南京:江苏人民出版社,2010年,第129—130页。

都申明亭,在逻辑上是可以成立的。据当地文史工作者调查,燕山申明亭亦称"三门祠"。所谓"三门",是郭村、理坑合为一门,燕山、篁村各为一门,俗称"三门四村"。过去,三门祠"是沱川余氏宗族议事场所","凡有关沱川余氏宗族之大事或家庭纠纷等,都由理事们在此议定。对宗族内有强奸、偷盗、虐待父母等恶行者,需开三门祠请众公断。故至今郭村、燕山人仍有俗语:如果遇到纠纷难以处理,比较棘手时,即说'去开三门祠'"。①

如果这个申明亭就是明初建立的十六都申明亭,我们还需要确定,从明初以降的几个世纪里申明亭制度是否一直运转,不过没有连续的文献证据可以证明这一点。我们知道的是,康熙五十五年(1716年)的一通碑铭,提到"集三门族众至申明亭公议"②,说明经过明清交替的动乱之后,申明亭在沱川继续运转,或是废止一段时间后重新运转亦未可知。碑中提及的"三门",应即三门祠之"三门",亦即理坑、郭村、燕山、篁村四村余氏宗族。康熙末年之后100多年时间里,笔者没有找到有关申明亭的记录。所幸咸丰元年的一份禁约提道:

> 婺北沱川地方,聚族攸居,距治窎远,先宦辈曾遵例请立申明亭,凡有关风化公件,袷者约族在亭公议,而于禁赌博一事尤严,有犯罚责,悉照成规,一切闲杂人等,不得入亭喧哗,致挠公论。历百余年,恪遵无异。嗣因日久玩生,曾于嘉庆年间,公求府宪、县主赏示严禁。③

从"历百余年"一语推断,从康熙朝至嘉庆朝,沱川申明亭一直没有

---

① 汪发林:《沱川乡余氏宗族与民间信仰》,载卜永坚、毕新丁编:《婺源的宗族、经济与民俗》上册,上海:复旦大学出版社,2013年,第120页。另外,民国《婺源县志》卷七《建置五·宫室》载"申明亭:一沱川,一沱口"(第32b页),其在沱川者应即此亭。
② 《衍庆堂示》碑,康熙五十五年立,碑存理坑村内。
③ 光绪《婺源沱川余氏宗谱》卷四〇《遗文·公文》,第6b—7a页。

停止运作。此后申明亭继续在地方公务中发挥作用。在笔者处理的沱川程氏排日账中,也对这个建筑留下了一则记载。光绪十一年(1885年)二月十九日排日账记:"父亲出燕山申明亭嬉。"①沱川申明亭可能一直运转到清朝覆亡。

咸丰元年禁约提到,申明亭是"衿耆约族"讨论"风化公件"之处。我们在晚清民间文献中看到,申明亭处理的一个重要事务是禁赌。上述禁约提到,"近偶赌博事发,辄敢蜂集亭中,喧哗抗辩,大乖请立公亭遗意"。由于这个原因,十六都一、二、三图士绅,乡约余丽元等请求徽州府出示严禁。徽州府衙批示:"查申明亭乃教化之所,即前代乡议遗意,例载森严。凡关风化公件,衿耆执事在亭剖决,所有该处居民人等,各宜敬谨凛遵。"②太平天国运动期间,"兵燹频年,未暇扶维",赌禁松弛。故而在战乱结束后,由县衙门于光绪三年(1877年)出示重申赌禁。此后光绪三十一年(1905年)重申赌禁。③

在婺源民间文献的表述中,请托乡约调处纠纷,称作"投约"。投约可能不是通过口头表达,而是需要将情况按照一定格式写成文书,投递给乡约。中岛乐章在讨论明代徽州的纠纷调处时,曾引证了几份诉状。④《清至民国婺源县村落契约文书辑录》收录了来自婺源段莘沅头村的两件文书,应该是投约的诉状,兹录文如下。

其一:

> 具投词人晓源宋旺发
>
> 投为持械凶殴伤重命危迫叩验明生辜死填事。
>
> 被:胡兴发兄弟侄纠凶丛殴人。

---

① 程氏排日账♯09,光绪十一年二月十九日。
② 光绪《婺源沱川余氏宗谱》卷四〇《遗文·公文》,第 6b—7a 页。
③ 光绪《婺源沱川余氏宗谱》卷四〇《遗文·公文》,第 7b—8b 页。
④ 中岛乐章:《明代乡村纠纷与秩序:以徽州文书为中心》,郭万平、高飞译,南京:江苏人民出版社,2010 年,第 259—279 页及全书各处。

证：身妹幼配社泰为室，素守妇道安和。于本月十一日，泰竖造房屋，不料骇恶胡兴发兄弟侄倚势虎崛，胡观父子各持器械交加，现有拳拴，身妹遍体鳞伤，比投鸣约族，验明确证，屡肆欺懦，身妹命悬。为此不得不叩

生辜死填

□（乡）约先生尊前施行。

光绪廿三年三月　日具。

其二：

具投词人胡社泰

投为拥毁丛殴伤重命悬急叩维风误竖巢穴事。

被：胡兴发喝令纠殴弟侄丛殴人观九□。

证：缘身祖遗有后边问字号基地，选于本月吉日竖造巢穴，殊兴发蟊螣枭心，拒观九率子胆敢逞凶，□拥身家，毁料丛殴，擒妻毒打，遍体均受重伤，饮食少进，累身次子斧伤，比经约族验明，势逼不已。心甚不甘，迫叩申明维风误竖巢穴皆空事，呈电

乡约先生尊前施行。

光绪廿三年三月十三日具。①

这两件诉状涉及同一个纠纷，具状人一是受害者的娘家人，一是其丈夫。诉状没有说明纠纷的原委，只交待了胡宋氏在修建新房时，被胡兴发等人殴伤，受害者娘家与婆家投状，请求乡约处理此事。

此外，上海交通大学图书馆收藏了婺源十四都两位村民的两份文

---

① 黄志繁、邵鸿、彭志军编：《清至民国婺源县村落契约文书辑录》第15册，北京：商务印书馆，2014年，第7696—7697页。

书,应该也是用于投约的诉状。

其一:

> 具状婺邑北乡拾四都杨□湾汪长根投
> 为屡窃凶拒故害无休蒙验叩究事。
> 被:曹三保同弟三松。
> 证:原身屯镇包有屋料,因往黄土岭拼有松木壹林,择吉砍伐无异。不料保等□身□往,魁窃松木数根,鸣公理论,愿自赔偿。近因天旱,不能搬运,欺身窎远,复窃巨松数十余株。身即经约验明,向伊理论,胆敢恃唎凶拒。似此故害无休,不得不叩
> 贵约先生尊前施行。
> 光绪廿四年十壹月日具。①

其二:

> 具状婺邑北乡十四都杨□安△△△等投为
> 屡取屡延藐据鲸吞迫□公论以追本殖事。
> 被:△△△
> 证:身先父代敩东单姓刱有木业,在宅有年,不□善为说词,向身父借去英蚨六十元,立有田契壹道,并借券铁据。不幸身……身懦弱,□□据,且若闻身来往□□,俱是延词。似此契据空存,本殖……不叩
> 贵宅乡约先生 尊前(施行)。
> 光绪贰拾壹年 六月……具。②

---

① 照片编号 DSC 05348,上海交通大学图书馆收藏,卷宗号 ZHU,编号2011081807。
② 照片编号 DSC05340 - DSC05341,上海交通大学图书馆收藏,卷宗号 ZHU,编号2011081807。

投状一的投约人是十四都人汪长根,出资买得黄土岭的松木,被曹三保、曹三松兄弟盗去松木数十株,因此投约人到十六都投约,请求乡约介入此事,予以处理。投状二的投约人是十四都的一位村民,其父借钱60银元与某位村民,被此人赖账不还,因而投到乡约处。①

这种诉状的基本格式,主要包括以下几个部分:一、原告姓名("具状"起头,独立一行);二、投诉事由("投为……事"的表述,独立一行);三、被告姓名("被"字起头,独立一行);四、纠纷详情("证"字起头);五、受理主体(独立一行);六、具状时间。这种格式与明代的投状颇为相似。如天启四年(1624年)的吴留诉状,写明是投给"约里排年"的②,这份诉状除了被告没有独立标出外,其余内容与前述基本相似。两者的主要差别在于,晚清的诉状更加程式化,六个部分眉目清晰。崇祯十六年(1643年)的胡廷柯状纸,是投给宗族的诉状,其基本格式与吴留诉状相同,不过将被告姓名特地标出,置于受理主体之前,并在诉状之后列了干证姓名,其格式与晚清诉状更为接近了。③ 这些程式化很强的诉状的存在,从侧面体现了在乡村纠纷处理中,已隐然形成了独立于州县衙门的

---

① 《徽州文书》(刘伯山主编,桂林:广西师范大学出版社,2004—2017年)收录乡约投状多件,恕不一一列举。
② 为便于比较,兹将吴留诉状录文如下:"投状人吴留,投为杀尊灭伦乞呈辜命事。孙欧(殴)叔祖,伦法大乖。逆恶吴寿,素行不□,□□一乡。前月念(廿)九,乘男佣外,逆截田水,论触凶欧(殴),遍体重伤懵地。幸李五等救证,急具手模,投鸣解送,反逞强□党,拥家捉杀。媳出阻劝,不分男妇,将媳毒打,碎衣命危。族长吴八、叔娘凌氏、凌能等救证。孙杀祖,侄欧(殴)婶,霸水利,律法大变。投乞转呈,究逆辜命,敦伦正法。感激上投约里排年详行。天启四年四月□日投状人吴留(花押)。"诉状图版,参见王钰欣、周绍泉主编:《徽州千年契约文书·宋元明编》第4册,石家庄:花山文艺出版社,1993年,第137页。此处参考了中岛乐章的录文,文字、断句稍有调整,参见中岛乐章:《明代乡村纠纷与秩序:以徽州文书为中心》,郭万平、高飞译,南京:江苏人民出版社,2010年,第184—185页。
③ 王钰欣、周绍泉主编:《徽州千年契约文书·宋元明编》第4册,石家庄:花山文艺出版社,1993年,第137页;录文参见中岛乐章:《明代乡村纠纷与秩序:以徽州文书为中心》,郭万平、高飞译,南京:江苏人民出版社,2010年,第187—188页。顺便提及,乡约诉状的格式与州县诉状相近。晚清州县诉状主要分为形式事项部分与实质事项部分,前者包含的信息包括具呈人、被告、中证人信息、歇家信息、作证人情况等,后者说明做状缘由,主要包括题头和正文两部分。具呈人、被告信息及题头和正文,也是乡约诉状的基本构成部分。有关州县诉状格式,参见吴佩林:《清代县域民事纠纷与法律秩序考察》,北京:中华书局,2013年,第197—235页。

投诉与调处体系,而且这个体系的制度化已经达到相当程度。

最后,谈谈乡约组织的运转经费和乡约的社会地位。乡约组织的运作需要一定费用,这些费用来自本约民众,被称为"约费"。程氏排日账留下了一些缴纳约费的记录,具体来说,排日账记录了光绪十年(1884年)、光绪十一年(1885年)、光绪十六年(1890年)、光绪十八年(1892年)、光绪十九年(1893年)、光绪二十年(1894年)、光绪二十七(1901年)年缴纳约费的记录。综观这些年的记录,程家每年需缴纳约费60文(光绪二十年交66文),有三年是交给一位鉴亭先生。查《婺源沱川余氏宗谱》,余任远,字鉴亭(1837—1896年),监生。① 这位余任远是位乡约吗?有可能。程家缴纳的约费,光绪十年、十八年、二十年都是交给余任远的,此外光绪十一年交给(程?)新禧,光绪十六年交给余观富,二十七年不详。约费缴纳时间通常是在年底。② 约费数额不大,不足以对普通农户的生计构成威胁。

明代乡约的约正、约副等应该都有功名,而笔者了解了几位身份可查的乡约,大都没有获得过功名,这与清代乡约的职役化是有关的。不过在程家的世界中,乡约仍旧不同于普通民众,而是拥有一定地位的人物。在排日账中可以看到,乡约通常的称呼是"先生",与对其他士绅的称呼是一样的(详下),在投约诉状中,乡约也被称作"先生",并在这一敬称之后加上"尊前"二字,这从侧面体现了这个群体在乡村中的地位。

总之,沱川的乡约应该是以自然村为基础而组织的,与图甲也存在较高程度的对应关系,同时又与宗族组织有着密切的联系。在这种格局下,乡约不是浮在地域组织之上的一个基层行政层级,而是深嵌于地域空间组织与权力结构之中,这赋予乡约较为顽强的生命力和相当程度的执行力。

---

① 光绪《婺源沱川余氏宗谱》卷三三,第29b页。
② 程氏排日账#8,光绪十年十二月二十八日,光绪十一年十二月二十一日;程氏排日账#11,光绪十七年十二月三十日,光绪十八年十二月二十六日,光绪十九年十二月二十二日,光绪二十年十二月三十日;程氏排日账#13,光绪二十七年十二月二十八日。

三、乡约、宗族与纠纷调处

在交待制度安排后,现在来讨论乡村纠纷调处的具体运作情况。笔者侧重围绕晚清婺源一个农户涉及的各类纠纷来讨论这个问题。这个农户姓程,跟本文讨论关系最密切的是程允亨。程家所在的上湾,是理坑北面的一个小聚落,小族程氏聚居于此。笔者搜集的程氏排日账,在太平天国运动结束后,开始对程家牵涉到的各种纠纷有或详或略的记录,这些记录为了解当地纠纷调处体制实态提供了第一手史料。

笔者谈到,十六都"六约"包括了燕山约、篁村约、郭麓约、理源约、漳前约及一个约名不详的乡约。此处的燕山约、理源约和篁村约,应该都是以村落为基础组织的乡约,而郭麓约、郭前约对应的村落,很可能就是郭村及周边村落。① 由于地缘关系,上湾程氏应该归属理源约。旁证是,程家在发生纠纷时,曾请乡约余欢桂(1841—1897年)、余茂良(乳名康泰,1837—?)调解,而余欢桂、余茂良都是理坑村人。②

梳理程氏排日账记载,程家牵涉到的纠纷共有19次,主要是物业被侵犯引起的纠纷,除了几宗盗窃案之外,主要有同治十一年(1872年)抄珠山茶坦纠纷、西坑山祖坟纠纷、安里茶坦纠纷,光绪四年(1878年)余万富欠账纠纷,光绪五年(1879年)汪王后产权纠纷,光绪九年(1883年)交椅形祖坟纠纷,光绪十年查木坑山场纠纷、土地纠纷,光绪十一年村民挑衅纠纷,光绪十九年恶贼抢夺纠纷,光绪二十年苦竹山占山纠纷,光绪二十一年(1895年)租谷纠纷、藠片坞柏树纠纷,光绪二十六年

---

① 乾隆、嘉庆年间沱川发生的一个佃仆案中,佃仆为葛、胡二族,他们聚居的小横坑,位于郭村西南,距郭村5.5公里,清代应归郭山约或郭前约管辖。嘉庆初年,他们试图摆脱余姓的控制,成立独立的乡约,这个请求遭到了余姓的多方阻挠,最后以惨痛的做伪案败诉告终。余姓方面主要由郭山余氏宗族牵头处理,此案文书纂辑后,也由郭山余氏宗祠乐义堂刊刻成《奏请钦定徽宁池三府世仆例案》一书。
② 光绪《婺源沱川余氏宗谱》卷二〇,第4b页;卷三三,第86b—87a页。余欢桂、余茂良应该都没有功名。

(1900年)苦竹山占山纠纷及光绪二十七年吴祥发赖账纠纷,其中乡约介入的纠纷有9次(详见表1)。

表1 程家所涉纠纷基本情况表

事发时间	纠纷事由	涉事人身份	调解主体
同治十一年	抄珠山茶坦纠纷	程辉悦	乡约、四大房
同治十一年	西坑山祖坟纠纷	余广川祠	乡约、四大房
同治十一年	苦竹山盗窃纠纷	余再富	无
同治十一年	安里茶坦纠纷	程允发	无
光绪四年	欠账纠纷	余万富	乡保、中人
光绪五年	汪王后祖坟纠纷?	余臣庆	乡约、文会
光绪五年	苦竹山盗窃纠纷	大崧?	无
光绪八年	苦竹山盗窃纠纷	不详	无
光绪九年	祖坟迁葬纠纷	程志阳兄弟	本族、乡约、四大房
光绪十年	土地纠纷	四侄?	乡约、中人
光绪十一年	村民挑衅纠纷	标仇	乡约
光绪十九年	恶贼抢夺纠纷	四恶贼	文会、扶正会等
光绪二十年	苦竹山占山纠纷	大连吴庆元	大连亲戚
光绪二十一年	租谷纠纷	崇四(赐)	乡约、房
光绪二十一年	蕌片坞柏树纠纷	?	乡约
光绪二十二年	苦竹山盗窃纠纷	余成	无
光绪二十六年	苦竹山树木盗砍	余路华	余添灯
光绪二十七年	吴祥发赖账纠纷	大连吴祥发	亲家等
光绪二十七年	牛栏田禾被盗纠纷	不详	无

资料来源:程氏排日账历年记录。

从上表可以看到,乡约一般不介入盗窃活动(共4宗),涉事主体超出沱川的纠纷(程家涉及的主要是与大连人的纠纷,共2宗①),乡约一般也不介入。乡约介入的9宗纠纷中,物业纠纷7宗,村民寻衅闹事1宗,租谷纠纷1宗,可见物业纠纷占主体,纠纷所涉物业包括祖坟、茶坦,

---

① 大连位于休宁县,离上湾约20华里,中间有群山阻隔。

或是两者兼而有之,还有一次是债务。下面试分析相关纠纷的调处方式。

同治十一年的抄珠山茶坦被占、祖坟迁葬纠纷是排日账记录最为详尽的纠纷。事发于该年二月,此后从投约、调处至最终解决纠纷,前后经过了近半年时间。整个纠纷的处理经历了三个阶段。第一阶段是纠纷事发与投约阶段。二月二十二日,程发开发现抄珠山茶坦被本族族人程辉悦侵占,祖坟遭到迁葬,当即上苦竹山,找回在山上干农活的程允兴兄弟。程辉悦很可能是为了占茶坦,才迁葬程发开祖坟的。因为太平天国运动结束后,国际茶市行情不错,茶坦的价值很可能有所提高,引发了不少茶坦纠纷。二十三日,程氏父子与程辉悦发生了肢体冲突。二十四日早上,程氏父子将纠纷投到乡约余裕峰处,乡约到祖坟前验明程辉悦迁葬祖坟、霸抢茶坦的事实。①

第二阶段开始于五月初四,可能因为乡约调处无果,程家找到余氏宗族族房长,当日排日账记:"父亲、允兴兄、本身仝再叔抄珠山盖棺椁,被辉悦二月因此廿四日霸抢身之地,托大房文公理论,余余三、允前、裕峰、立修、仲巍、魁芳、仝先生,允兴兄□相劝,廷远祠坟山四至分明,左右内外人等无许安厝。"②需要注意的是,此处请托的人名中,包括了乡约余裕峰,乡约和族房长应该是一同参与调处的。五月二十四日,程氏父子将被迁葬的棺椁做了安顿,当日排日账记:"父亲、允兴兄、本身扛棺椁到下处,被辉悦抄珠山廷远公坟前迁葬,托中人、约调处,渐打勒,后求情相劝,内外人等毋得侵害。"余氏宗族介入后,这个纠纷基本得到解决。这里的"中人"与"约",应该就是前面提到的理坑余氏族房长和乡约。

第三阶段是立碑安葬阶段,发生于七月初。以下是初一至初六日,纠纷处理的情况:

① 程氏排日账♯5,同治十一年二月二十二日至二十四日。
② 程氏排日账♯5,同治十一年五月初四日。

初壹日天晴癸未值建昴宿　父亲仝再叔到四大房中人、约（准定勒石到坟）余裕峰先生、冠芳先生、仲如先生、立修先生、余山先生、承安先生,被辉悦抄珠廷远公坟酬不安,约保相劝,订勒石到此坟前。

初叁日天晴乙酉值满嘴（觜）宿　父亲谢宗四大房余如山、余豕安、冠芳、裕峰、仲如、保约族长德申,被辉悦打口仟葬廷远公下边。允兴兄仝本身照应四大房中人。

初伍日天雨丁亥值定井宿　父亲耘田,允兴兄仝本身苦竹山刴菜,己身在逢（篷）歇。黄昏晚,被辉悦粗言恶语相骂,沱力家里,咬父兄打架,因此抄竹山坟前茶坦内上下无厌,又托四大房诸公验明,余如山先生、安承先生、冠芳先生、裕峰先生、仲如先生、造深先生相劝。

初陆日天雨戊子值执鬼宿　父亲、允兴兄早晨抄珠山扛果棺墩（樽）乙出厝屋□□上坦。①

由于程允亨读写能力的局限,上述文字表述有不少不甚明晰之处,但从记录中可大致了解,七月初乡约、"四大房"介入纠纷,对纠纷做出了有利于程家的判决,准许程家立碑示禁,程家安置好先祖棺樽,并很可能按照惯例,设宴答谢乡约和"四大房"。因为对判决不满,程辉悦仍试图对程家家人行凶。

在这个纠纷的调处过程中,值得注意的是,程家在事发后,首先是去投约,即将纠纷详情告知乡约,请求乡约介入调处。乡约在了解纠纷实情后进行调处。不过很可能调处无效,于是程家请出"四大房"介入调处。那么,此处的"四大房"究竟指的是什么?尽管涉事双方均为程氏宗族族人,但从相关人士的姓氏判断,这些房是余氏宗族,而不是程氏宗族

---

① 程氏排日账♯5,同治十一年七月初一至初六。

的房支。透过族谱可知,他们其实是理坑余氏宗族的上、松、竹、梅四大房。介入调处的应该是余氏宗族的族长和四大房的房长。这宗纠纷说明:其一,程氏宗族规模小,凝聚力不强,宗族本身不足以调处本族族人的纠纷;其二,由于地缘关系,沱川大族理坑余氏宗族在乡村纠纷的调处过程中,扮演着举足轻重的角色;其三,乡约本身在整个纠纷的调处过程中,更多扮演投诉的接受、调处的安排而非纠纷仲裁的角色,对纠纷调处的结果不具有重要作用,但他们出现于纠纷调处的不同阶段,应是作为主要参与者全程介入整个纠纷调处过程的。

这个纠纷调处方式,在此后的几个物业纠纷中也可以观察到。抄珠山茶坦侵占纠纷事发的当月(同治十一年二月),还发生了西坑山祖坟侵害纠纷。二月三十日,程家了解到,西坑山祖坟遭到余广川祠的侵害。三月初三,亦即事发三日后,排日账记:"父亲仝允兴兄、再叔在家,托四大房、乡约余裕峰先生被余广川祠侵害西坑山祖坟,托中人调处,余班桂先生、双玉先生、彦卿先生、立收先生、冠芳先生、仲如先生、承安先生到广川祠支孙相劝。"初四日,"父亲仝再叔、乡约余班桂先生相托到西坑山祖坟前验明,请看上下左右四至分明田内"。初七日,"父亲仝再叔、乡约先生托四大房诸公到广川祠支孙劝解,西坑山祖父坟毋许仟(迁)葬,官坟一丈,民坟八尺,付洋九元到广川祠,支孙内外人等,毋许侵害,合做议单二张,各执乙张存照"。此日纠纷得到解决,程家的祖坟得到保护,但也为此付出了银洋九元的代价,双方立议单了结了纠纷。此后,初八日,"父亲仝再叔办物谢宗四大房";初九日,"父亲仝再叔托和舅做伙头谢宗,因此被余广川祠阻倒,请酒富先生、彦卿先生、冠芳、裕峰、仲如二位乡约先生,余举桂条理清讫,谢中"。[1] 经过初八日准备后,初九日程家设宴答谢四大房与乡约,整个纠纷告一段落。

光绪九年正月的纠纷是因程家的交椅形祖坟被迁葬引起的,涉事的双方与同治十一年抄珠山茶坦纠纷一样,也属于上湾程氏族人。不过此

---

[1] 程氏排日账♯5,同治十一年二月三十日,三月初三日至初四日,初七日至初九日。

次的调解过程与抄珠山纠纷稍有不同。程家发现迁葬问题应该是在该年正月二十一日,当日排日账记:"此夜同族内议事,交椅形地被志阳兄弟。"①说明纠纷发生后,程氏宗族曾在祠堂进行磋商。次日,"父亲在家,同众族内允福家长进祠堂,被志阳兄弟扦(迁)葬交宝贵公坟,理论投约余康泰先生品名"。程氏族人商议无果,程家转投乡约。二十三日,"父亲同族内允福兄、连悦叔托约先先(生),被志阳粗言恶语,相劝不通,只德(得)托四房禀(?)名,允兴兄接客始请"。很明显,因为族内与乡约交涉无果,程家只好请四大房介入此事。二十四日,"父亲同允兴兄大族允福兄、连悦叔、再叔、辉、允恭、允富弟、允法兄、允中、赐侄。本身办酒席,托四大房先生约康泰、逐(承?)安、士登、仲巍、诵之□公理论",继续理论迁葬事。四大房介入后,纠纷应该得到解决。二月十七日,排日账记:"父亲采柴,又飞舅家接吃酒,允兴兄同众族内办物酒席谢中,因此交椅刑(形)被志阳兄弟、约康泰、执士先生、豕(承)安、士登、仲巍、新禧、诵之、加长、兴泉。"此次是设宴答谢介入调处的乡约与四大房。三月初十日,"父亲同允福兄托乡约先生余欢桂交椅形被外人侵害,言名同族做护坟"。② 这是在纠纷解决后,程家做护坟。在这次纠纷中,乡约也全程介入调处。

四大房介入的还有光绪五年的汪王后纠纷。此次纠纷的起因不详,很可能与祖坟有关,因为程家在汪王后有一座祖坟。该年正月二十五日,排日账记:"父亲在家嬉,允兴兄在家,被汪王后余臣庆情理不合,投理约先生余定桂,接文会先生上马石头文公理论。"此次纠纷的调处,也是先请乡约,再接文会先生③现场勘查纠纷实情。此次纠纷应该很快就得到解决。当月三十日,排日账记:"父亲在家,允兴兄托连悦叔培客做伙头,接四大房中人约先生念五日事中乡圭(规?),本身采柴,回家照应

---

① 原文如此。
② 程氏排日账♯7,光绪九年正月二十一日至二十四日,二月二十七日,三月初十日。
③ 文会应是四大房士绅的一个组织。清代的文会是为交流作文心得建立的一个士绅会社,但也介入地方事务。

客。"①在这次纠纷中,程家应该是在投约时,就直接请余姓四大房介入,而不是先请乡约进行调处,无果后再请四大房调处。此外,光绪十九年八月的恶贼抢夺纠纷,起因不详,事发后,程家告到扶正会与文会,最终问题是否得到解决,排日账没有记录。②

其他的纠纷,相对较为简单。光绪四年三月,万富欠账不还,"父亲早晨托乡保中人万美兄被万富欠账,朱岭茶坦管业押牌",程家托乡保和中人万美介入,将万富的茶坦抵押。③光绪十年闰五月,程家可能与一位村民因土地纠纷,托乡约、中人等实地勘察。④光绪十一年四月,有邻里寻衅,隔墙掀瓦,程家只好请乡约介入。⑤光绪二十一年九月,程家与崇赐因租谷纠纷,请乡约余裕峰介入,"凛(禀)明文贵支孙理论"。⑥光绪二十一年十二月,程家一处坟地的柏树被砍,程家请乡约余裕峰理论。⑦这些纠纷在乡约介入后,应该得到了解决,因此没有请四大房出面调解。

四、"约族"表述的出现

很可能从清初开始,乡约与宗族相结合,成为乡村纠纷调处、秩序维系的重要体制。这种体制,沱川一些文献表述为"约族"。这个语词何时开始出现,待考。不过清康熙五十二年(1713年)就出现这个表述,清中后期民间文献中更是时有所见。如上引《清至民国婺源县村落契约文书辑录》收录的光绪二十三年(1897年)两件诉状,都使用了"约族"的表

---

① 程氏排日账♯6,光绪五年正月二十五日、三十日。
② 程氏排日账♯11,光绪十九年八月初一日,"初乙日天雨庚戌值除。己在家。被四恶贼抢夺。余氏包贩良之心。托柜族内人见理源上马石头。托扶正会不遵理法";初二日,"己又见文会先生余重新、余吉佳、余益苏、余禧伯复上马石头,便明众人被四恶贼之屠"。
③ 程氏排日账♯6,光绪四年三月二十日。
④ 程氏排日账♯8,光绪十年闰五月初三日。
⑤ 程氏排日账♯8,光绪十一年四月十三日。
⑥ 程氏排日账♯11,光绪二十一年九月十一日。
⑦ 程氏排日账♯11,光绪二十一年十二月二十二日。

述,另有以下数例。

(一)篁村云衢庵禁碑,上刻"公禁碑/康熙五十二年冬月/永禁盗砍/一二图绅衿约族为/云衢庵立"①。这是目前沱川境内获见的最早提到"约族"一语的文本。

(二)笔者在理坑发现的一通嘉庆八年(1803年)十一月的禁碑,规定:"……界内□养(?)杉松杂木,内外人等□(不?)得入山□害挖掘木脑烧炭□大惊祖,如违,闻公理论,重罚不贷。"左边的落款是"绅耆约族"②,"约族"与"绅耆"并举。

(三)道光二十二年(1842年)理坑《悠远祠簿据》是族人产业充作祀产的一份书面说明,中间"约族"一语出现两次:

> 立存产附祀簿据四大房约族俊卿等,缘天照、接庆、三庆本属同胞,天照、接庆已先物故无嗣,而三庆六十七岁,生子早夭,因念祖宗先祀为大,爰凭四大房约族,将伊己业田租八局,共计皮租贰拾叁秤零四斤、骨租五斤,附入致和祠,永为清明祭扫之赀。祠内每年清明,自伊曾祖时新公以下,至三庆兄弟、夫妇及伊殇子成福等,设席同登,并标祀其五世之墓。其田悉听祠内经收管业,内外人等毋得争竞。倘三庆日后不能存活,其田租仍听拨出度日。总之生为口食,殁为祀产。附祀簿一本,即付致和祠永远存照。③

族人无后,其田产充入祠堂,由祠堂收租,而祠堂负责祭祀该族人曾祖以下世代。这本是祠内事务,但在文本中仍使用了"约族"的表述,这可能是因为有乡约介入,也可能是因为这是一种习惯性的表述。

---

① 汪发林:《沱川乡余氏宗族与民间信仰》,载卜永坚、毕新丁编:《婺源的宗族、经济与民俗》上册,上海:复旦大学出版社,2013年,第63页。
② 碑存理坑村内。
③ 《各祠会等事仪规例》,1948年重订本,无页码。

（四）咸丰元年徽州府批准的一份申明亭告示，申请示禁的禀文称"凡有关风化公件，衿耆约族在亭公议"，也是"约族"与"衿耆"并举。有趣的是，徽州府知府的批示没有使用沱川禀文中的"约族"表述，他使用的表述是"该处约保及衿耆军民人等"①，似在暗示乡约保甲制才是基层组织的正式构架。

（五）同治二年理坑禁碑一通，为山场禁葬碑，碑铭漫漶，但碑中有"合经约族"等字。②

（六）光绪年间一件来自十六都的文书，也出现了"约族"一语：

> 立收字人沱溪许绍辉，缘身侄女招弟于八月间，胡莲花贩卖休宁，至阳林安耽搁。身今向理，蒙伊约族理谕，作汪吴氏，敷出盘费，莲花领身至休查明姓婚。日后身族人等断不得向伊村外生枝节。如有别情，执此向身是问，无得推辞。今欲有凭，立此收字存据。
>
> 光绪拾柒年九月日立收字人　许绍辉（花押）
>
> 经约族中　汪右全　胡桃　秋能　发华　德芳　亲笔（花押）③

这份文书的文字有一些不明之处，不过大致内容是，立约人许绍辉的侄女许招弟被胡莲花贩卖到休宁，许绍辉获悉后，追踪到胡莲花居住的阳林安地方，经过该地"约族"的理论，胡莲花答应带许绍辉到休宁查明贩卖许招弟之处，而许绍辉则应该是在阳林安约族的要求下，立约保证不带族人到阳林安找村民的麻烦。落款处"约族中"应是指"约族"和中人。

从逻辑上说，"约族"包括两个内涵：一是乡约与宗族的合称，一是乡约-宗族综合体的表述。在后一种内涵中，乡约和宗族并非分头处理村

---

① 光绪《婺源沱川余氏宗谱》卷四〇《遗文·公文》，第7a页。
② 碑存理坑村前往上湾路上。
③ 照片编号DSCF 0491，原件由上海交通大学图书馆收藏，卷宗号ZHU，编号2012091801-2。

落内外和宗族之内的纠纷,而是共同介入乡村纠纷调处。在民间文献的一些表述中,"约族"有时可能是一种合称,这种合称的出现,自然也值得注意。不过结合上文对程家所涉纠纷调处的事例和本节第三、第五条史料的讨论,"约族"应该说一般并不单纯是乡约和宗族的合称,而是指代两者的综合体,具体是指乡约和宗族共同调处纠纷的一种体制。中岛乐章和熊远报谈到的以乡约和宗族为核心的乡村纠纷调处框架,还主要是由乡约和宗族分头处理村落内外和宗族内部纠纷的体制,而在约族调处体制中,乡约多与宗族共同参与乡村纠纷的调处,乡约和宗族的结合较前更加紧密了。这种体制结合了半官方的基层组织和地域社会组织,是介于国家与民间之间的一种中间组织,在乡村纠纷调处中发挥了颇为重要且相当有效的作用。

总之,"约族"一词的出现,透露出了主要由乡约、宗族构成的一个制度安排,在婺源乡村的纠纷调处与地方公务处理中扮演着重要的角色。透过这个表述的出现与使用,可以捕捉到约族在婺源地域社会中发挥的重要作用。

五、余论

在明清一些地方官的眼中,徽州是一个"健讼"之地。① 这种看法,代表了一部分地方官对徽州地域的认知,这种认知本身是无法否认的。不过应该说,"健讼"是一个相对的概念,包含了对时间差异、地域差异的一种比较维度在内。从这个判断本身,很难推导出民间提起诉讼的普及程度,也无法对乡村纠纷调处体系的效率得出确切的认识。

就明清婺源地区而言,乡村纠纷调处已形成了一套制度化程度较高且具备相当效率的体制,很可能大多数纠纷可以通过这个体制进行解决。对婺源程氏排日账的梳理可发现:其一,在排日账近 40 年的记载中,程家曾牵涉到 19 次纠纷,但极少到县衙打官司。事实上,程家介入

---

① 卞利:《明清徽州社会研究》,合肥:安徽大学出版社,2004 年,第 242—261 页。

衙门官司仅有一次,那是道光二十年(1840年)十月十七日。当日排日账记:"己仝早月兄、允福侄兄下婺源城走脚。因正言先兄家远女嫁度坞,门户不等,打官司。"①可见这次官司并非为了自家的事。程允亨的父亲程发开在婺源城待了两天,十九日就返回村里。其二,与此相关的,程家牵涉到的纠纷,大都在以约族为中心的民间调处体制中得到解决,只有涉及外县的债务纠纷和小件财物的盗窃活动最后不了了之,这说明大多数纠纷可以在约族体制内得到解决。

总之,笔者的意图不是要否认地方官的"健讼"认知,更不是认为明清徽州是一个"无讼"的社会。不过相对昂贵的诉讼费用,加上较为有效的约族一类的乡村纠纷调处体制,还是从消极、积极两个方面,在基层解决了相当数量的纠纷,从而大幅减轻了州县衙门的司法压力,这也许是明清时期的"小政府"能够长期存续的一个重要原因。民间文献中时有所见的"约族"一语,提醒我们注意到这种乡村调处体制的存在,进而去思考明清乡村纠纷调处体制在维持乡村秩序、稳定王朝统治根基中扮演的重要角色。

---

① 程氏排日账♯1,道光二十年十月十七日。

Yue-Zu: A Rural Dispute Mediating System in Late Imperial Wuyuan, Huizhou

Liu Yonghua

Abstract: Yue-Zu as a term appeared as early as the early Qing and became increasingly popular in late Qing documents. Yue-Zu was a rural dispute mediating system in late imperial Wuyuan, Huizhou. It evolved out of the interaction between the community compact and Baojia system and local society. Combining, on the one hand, semi-official village-level organization and localized lineage; on the other hand, the system played important roles in mediating rural disputes and conflicts and maintaining local order. The system had probably resolved majority of rural disputes and conflicts, greatly lessened judicial pressure of county Yamen, and thus, in this way, made possible the routine operation of a "small government".

Keywords: Yue-Zu, community compact/compact head, dispute mediation, term

政治史与事件史在中国:一个初步反思[*]

侯旭东[**]

摘要: 政治史是20世纪初才产生的新提法,出自梁启超对中国传统史学的批评,后逐渐降级为史学的一门分支,与文化史等并立。其内涵则多歧,关注制度的颇多,针对政治现象的少,与时人理解的西方政治学关系密切。将重大事件作为分析对象,始于陈寅恪的《唐代政治史述论稿》。受其影响,政治史转向重大事件与事件序列研究。在史学一般认识上,以事件为论述与研究对象,定型于20世纪50年代,源于苏联影响。此时"事件"内涵已经经过了转化与窄化。"事"从甲骨文中出现到后来成为一个常用词,含义则不断受到削减,从祭祀、战争、职事、文书、事务等几乎无所不包到仅限于"大事"。这种窄化的"大事"与"事件",通过近现代的中小学教育融入人们的头脑,沉入"日用而不知"的"无意识"层面,暗中约束着近代以来史家的思考。研究者须突破它的限制,回到"事"字的初始义与衍生义中,对照认清史书"纪事"内容与角度上的局限,跨越现有的分类框架,重新思考研究对象与内涵。

关键词: 政治史 事 事件史 陈寅恪 新史学

---

[*] 本文修改先后得到傅扬、孙正军与张琦先生的惠助,谨此致谢!
[**] 侯旭东,清华大学历史系教授。

20世纪80年代以来,西方新史学再度引入,中国开启了又一轮史学解放,同时也推动了对既往史学的再次反省——上一次反省始于1902年前后梁启超对中国旧史学的鞭挞与对新史学的呼唤。两次反省前后相隔80年,相似之处却不少:无论是对传统史学的批判,还是召唤的西方新史学,其动力与源头均来自西方世界。一个多甲子的循环,传统史学的主要病灶,依然归于政治史,开出的解药同是来自西方的社会史。① 潮起潮落的轮回背后,是一个多世纪以来对自身史学传统有些草率的扫荡,而非深入肌理的剖判。慷慨激昂的战斗檄文痛快淋漓,却常常流于表层与片面,匆忙中将孩子与洗澡水一起泼掉,盲从中成为潮流的俘虏,无法真正将史学从粉饰当下的积习中拯救出来。

眼下需要反思的不只是传统史学本身,更应囊括20世纪以来形成的新史学。检讨后者甚至应先于对前者的自省,因为研究者毕竟生活在当下,成长于近代以来形成的思想氛围中。不先将那些像空气一样浑然不知的前提、分类方式、基本概念、研究路径拿到聚光灯下一一审视,就无法以自觉的姿态进入古人的思想世界。

反思近代史学工程浩大,无法一蹴而就,亦非个人独力所能完成,这里仅围绕笔者近来关心的政治史略作梳理。政治史是个近代形成的史学分支,其内涵随学术发展几经变化,最终与事件研究、事件史走到一起。事与事件又是古人常用的词汇,几十年来不乏检讨的努力,亦有来

---

① 参见赵世瑜:《社会史:历史学与社会科学的对话》《再论社会史的概念问题》,均载《狂欢与日常:明清以来的庙会与民间社会》,北京:生活·读书·新知三联书店,2002年,第413—468页;赵世瑜:《20世纪中国社会史研究的回顾与思考》,载《小历史与大历史:区域社会史的理念、方法与实践》,北京:北京大学出版社,2017年,第15—56页;常建华:《20世纪中国社会史研究》,载周积明、宋德金主编:《中国社会史论》上卷,武汉:湖北教育出版社,2001年,第153—175页;可对照王汎森:《晚清的政治概念与"新史学"》,载《近代中国的史家与史学》,上海:复旦大学出版社,2010年,第1—28页。

自社会学的反思。①但众人反思过后,有些基本问题仍未见触及,如政治史与事件史的来历。本文试图对此略作探索,从根基处梳理政治史与事件史的成长史,有益于未来开拓新的可能空间。

一、何为"政治史"

19世纪末,中国的正史开始被斥为帝王的家谱,是君史,非民史②,进而被视为"政治史",这里当然带有贬义,此后"政治史"又由称呼演化为史学分支中的一类专史,这些均是近代的产物。笔者所见,最早使用这一说法的盖是梁启超。1901年,他在《中国史叙论》中因德国哲学家埃猛埒济的观点认为中国过去的历史"所陈陈相因者,惟第五项之政治耳。然所谓政治史,又实为纪一姓之势力圈,不足以为政治之真相",次年他在《新史学》之《中国之旧史学》一文中进一步指出:

> 中国数千年惟有政治史,而其他一无所闻。梨洲(黄宗羲)乃创为学史之格,使后人能师其意,则中国文学史可作也,中国种族史可作也,中国财富史可作也,中国宗教史可作也。

---

① 如陶晋生:《政治史研究的展望——兼评艾尔登著〈政治史〉》,《食货月刊》1976年第12期;李里峰:《从"事件史"到"事件路径"的历史》《新政治史的视野与方法》,均载《中国政治的历史向度》,南京:南京大学出版社,2018年,第20—60页;杨念群《为什么要重提"政治史"》,《历史研究》2004年第4期;黄宽重:《从活的制度史迈向新的政治史——综论宋代政治史研究趋向》,《中国史研究》2009年第4期;童永昌:《"新政治史研究的展望"研讨会纪要》,《古今论衡》2010年第21期;方震华:《传统领域如何发展?——对宋代政治史研究的几点观察》,《台湾大学历史学报》2011年第48期;魏希德:《重塑中国政治史》,《汉学研究通讯》2015年第2期;仇鹿鸣:《事件、过程与政治文化——近年来中古政治史研究的评述与思考》,《学术月刊》2019年第10期。社会学领域的反思,参见李猛:《迈向关系/事件的社会学分析:一个导论》,《国外社会学》1997年第1期,又载谢立中主编:《结构-制度分析,还是过程-事件分析?》,北京:社会科学文献出版社,2010年,第62—76页;小威廉·H. 休厄尔:《历史的逻辑:社会理论与社会转型》,朱联璧、费滢译,上海:上海人民出版社,2012年,第191—266页,感谢刘文楠女士示知此书以及新的译文;应星:《事件社会学脉络下的阶级政治与国家自主性——马克思〈路易·波拿巴的雾月十八日〉新释》,《社会学研究》2017年第2期。

② 有关戊戌维新前后批判"旧史"的各家见解,参见谢保成:《增订中国史学史》第4册,北京:商务印书馆,2016年,第1581—1584页。

对于何为"政治史",文中并无具体说明,就其批评旧史学的四大弊端中"知有朝廷而不知有国家","《二十四史》非史也,二十四姓之家谱而已","认历史为朝廷所专有物,舍朝廷外无可记载故也",以及剖析旧史学的"正统""书法"与"纪年"等①,均属于围绕政治展开的具体体现,可知梁任公所谓"政治史"针对的是中国传统史学论著的内容与叙述体例,与后来定型为一门史学分支的"政治史"名同实异。但因《新史学》的基调是批判传统史学,在当时趋新求变的氛围下,其说法不胫而走,使得这一说法很快就被各界学人当作"旧史学"的特质,沦为众矢之的。其影响甚至超出了史学界,波及文学史等领域。1923年,胡适在徐嘉瑞《中古文学概论》(上海:亚东书局,1924年)的"序"中更为详尽地加以阐发。胡适说:

> 做通史的人,于每一个时代,记载几个帝王的即位和死亡,几个权臣的兴起和倾倒,几场战争的发动和结束,便居然写出一部"史"来了。但这种历史,在我们今日的眼光里,全是枉费精神,枉费笔墨。因为他们选择的事实,并不能代表时代的变迁,并不能写出文化的进退,并不能描出人民生活的状况。

不久,刘复在归国途中写的《敦煌掇琐叙目》中亦有类似的表示。他说:"我们研究文学,决然不再作古人的应声虫……研究历史或考古,决然不再去替已死的帝王作'起居注',更决然不至于因此而迷信帝王而拖大辫而闹复辟!"②小说、俗文学、民间文学研究的产生,不能说与此没有关系。

史学界服膺此说的更是无数。倡导"生命史观"的朱谦之便曾高呼:"那些一向占历史中枢的帝王、贵族、军阀们,我们应该有胆量,把他赶

---

① 参见梁启超:《新史学》,夏晓虹、陆胤校,北京:商务印书馆,2014年,第66、90页。
② 刘复:《敦煌掇琐叙目》,《北京大学研究所国学门周刊》1925年第3期。

在'进化史'的外面。"①更年轻一辈的学者,同样拿起接力棒,继续呼吁。1924年,赵吟秋坦言,自己撰写《史学通论》的诸多原因中就有"已往史学者的观念,多以政治为中心,对于平民的记载极少"②。吴晗、汤象龙在天津《益世报》"史学"双周刊创刊的发刊词(1935年4月30日)中,便高呼"帝王英雄的传记时代已经过去了,理想中的新史当是属于社会的、民众的"③。即便是看起来稳健持重的吕思勉对此说也颇为认同。他号称"二十四史"读过三遍,的确,观其所撰的数部断代史,以及读史札记,正史之熟稔确非虚名。尽管如此,他在全面抗战前完成的《史籍与史学》中对比古今史家宗旨的异同,指出古人异于今人的大端有三,第一仍是"偏重政治"。吕思勉约十年后出版的《历史研究法》依然坚持此说,在"四、旧时历史的弊病何在"一章中,指出"提出这一问题来,我们所回答的,第一句话,便是偏重于政治。'一部二十四史,只是帝王的家谱'这一类的话,在今日,几乎成为口头禅了。这些话,或者言之太过,然而偏重政治的弊病,是百口莫能为讳的"④。实际影响远不只是这句口头禅,民国时期出现史料不断扩充与不读二十四史的矛盾现象,传统课题被挤到边缘等⑤,其源头均应溯源到梁启超在《新史学》中的声讨。

除了研究者,为大学生与中学生撰写教材的史家们也深受其影响。王桐龄在《中国史》序论的第四节概括中国旧史学缺点时,就全文抄录了梁启超《新史学》中的"四弊说",而此书乃是他民国二年至八年(1913—1919年)在北平高等师范学校(北京师范大学前身)历史地理部讲授中国通史的讲义。⑥吕思勉在《新学制高级中学教科书·本国史》的"例

---

① 朱谦之:《历史哲学》,上海:泰东图书局,1926年,第23—24页。
② 赵吟秋:"自序",载《史学通论》,上海:大中书局,1931年,第2页。
③ 吴晗:《吴晗全集》第9卷,北京:中国人民大学出版社,2009年,第28页。出处承孙正军兄检示,谨谢!
④ 1945年初刊,此据重印本,吕思勉:《吕著史学与史籍》,上海:华东师范大学出版社,2002年,第51、14页。
⑤ 这种看法直至今日犹有信从者,如张秋升:《中国古代史学的政治史传统》,《南开学报(哲学社会科学版)》2007年第3期。
⑥ 王桐龄:《中国史》第1卷,北平:北京文化学社,1926年,第2、5—12页。

言"一开篇就写到"本书力矫旧时历史偏重政治方面之弊,然仍力求(1)正确及(2)有系统",此教科书1924年2月由商务印书馆初版,1930年第18版,1933年6月国难后第13版①,不难推想其影响。

这种不无偏颇的看法,虽很早就引起学者的警惕,但却难以扭转时风。早在1924年,章太炎在《救学弊论》一文中即敏锐地概括学界五弊,最后一弊是"重文学而轻政事",锋芒所指当是彼时刚刚起步的民俗歌谣调查,以及小说研究之类。在他看来,"文章与风俗相系固也,然寻其根株,是皆政事隆污所致……彼重文而轻政者,所谓不揣其本,求之于末已",根本上看,他认为"扬摧五弊则知昔人治史寻其根株,今人治史摭其枝叶"。② 章太炎生前在学界影响甚大,但在很多趋新的知识分子眼中,却已成为守旧的祭司,其痛砭的确产生了一些反响,但对于学术总体发展,却只算是几丝走调的杂音,很快就淹没在各方趋新的合奏中。如学者所指出的,他所说的五弊,20年后却几乎均被另一位史家归为史学的新进展。③

究其原委,章太炎归于学校教育"耳学之制",当属皮相之论。其背后原因是多方面的,关键一点是对传统史学的批判与新史学的倡导,重新规划了史学的任务,如"民史""群史"等等。梁启超的一路追杀,打消了不少人对帝王家谱的兴趣,学者更多的精力移到"民史""群史"与社会史中。④ 1928年,何炳松出版的《通史新义》中提到的新型通史便是"社会史"。吕思勉长年积累的读书札记中涉及日常生活的条目就有不

---

① 吕思勉:《〈新学制高级中学教科书·本国史〉例言》,载《吕著中小学教科书五种》上册,上海:上海古籍出版社,2011年,第103页;版次情况,见该书前言第3—4页。
② 章太炎:《救学弊论》,《华国月刊》1924年第12期。
③ 罗志田:《史料的尽量扩充与不看二十四史——民国新史学的一个诡论现象》,载《近代中国史学述论》,北京:北京师范大学出版社,2015年,第54—55页。
④ 关于此转向,可参见王汎森:《晚清的政治概念与"新史学"》,载《近代中国的史家与史学》,上海:复旦大学出版社,2010年,第1—28页。

少①,平素读书注意力之所在不难想见,他的几部断代史中更是系统设置专章介绍衣食住行,体现了他对史学发展方向的理解。亦如吕思勉所说:"治史第一要留意的,就是社会学了。历史是研究整个社会的变迁的,任何一种事件,用别种眼光去解释,都只能得其一方面,惟社会学才可谓能揽其全。"②杨树达(1885—1956年)的治学经历亦提供了很好的证据。他被陈寅恪誉为"汉圣",除了继承清代朴学的《汉书补注补正》(商务印书馆,1925年,后增订改名为《汉书窥管》)以及甲骨金文、传世文献的诸多考订、文法训诂之作外,还发表了《汉代丧葬制度考》(《清华学报》1932年第1期),出版了《汉代婚丧礼俗考》(1933年),以此来拥抱史学新风。③通过研究与记述历史上的风俗、生活向新史学表达敬意,一时间成为不少深受朴学熏陶的学者的选择,胡朴安、瞿兑之、尚秉和、柳诒徵、邓之诚、陈登原等莫不如是。④

新史学走向多歧,起点却是相同的,即放弃梁启超所谓的传统以帝王将相为中心的政治史。民史、群史、社会史的召唤,各类新资料喷涌而出,开辟出众多新领域,吸引了众多学者的目光与精力,加上广为接受的进化论以及匆忙接受的关于古代王朝的整体性论断,如比较视野下产生的中国古代专制说,也使得围绕王朝政治展开的史学研究空间趋于逼仄,吸引力亦大打折扣,制度史也颇受其累。1932年钱穆在北大历史系

---

① 如《吕思勉读史札记》中"先秦"第108—126条,涉及生日、年龄、婚姻、饮食、衣服、坟墓,"秦汉"以下诸代的札记中亦有不少,如秦汉的第307—318条,魏晋南北朝的第541—548条,通代中的第703—708、710条等。参见吕思勉:《吕思勉读史札记》,上海:上海古籍出版社,2005年。
② 吕思勉:《历史研究法》,载《吕著史学与史籍》,上海:华东师范大学出版社,2002年,第29页。
③ 杨树达在此书"自序"中云:"往岁余治《汉书》,颇留意于当世之风俗,私以小册逐录其文,未遑纂辑也。会余以班书授清华大学诸生,诸生中有以汉俗为问者,乃依据旧录,广事采获,成此婚丧二篇;见者颇喜其翔实,而予曾君星笠(运乾)乃见誉以为为史学辟一新径途。"参见杨树达:《汉代婚丧礼俗考》,上海:上海古籍出版社,2000年,第1页。
④ 有关整理,可参见常建华:《20世纪中国社会史研究》,载周积明、宋德金主编:《中国社会史论》上卷,武汉:湖北教育出版社,2001年,第164—166页。

开设"中国政治制度史"课程的遭遇,可见一斑。①

1902年,梁启超批评中国旧史四弊,称其唯有政治史,但还没能系统搭建起新的史学分类构架,只是承袭日本的分法,初步区分为中国史、世界史、泰东史(东洋史),彼时他心目中的中国史内部依然根据四部分类法中的"史部"来区分史学的派别。② 随后一二十年,尤其是20年代以降大学历史系课程安排上的反复调整③,以及史学界不断的讨论④,借助日本与欧美史学分类,逐步形成了现今通行的分类格局,即世界史与中国史并立,中国史内通史、断代史与专门史三足鼎立的局面。⑤

以往不甚为学者留意,却对时人影响更为广泛的乃是1902年以来各政府制定的中学、小学教授历史课程的安排(或称为"学科程度",或称为"课程标准""课程大纲")。除了1923年的初中与高中"历史课程纲要"是中外混编外,其余标准均分为中国史(或称"本国史")与世界史(或称"外国史")两块,分在不同年级或不同学程来讲授,中国史内则划分为上古史、中古史(1940年以后又将宋到明称为"近古史")、近世史

---

① 1932年钱穆在北京大学历史系欲开设"中国政治制度史"课程,遭到系方的反对。后经钱穆坚持,课终于开出,但历史系无人选此课,后法学院院长令政治系学生前去听讲,随后才稍有历史系学生去旁听。钱穆:《师友杂忆》,北京:生活·读书·新知三联书店,1998年,第169—170页;钱穆:《中国历史研究法》,北京:生活·读书·新知三联书店,2001年,第24页。
② 参见梁启超:《新史学》,夏晓虹、陆胤校,北京:商务印书馆,2014年,第86页。
③ 参见王应宪编校:《现代大学史学系概览(1912—1949)》,上海:上海古籍出版社,2016年,第12—13页。北京大学历史系自1920年开始,便在课程设置上区分中国通史、中国上古史、中国中古史、中国近世史、西洋中古史、西洋近世史、日本近世史、印度古代史、政治史、经济史、外交史、中国法制史、中国经济史、中国哲学史、中国文学史、中国学术史、中国史学概论等本科生课程,以及西周史、战国史与秦史一类的研究科目。此后课程名称有变化,如1929年以后开始出现魏晋南北朝史、清史(1929年)、汉魏史、宋史、满洲开国史、明清史料择题研究(1931年)、隋唐五代史、辽金元史、明清史(1932年)等课目,取代了中国中古史等,但分类格局并无大变。其他大学的情况亦相仿。清末到1949年中国大学中历史系设置情况,1920年以前,全国不过6所大学有历史系,1947—1948年则有63所大学设立。参见尚小明:《近代中国大学史学科系设置考察》,《史学月刊》2011年第8期。
④ 这方面讨论最为详尽的是杨鸿烈《史学通论》第六章"论历史的分类",该书1939年初刊。参见杨鸿烈:《史学通论》,长沙:岳麓书社,2012年,第130—173页。文中引述前人的看法颇多。
⑤ 关于"通史"与"专门史"分立格局的产生,参见章清:《重塑"中国历史"——学科意识的提升与"专门史"的书写》(上、下),《学术月刊》2008年第8、9期。

(近代史)与现代史,段落名称基本与外国史一致。1956年以后,中国史改分为中国古代史、近代史与现代史,古代史下面再划分若干时期或朝代组,往往带着社会形态的标签。① 百年来无数版本的各种中小学历史教材依据课标编写,进而将这些分类架构以及浸透其中的史观融入教材,传授给一代又一代学子。传统"史部"分类则明确转为史书的分类。时至今日,诞生不过百年的历史/史学分类方式已被"自然化",作为不证自明的前提,很少受到关注和讨论,政治史最终安身其中,成为一门"专门史",其内涵与地位与梁启超所说已有所不同。

随着史学新分类框架的逐步确立,政治史亦从对传世史书内容与体例的总体概括,经历政治史与文化史(文明史)的双峰并立,最终降格为专门史中的一支。政治史定位的下降轨迹折射出近代史学分类的变化,亦呼应了近代学人对政治在历史中作用之认识的嬗变,以及对来自欧美与日本的史学分类架构的反思。② "通史"取代"文化史"或"文明史"成为记述中国整体历史的通称③,文化史最终亦由无所不包的"普通史"屈尊为专门史中的一员,与传统史学中强调"通识",以及"文化"含义的不断析解,与各类专史的逐步发育关系密切。不可忽视的是,伴随一些专史的成长甚至形成了解释历史的"决定论",也会抬升或巩固某些专史的地位,如"经济决定论"与"文化决定论"。④ 而对政治的排斥,让19世纪欧美学界强调"政治史"地位的看法,以及福礼曼(F. Freeman)说的"历

---

① 参见吴履平主编:《20世纪中国中小学课程标准・教学大纲汇编:历史卷》,北京:人民教育出版社,2001年,第6页以下。1904年《奏定中学堂章程》"学科程度章"规定历史科分为中国史、亚洲各国史与欧美史三类来安排。
② 对此讨论最为详细的仍是杨鸿烈,参见杨鸿烈:《史学通论》,长沙:岳麓书社,2012年,第149—173页。
③ 由何炳松《通史新义》"自序"对"通"的推重,可见一斑。参见何炳松:《通史新义》,桂林:广西师范大学出版社,2005年,第1—10页。关于中西方史学对"通史"的不同理解,参见刘家和主编:《中西古代历史、史学与理论比较研究》,北京:北京师范大学出版社,2013年,第564—576页。
④ 章清:《重塑"中国历史"——学科意识的提升与"专门史"的书写》(下),《学术月刊》2008年第9期。

史是过去的政治,政治是现在的历史"①一类说法遭遇抵抗,"政治决定论"或"政治史观"声音之微弱,几乎可以忽略不计②。

虽然如此,史家几乎都承认政治的作用,只是各自理解不尽相同。政治史内涵的变化,和时人对政治学的理解及其对史学的影响相关,这与当时学界对史学存在状态的一般认识分不开。恰如时人注意到的"目下沪上各书局所出版之史学书籍,大都是仅论史学中研究法或与科学之关系一部分",亦如今人所归纳"现代史学概论一类书籍,就笔者之睹见,约有40种,而无一不讲史学与其他学科之关系"。③ 自1902年梁启超倡导新史学,便强调不能"徒知有史学,而不知史学与他学之关系",当时他提到的"与史学有直接之关系"的"他学"中就有"政治学"。④ 后人提及的学科就更多,大致分为两类:一类是针对史学材料处理的学科,如考古学、年代学、古文书学、玺印学、古钱学、系谱学之类;另一类则常被称为"一般的补助科学",如人类学、社会学、地理学、经济学、法律学、统计学等等。后一类中政治学几乎是必不可少的内容。⑤

李大钊的《史学要论》在当时颇有影响⑥,书中指出:"此外尚有种种特殊的社会现象,史学家于其所研究的事项感有特殊兴趣者,均可自定界域以为历史的研究,例如政治史、法律史、道德史、伦理史、宗教史、经

---

① 参见杨鸿烈:《史学通论》,长沙:岳麓书社,2012年,第154—156、244页;姚从吾:《历史研究法》,载李孝迁编校:《史学研究法未刊讲义四种》,上海:上海古籍出版社,2015年,第299—303页。
② 罕见的例外见研究政治学的周荫棠发表的《历史与政治》,提出了"政治史观",强调政治是历史发展的决定因素,历史本身就是政治,与他同调者几乎不见。周荫棠:《历史与政治》,《斯文》1942年第13期。
③ 参见卢绍稷:《史学概要》,上海:商务印书馆,1930年,"序"第1页;李洪岩:《杨鸿烈的史学思想》,《史学理论研究》1994年第3期。
④ 梁启超:《新史学》,夏晓虹、陆胤校,北京:商务印书馆,2014年,第96页。
⑤ 参见黄人望:《史学研究法讲义》,载李孝迁编校:《史学研究法未刊讲义四种》,上海:上海古籍出版社,2015年,第18—42页;杨鸿烈:《史学通论》,长沙:岳麓书社,2012年,第174—180页;姚从吾:《史学研究法》,载李孝迁编校:《史学研究法未刊讲义四种》,上海:上海古籍出版社,第286—320页。
⑥ 参见胡湛:《李大钊〈史学要论〉在20世纪二三十年代史学界的回响》,四川师范大学硕士学位论文,2020年,第24—71页。作者没有注意到,杨鸿烈在其《史学通论》中"论历史的分类"一章,亦转录并分析了李大钊对历史学的分类。参见杨鸿烈:《史学通论》,长沙:岳麓书社,2012年,第149—151页。

济史、文学史、哲学史、美术史等都是……政治史、法律史等乃考察一种社会现象本身的经历者","对于政治史、经济史、宗教史、教育史、法律史等,记述的特殊社会现象史,已有研究一般理论的学科:对于政治史,则有政治学;对于经济史,则有经济学……"①20世纪20年代,梁启超对史学分类的认识亦有不少变化,不再倚重史部分类,而将史学分为普通史与专门史两类,专门史下细分为五种。他亦指出,"文物专史的工作,在专史中最为重要,亦最为困难……文物专史,与其说是史学家的责任,毋宁说是研究某种专门科学的人对于该种学问的责任,所以文物专史一方面又是各种专门学问的副产物",他心目中的"文物专史"主要包括政治专史、经济专史与文化专史三大类,政治上制度的变迁是政治专史的重要内容。②依梁启超的逻辑,政治专史应该由政治学家来完成,其中以政治制度为核心也极其自然,因为政治学研究的核心便是国体、政体与政治制度。吕思勉的见解中梁启超的印记亦颇为明显,他也认为"各种社会科学,如政治学、法律学、经济学、人生哲学等,和史学的关系更为密切"③。陆懋德在介绍如何进行历史解释时,亦说"自近世科学发达,凡解释历史的变化,必须根据考古学、人类学、民俗学、社会学、政治学、经济学等之定理,而与前人之徒逞臆说者不同。自其根据科学定理以解释历史的变化,则谓之为科学的历史解释"。在列举了孟德斯鸠、马克思等人的观点后,作者又指出"总之对于各种科学,多一分智识,则对于历史变化,多一步了解"。④

政治史的内涵,则与各人对政治学的理解有关。一派因袭德国学界

---

① 李守常:《史学要论》,北京:北京师范大学史学研究所,1980年,第22、23页。
② 梁启超:《中国历史研究法补编》,载《中国历史研究法》,北京:东方出版社,2012年,第315、267—269、271页。
③ 吕思勉:《历史研究法》,载《吕著史学与史籍》,上海:华东师范大学出版社,2002年,第29页。
④ 陆懋德:《史学方法大纲》,北京:北京师范大学史学研究所,1980年,第70、76页。

的认识,强调政治学研究国家,可视为"国家学"①,因而理解的政治史指研究国家的专史,内容较多。梁启超的看法便属此类。1914年开始在北京高等师范学校任教的黄人望所编的《史学研究法讲义》中介绍史学的区分时,有所谓"第二部,不涉及人类之全体,仅就人间活动之一部分而研究之者"分为二种:(甲)以性质为标准者,(乙)以分量为标准者。前者中又区分为文化史与政治史:"普通所谓政治史,亦有称为国民史者,即研究国家之组织及国家生活等之历史也。又有外交史、行政史、立法史、财政史、司法史、兵制史等,为政治史之小别。"第四章"史论编"谈到"制度"时说,"制度者,以法令为始,并含各种之章程,大都属于国家方面,即所谓制度史者是也",顺带批评了一下制度史研究,认为多仅书其变迁沿革,不及社会之心理。黄人望曾留学日本早稻田大学,其讲义实际是日本学者坪井九马三《史学研究法》的节译本。② 同样留学日本,毕业于东京大学的王桐龄在介绍"历史之范围"时亦云:"历史有政治史、文化史之区别。政治史者,研究国家之状态者也。凡法制史、外交史、教育史、战争史之类属之。"③

朱希祖师从章太炎,政见上与梁启超颇为不同,对梁启超的志趣、学术评价亦不高④,但他对政治史的理解却与梁启超相去不远。在《中国史学通论》中,朱希祖划分中国史学流派,新旧杂糅并立,六类中,编年史、国别史、传记、正史与纪事本末之外,还专门列出"政治史与文化史"一类。政治史中又分为综合的与单独的,前者主要是《通典》与《五礼通

---

① 巴斯蒂:《中国近代国家观念溯源——关于伯伦知理〈国家论〉的翻译》,《近代史研究》1997年第4期;孙宏云:《中国现代政治学的展开:清华政治学系的早期发展(1926—1937)》,北京:生活·读书·新知三联书店,2005年,第351—376页;王昆:《晚清时期西方政治学引入的两种学术体系——以伯伦知理与小野塚喜平次为中心的讨论》,《湖南师范大学社会科学学报》2016年第2期。
② 黄人望:《史学研究法讲义》,载李孝迁编校:《史学研究法未刊讲义四种》,上海:上海古籍出版社,2015年,第14—15、52页;以及同书李孝迁"前言"第2页。
③ 王桐龄:《中国史》第1卷,北平:北京文化学社,1926年,第2页。持类似看法的还有李泰棻,他是黄人望的学生。参见李泰棻:《中国史纲》第1卷,北京:武学书馆,1927年,第7页。
④ 参见朱希祖1929年2月17日日记,朱元曙、朱乐川整理:《朱希祖日记》上册,北京:中华书局,2012年,第133页。

考》，后者又细分为法制之史、经济之史、法律之史、军政之史、社党之史与外交之史，只有社党之史涉及人物，其余均属制度或事件。如他所云：

> 自《禹贡》详地方之制，陈赋税之要，《吕刑》言刑法，《周礼》详职官，似已为政治史之权舆……惟班固十志，每言大政大法，必追述古始以讫于当时，故《汉书》虽属断代，而十志则实为政治之通史也。降及唐代，杜佑作《通典》，颇有条贯……若夫马端临之《文献通考》、秦蕙田之《五礼通考》，虽亦为政治之通史，然或近策案，或等类书，其条贯不及《通典》矣。①

他所理解的政治史内涵分类方式不同于梁启超，亦围绕国家而来，应与他在日本早稻田大学学习历史有关，两人共享了日本学界的通说。朱希祖自1920年起先后在北大、清华、中山、中央大学等校讲"中国史学史"②，此书原型即该课讲义，其说对二三十年代诸校学生的影响不可小觑。

这派观点中的政治史包含内容虽多，制度史乃是其中重要部分，并无异辞。另外一派看法则偏于狭义的理解，仍有不少学者将政治史等同于制度史。吕瑞廷、赵澂璧《新体中国历史》作为中学教科书，叙论扼要介绍历史的种类，云"专详制度之沿革者，曰政治史"③。

1922年7月，中华教育改进社在济南召开历史教育会议，梁启超参加，并起草一份《中学国史教本改造案并目录》。方案认为现行教科书的"缺点之最著者"是"一、教科书全属政治史性质，其实政治史不能赅历

---

① 朱希祖：《中国史学通论》，北京：中华书局，2012年，第25—26、36—39页，引文见第36页。
② 在北大与清华讲授此课，参见朱希祖：《中国史学通论》，北京：中华书局，2012年，"自序"第3页；授此课于中山大学与中央大学，参见朱希祖1932年10月15日与26日、1933年5月24日、1934年3月2日与3月8日日记，朱元曙、朱乐川整理：《朱希祖日记》上册，北京：中华书局，2012年，第157、165、273、314、316页。
③ 吕瑞廷、赵澂璧：《新体中国历史》，上海：商务印书馆，1911年，第2页。

史之全部。二、旧式的政治史专注重朝代兴亡及战争,并政治趋势之变迁亦不能说明"。梁启超的建议主要有二:"第一,以文化史代政治史。第二,以纵断史代横断史","将全史纵断为六部:一年代,二地理,三民族,四政治,五社会及经济,六文化。虽谓为六部专门史亦可……合之成一普通史耳"。"政治之部,对于一时君相之功业及罪恶皆从略,专纪政制变迁之各大节目,令学生于二千年政像得抽象的概念。"①其方案中的"政治史"便带有两种不同的含义。后一种作为专门史的政治史,则有意避开朝代兴亡与君相功业,侧重于政制。此教本最终没有编成,但其设想体现了他对政治史认识的变迁。

1931年王钟麒撰写的《初级中学中国史教科书》第1册在论及政治时说:"政治包含最复,今且置官制、地方制、税制、刑律、兵制等事项暂不说起,单就参政所由的选举制度说,也变迁极显,如汉魏的荐举、召对,两晋的乡评里选,唐以来直到清季的科举,支配了当时的政治不少。"②如果要定义何为政治史,按作者所述,一定会与吕瑞廷、赵澂璧两位同调。

曾任上海暨南大学教授的钱亦石(1889—1938)之遗著《中国政治史讲话》,在民国时期算不上有影响的著作,作者服膺马克思主义,体现在他对政治史的理解中,同时亦包含了当时研究历史的学人的一般认识。他在该书"绪论"中系统阐明了政治史的意义、政治史的范围。关于政治史,作者认为是一种"研究政治生活发展的过程,从支配阶级与被支配阶级五花八门的政治争斗中,将求其因果关系的定律之科学","政治史的范围,主要的自然是在静的与动的两方面去分析政治制度",后面又将此具体化为三个方面:(一)政治的基础——经济构造;(二)政治的本

---

① 梁启超:《中学国史教本改造案并目录》,《史地学报》1922年第1期;梁启超:《梁任公近著》第1辑下卷,上海:商务印书馆,1923年,第125、126—127、128、134—136页;另见梁启超:《饮冰室合集》文集第10册,北京:北京出版社,2020年,第217—218页,政治之部的目录,见同书第219—220页;何成刚:《1922年济南历史教育会议述评》,《历史教学》2006年第12期。
② 王钟麒:《初级中学中国史教科书》第1册,上海:商务印书馆,1931年,第5—6页。

身——政治制度；(三)政治的反映——意识形态。① 除了应用马克思主义的经济基础与上层建筑关系说补充的两点,其政治史的主要内容则是政治制度。将政治史定义为寻求定律的科学,或近似的表达,乃是彼时很多学者的共识,正是这种科学观,引导他们更多地去关注制度性的内容,这些持续出现的现象可以归纳出某些近乎规律性的认识,满足"科学"的要求,而不是所谓的"政事",后者几乎都被认为是特殊性的,提炼出定律无疑近乎不可能。

钱穆亦认同此说。他区分政治与政事,认为"如秦始皇帝统一,汉高祖得天下,以及其他一切内政、外交、军事等,都该属于政事,归入通史范围","若讲政治,则重在制度,属专门史"。② 所以其《中国历代政治得失》一书介绍的乃是通常所说的制度史。1945 年,顾颉刚在回顾近百年中国史学发展时,云"关于政治史,有曾资生先生的《中国政治制度史》,已出四册,至隋唐部分,极为翔实"。可知他心目中,政治史与政治制度史基本可以划等号。③

不同于上述诸人,当时亦有个别学者,认为政治史即是政治现象史。多年担任清华政治学系主任的浦薛凤(1900—1997)1937 年撰文指出"一部政治史大抵即为政治现象史","'政治现象'乃是一切时常或偶尔发生的事实、经过、状况、境遇"。革命、战争、贪污、每日报纸所记载的政治消息,如投票、官吏调动、政党游行等等均是,排除了"政治制度"。④ 这种看法毋宁说更多地是将关注治乱兴衰的正史传统延伸到近现代,仍然有追随者,尤其是在近现代史领域,但同时亦不乏反对的声音。

周谷城与萨孟武即是其中两位。1940 年,周谷城出版了《中国政治史》一书,在"弁言"中指出:"本书不是政治思想史,不是政治制度史,更与一般专讲理乱兴衰的政治史绝不相同。理乱兴衰为政治现象。然政

---

① 钱亦石:《中国政治史讲话》,上海:上海书店出版社,2013 年,第 4、6、7 页。
② 参见钱穆:《中国历史研究法》,北京:生活·读书·新知三联书店,2001 年,第 18—37 页,引文在第 18 页。
③ 参见顾颉刚:《当代中国史学》,上海:上海古籍出版社,2002 年,第 84 页。
④ 浦薛凤:《政治学之出路:领域、因素与原理》,《社会科学(北平)》1937 年第 4 期。

治现象实为各种社会势力所造成。故善为政者,应该洞明每一时代支配政治的主要社会势力。本书研究着重这一点。"①周谷城强调要与关注治乱兴衰的政治现象的研究划清界限,而提供社会角度的分析和解释。这一点上萨孟武确为同道。萨孟武毕业于日本京都大学,先后任教于中央政治学校、中山大学与台大,是政治学家。萨孟武 1935 年开始起草《中国社会政治史》,经过 20 多年的撰写修改,1965 年在台湾出版了先秦到明的四册,后又有增订版,在台湾影响颇大。1943 年出版的《读书指导(一)》一书中,他撰写了《怎样研究中国政治史》一文,通篇没有解释何为中国政治史,而是强调"史学的效用"是"于过去许多事实之中,抽出数个因素,以说明事实进展的原因和结果,俾复杂的事实成为一个有体系的知识","能够知道人口,能够知道水田,而又能够知道生产力,那末,社会的治乱不难迎刃而解。此际若再能探讨年之丰凶……物价之高低……国民之贫富,那末,一代治乱更易知道","历史不是排列许多事物的杂货店,而是利用一定原理,将许多事物排列为一个有体系的知识"。他在文中提炼出来的有两点,一是人口与食粮,二是土地制度及农业生产力②,侧重从经济角度解释治乱的产生。他在《中国社会政治史》增订版自序中亦云写作动机是阅读《通鉴》后的不满,"总觉得其对于社会情况,如民风、士气、经济、国防、户口之多寡、土地之分配及生产力、各种阶层之分立,以及政治制度等等,写得太少,而且未曾阐明这许多要素对于政治现象有何影响。研究历史必须阐明历史发展过程之因果关系",其想法与 30 年前一脉相承。其书内容亦属广义的政治史,制度在各朝各代中均占有重要位置,同时也包含统治演进、风俗思想变化、经济与社会等。③ 两人对政治史的理解已开始从描述转向解释,与钱亦石乃至陈寅恪形成某种共鸣,只是用来做解的依据各不相同。

---

① 周谷城:《中国政治史》,北京:中华书局,2007 年,第 1 页。
② 陈之迈等:《读书指导(一)》,重庆:中国文化服务社,1943 年,第 21—41 页,引文见第 21、27、28 页。
③ 萨孟武:《中国社会政治史》,北京:生活·读书·新知三联书店,2019 年。

如上所述,近代学人理解的"政治史",颇为多样,梳理其内涵,大致如上。除了早期的泛泛之论,多半将其与政治学联系在一起,多少可视为西方政治学在历史中的投影,且时人治史热衷探寻过去的"公理公例""因果关系"或"通则"①,历史上的政治组织与政治制度自然会被视作政治史的核心。这种看法到了20世纪七八十年代的台湾依然存在。②波诡云谲的治乱兴衰难以提炼出贯通的解释,更不用说抽象的因果关系乃至定律了。这倒与西方政治学长久以来的根本关切颇为一致。亚里士多德《政治学》中最关注的问题便是政体与政制,写此书之前,亚氏甚至收集了158种政制资料,可惜现存的只有《雅典政制》一篇。③

后来制度研究逐渐独立,甚至形成独立的制度史分支,政治史转而以研究政治事件、集团权力斗争为主,进而与事件研究合为一体。这一分化与转向,与陈寅恪个人的影响密不可分。具体而言,应追溯到1943年出版的《唐代政治史述论稿》一书,此书重新定义了"政治史"。陈寅恪在该书"自序"中写道:

> 寅恪尝草《隋唐制度渊源略论稿》,于李唐一代法制诸端,妄有所论述。至于政治史事,以限于篇幅,未能涉及。兹稿所言则以唐代之政治史为范围,盖所以补前稿之未备也。夫吾国旧史多属于政治史类,而《资治通鉴》一书,尤为空前杰作。今草兹

---

① 如梁启超在《新史学》"史学之界说"中指出:"历史者,叙述人群进化之现象,而求得其公理公例者也。"梁启超:《新史学》,夏晓虹、陆胤校,北京:商务印书馆,2014年,第95页。
② 1976年,陶晋生撰文依然认为"制度虽然不是政治史的唯一课题,但是仍为政治史最重要的课题之一",参见陶晋生:《政治史研究的展望——兼评艾尔登著〈政治史〉》,《食货月刊》1976年第12期。毛汉光亦云"政治史的范围很广,如官僚制度、选举制度、政治动乱、政治思想等皆是",参见毛汉光:《中国中古政治史论》,上海:上海书店出版社,2002年,第27页。
③ 施特劳斯讲疏:《古典政治哲学引论——亚里士多德〈政治学〉讲疏(1965年)》,扎科特整理,娄林译,上海:华东师范大学出版社,2018年,第81、83、89、122—123、142页;斯科菲尔德:《亚里士多德·导言》、克里斯托弗·罗:《亚里士多德论政制》,均载斯科菲尔德主编:《剑桥希腊罗马政治思想史》,晏绍祥译,北京:商务印书馆,2016年,第298—303、350—372页;亚里士多德:《雅典政制》,日知、力野译,北京:商务印书馆,1959年。

稿,可谓不自量之至! 然区区之意,仅欲令初学之读《通鉴》者得此参考,或可有所启发,原不敢谓有唐一代政治史之纲要,悉在此三篇中也。

此书原是香港大学授课的讲义,出版前书名改动过多次,无论是《唐代政治史略》《唐代政治史略稿》,还是正式的书名,都含"唐代政治史"五字。"自序"亦反复提到此书欲讨论唐代"政治史",并与揭示李唐一代法制等的《略论稿》对举,明确指出记述"治乱兴衰"的《通鉴》乃政治史之空前杰作,其所谓"政治史"绝非政治制度史可无疑义。① 正文则通过统治集团的升降斗争,集团成员的出身背景与政策之间的关联,内政与外族关系的连环性等,具体勾勒了李唐300年朝政演进的脉络,将有唐一代历史演进的认识从编年史提升到一个全新境界。此书篇幅不长,捕捉数百年中纷繁人事背后的"逻辑",独树一帜,将围绕朝廷展开的政事置于政治史的中心,提供了政治史的另一种可能。陈寅恪治史追求"综合贯通,成一有系统之论述"②,意在撰写通史,不过,他心目中的"中国通史"显非史料的排比、考证的堆砌、面面俱到的叙述,更关键的是提供通贯而系统的历史解释,这也是其史学研究的基本追求③,或可称为

---

① 即便是制度,陈寅恪也非就制度论制度,而是强调行动与制度的关系。卞僧慧记录的《陈寅恪先生开课笔记三种》中《晋至唐史》开课笔记后附"晋至唐史研究"一课的笔记:"'研究'一课即特别注意'言'与'事'。'言',如诗文等等,研究其为什么发此言,与当时社会生活、社会制度有什么关系,如清谈为何发生、与当时社会有何关系等。事,即行,行动,研究其行动与当时时代的关系。《通典》《大唐六典》《唐律疏议》皆讲制度(system)的组织方面(structure),现在研究其制度的施行(function),研究制度对当时的影响和当时的行动对于制度的影响。研究某种行动为何发生,如结婚必与民法有关,杀人必与刑法有关。"参见卞僧慧纂:《陈寅恪先生年谱长编(初稿)》,北京:中华书局,2010年,第364页。
② 参见陈寅恪:《陈垣元西域人华化考序》,载《金明馆丛稿二编》,北京:生活·读书·新知三联书店,2001年,第269页。
③ 关于历史解释在陈寅恪史学研究中的位置,可参见陈弱水:《现代中国史学史上的陈寅恪——历史解释及相关问题》,载"中央研究院"历史语言研究所七十周年研讨会论文集编辑委员会编:《学术史与方法学的省思:"中央研究院"历史语言研究所七十周年研讨会论文集》,台北:"中央研究院"历史语言研究所出版品编辑委员会,2000年,第27—65页,特别是第47、57—59页。

"解释的中国通史",《述论稿》当是其中之一章。

上述并非陈寅恪一人的私见。1929 年,蔡元培在给黄季飞《中国经济史长编》作序时便据章学诚的"圆而神,方以知"来区分史与长编,认为"史之作用,重在开来,初不再罗举种种已往之事实,而在于种种往事中抽出律贯,昭示后人。故言可以简,而意则务求其深长,故谓之圆而神。此圆而神之著作,必不可不以极完备之长编为凭借"①,强调了史不在于篇幅多寡,而在提炼出对往事的理解,重在对读者的启示。1933 年 3 月 7 日,张荫麟在给张其昀的信中讨论如何编写"国史",亦强调由长编到专史,再至通史的路径,甚至已动员若干学者分头着手。②姚从吾在北京大学和辅仁大学讲授"历史研究法",讲义实据其在德国时读过的诸家著作摘译而成。涉及史料分析时,姚从吾针对中国学界的情况,专门介绍德国的"史料关系的会通"或"综合的理解",强调要"能利用已搜集或已考证的史料,组成一种立体的系统的历史","单有精勤的搜辑、精密的考证,没有会通与贯穿,对于历史只算有零星的推搞,不能算有系统的研究,只算片段的刺绣,不能算是在绣整个的鸳鸯",并举研究匈奴为例,说明如何从考订片段的匈奴史料到系统的匈奴通史。为此,对史家而言,则需要"一种博观的通识"。③这些看法,均与陈寅恪的做法遥相呼应。

陈寅恪研究唐史,恰有司马光《通鉴》在先,已按照时间线索排比考订了政事,长编这一道工作可跳过而去撰写"圆而神"的史书。④循此途而著史,超越罗举事实,而探求时间脉络下的线索或"律贯"则是更上层

---

① 刊于《不忘》1933 年第 7 期。
② 张荫麟:《与张其昀书》,吴晗:《记张荫麟(1905—1942 年)》,均载张云台编:《张荫麟文集》,北京:教育科学出版社,1993 年,第 319—320、636—637 页。
③ 姚从吾:《历史研究法》,载李孝迁编:《史学研究法未刊讲义四种》,上海:上海古籍出版社,2015 年,第 240、241 页。
④ 关于陈寅恪所继承的"长编考异之法",参见王永兴:《陈寅恪先生史学述略稿》,北京:北京大学出版社,1998 年,第 67—126 页。

楼的关键。①

金毓黻观察20世纪前40年中国史学发展动向后指出："无论以人为主,而作传记、年谱,以事为主,而用主题研究,其为以分功之法,集中精力,以求彻底之了解,不待言也。然部分之研究,其手段也,整个之贯通,其目的也,不能因在手段过程中,得有大量之收获,而遂忘其最后之目的,即不应以部分之研究,而忘却整个之贯通。"②与其书同年出版的陈寅恪《述论稿》恐怕正是符合金毓黻高悬之理想的不二论著。

这里可举另外一个研究草案对照。1934年,朱希祖建议其未来的女婿罗香林撰《唐藩镇纪事本末》,并在日记中详细记录了他的设想：

> 中插藩镇沿革图、世系表、年表、官制、兵制、财政、外交等变革略,平藩镇始末,列传分本国人及外国人（如安禄山、朱温之类）,藩镇起源及结果及影响等考,或竟称为《唐藩镇志》亦可。首地图,年纪、世表制度考,藩镇传,年纪中注重王室平藩始末及藩镇起源、影响,结果中附以论,仿司马光《通鉴》之例。罗君允考虑。③

此设想最终应未成为现实。观前引其《中国史学通论》,此当归入朱希祖所谓"政治史",内容上使用了一些新名词,但框架基本未脱传统史书体例的旧染,称呼上无论是《唐藩镇纪事本末》还是《唐藩镇志》,均来自传统史书。朱希祖主持北大史学系前后十年,期间力推史学与社会科

---

① 亦有学者推测这种分析是源自陈寅恪在德国学习的philology的影响,参见张谷铭：《philology与史语所：陈寅恪、傅斯年与中国的"东方学"》,《史语所集刊》2016年第87本第2分,第418页。这种分析方法是否来自philology还可继续探讨,德国古典学研究中在19世纪末就发展出群体传记（prosopography）的方法来进行政治史研究,英国牛津大学的罗马史家罗纳德·塞姆（Ronald Syme,1913—1989）《罗马革命》（*The Roman Revolution*,1939）,便加以吸收与发扬,成一世纪杰作,适可与陈寅恪的《述论稿》对观。罗纳德·塞姆：《罗马革命》,吕厚量译,北京：商务印书馆,2016年。
② 金毓黻：《中国史学史》,石家庄：河北教育出版社,2000年,第436页。
③ 朱希祖1934年9月25日日记,朱元曙、朱乐川整理：《朱希祖日记》上册,北京：中华书局,2012年,第406页。

学的结合,号召"思以欧美新史学,改革中国旧史学",具体研究上,传统史学的藩篱亦然难以逾越。时人从事政治史之主题研究,推陈出新的难度,可想而知。

20世纪上半叶,不计名为"政治制度史"或"政制史"的著作,称作"××政治史"的著作出版了十余种,依出版时间胪列如次:

> 彭凤昭:《中国历代政治大要》,武昌:太平洋书店,1928年;
> 贾逸君:《中华民国政治史》,北平:文化学社,1929年;
> 易君左:《中国政治史要》,上海:商务印书馆,1929年;
> 李剑农:《最近三十年中国政治史》,上海:太平洋书店,1930年(后修订改名重出,名为《戊戌以后三十年中国政治史》,1947年扩充为《中国近百年政治史》出版);
> 陈安仁:《中国近代政治史》,上海:商务印书馆,1933年(新时代史地丛书);
> 武继清、陶希圣:《中国政治史》,北平:中国大学,1934年;
> 钱亦石遗著:《中国政治史讲话》,重庆:生活书店,1939年;
> 周谷城:《中国政治史》,上海:中华书局,1940年;
> 张纯明:《中国政治二千年》,长沙:商务印书馆,1941年;
> 许崇灏:《中国政治概要》,重庆:商务印书馆,1943年;
> 陈安仁:《中国现代政治史论》,广州:粤南书局,1944年;
> 褚柏思:《人物中心中国政治史》,上海:白雪出版社,1947年。

列在一起,似乎不少,但比起同期出版的社会史、经济史与文化史著作,只能用寥寥无几来形容。这些政治史著作,几乎都是比次不同历史时期的重要政治现象,能在叙述之外提供解释的不多,即便有解释,多半是依据政治学而来,深入肌理、解释政治实际演进机理的几乎没有,仅张纯明所著是个例外。张纯明本人为政治学出身,多年从事政治学研究并亲身从政，站在近代西方立场上观察古代中国，的确能发现很多身在其中者所难以觉察的"中国政治的特点与动向"，并参照西方点明出路，这样一部不到六万字的精悍著作，只能算是中西对照下的类型学描述，作为例证出场的史料虽按时间编排，但衔接例子与例子的逻辑是政治学的分析框架，而不是具体的历史。如此短小的篇幅，处理秦至清2000多年的时段，根本不可能进行基于现实中人事的历史分析。

以今日尚有影响的李剑农与周谷城的两部著作来加以对照。李剑农的书脱胎于大学讲义，目的是记述百年来中国政治变化，以叙述重要政治事变的经过为主，亦敏锐地捕捉到影响百年政治走向的若干关键性因素，如中外碰撞与冲突，洪杨革命带来的清廷中地方汉人官僚势力的崛起及其在日后清朝中衍生的民族矛盾，甲午以后形成的三派政治动力——革命派、君宪派与袁世凯的实力派[1]，不仅导致清朝覆灭，亦深刻影响民国初年政局走向。作者已努力透过纷繁复杂的史实，发掘左右历史演进的核心力量，且这段历史后半的很多部分，作者本人亦是亲身参与者，能做出冷静的观察与分析，的确显示了他作为史家过人的洞察力与识见。书中洞见虽多，但总体而言，作者仍是以记述史实为主，尚未能对近代史做出全局性的通贯解释，应与中国近代史头绪繁多、领域草创、史事本身尚乏系统梳理有关。

周谷城曾提出"历史完形论"，对如何撰写通史有独到见解。[2] 他完成的《中国政治史》不过20万字出头，从氏族社会一直讲到五四运动，亦是尺幅千里，重在解释而非胪列史实。如他在前引弁言中所说，此书希望超越史实的描述，提供自下而上的历史解释，但彼时各个时期的具体研究极为有限，作者虽已尽力参酌前彦时贤的成果，但整体上依然不能不比附摩尔根或欧洲历史进程来构建解释框架，无论是参照罗马帝国时代的集权政治来认识秦汉时代的"集权帝制"，分析三国六朝时代，头脑

---

[1] 李剑农：《中国近百年政治史》，北京：商务印书馆，2011年，第286页。
[2] 参见周谷城：《中国通史》上册，上海：开明书店，1940年，第2—33页。

中对比的则是欧洲中世纪的封建制度,宋代以下则概括为"绝对专制的完成",和欧洲社会的发展又足相应和,最后则是"民主政治的创造"①,总体上并没能脱离西方政体演化论的笼罩,中国政治史仍是欧洲史的摹本。作者追求"律贯"的意识明确,可惜发现的只是中国版的西方历史。

这些著作为认识中国历代政治付出多方努力,从今天眼光回望,能立足中国,深入其中,通过梳理事实与事实的关系来提供政治演进长程而通贯的解释,而非流于剪接史料,附会外来标签,唯陈寅恪《述论稿》一部而已。

世间读陈寅恪《述论稿》并探讨其意义者颇多,但从政治史内涵演变角度揭示其典范意义之所在者似不多见。此前此后具体考证某重大政治事件之相关史实的论文时或有之,"尺幅千里"般发掘一代数百年政治历史演进的著作,却绝无仅有。恐怕正是陈寅恪此书的垂范,将政治史超越了排比治乱兴衰的现象,以及简单的因果解释,引向政治集团与事件,而非制度的分析,亦非更为宽泛的阶级或阶级斗争,尽管书中亦不时使用"阶级"一词,因而改变了政治史的内涵,"转移一时之风气,而示来者以轨则"。

大陆学界真正赓续此传统并发扬光大,大致要到1976年"文革"结束,帝王将相再度进入史家视野之后,旗手则非田余庆莫属。"文革"结束前,因马克思主义史观强调人民群众在历史中的作用,帝王将相作为统治阶级的代表,基本被扫进历史的垃圾堆,政治学作为资产阶级的学科被取消②,政治史随之打入冷宫③,以致到了1959年,翦伯赞还要撰文

---

① 周谷城:《中国通史》上册,上海:开明书店,1940年,第91、104—105、139、185—187页。
② 有关情况,可参见赵宝煦:《中国政治学百年历程》,《东南学术》2000年第2期。
③ 分析20世纪隋唐史研究的情况,不难发现,除农民战争之外的政治事件研究,1949年以前主要就是陈寅恪的《述论稿》,1949年之后,则要到"文革"结束后,才逐渐进入学者的视野,参见胡戟等主编:《二十世纪唐研究》,北京:中国社会科学出版社,2002年,第25—75页。秦汉史的情况比较复杂,因20世纪以降,对王莽评价的重估,以及1949年以后研究农民战争中的"让步政策",还有70年代初的"评法批儒"和"文革"后对此的批判,使得对秦始皇,特别是"焚书坑儒""文景之治"以及王莽的研究,1949年以后仍有一些,此外的政治史议题,则甚少涉及,参见张传玺等编:《战国秦汉史论文索引(1900—1980)》,北京:北京大学出版社,1983年,第6—17页。宋史研究中情况亦类似,只有岳飞与王安石变法的研究,因时局影响而持续成为热点,其他政治史的问题,即便是农民战争,关注也不多,参见朱瑞熙、程郁:《宋史研究》,福州:福建人民出版社,2006年,第15—115页。

试图矫正这种极端而偏颇的做法①。"文革"后重新登场的政治史,相对于 20 世纪初的理解,已是接受了陈寅恪重新定位后的"新政治史",政治集团、重大事件、历史线索凝结为研究的核心,政治制度已从政治史出走,分门析户,另成一脉了。②

二、"事"与"事件"来历考

承陈寅恪开创之新途,政治史转而以研究事件与事件序列为主,走向与西方近代史学之"事件史"趋同。③ 政治史的分析对象主要是由"事件"或若干事件连缀而成的"事件序列",其基础是线性时间观与史观。法国史家布罗代尔说,"近百年来的史学,除人为的断代史和个别的长时段解释外,几乎都是以'重大事件'为中心的政治史"④,这是他在 1958 年对西方学界的观察。说到中国,政治史作为研究方式,而非叙述方式,亦是如此。笔者曾对照《道光起居注》与后人的论述,分析思考鸦片战争作为"重大事件"如何从日常事务中"被制造"出来。⑤ 在此,还需要对"事"与"事件"的含义做些梳理。

---

① 翦伯赞在分析"打破王朝体系"问题时,指出当时存在的一种主张,"这种主张者认为既然打破王朝体系,就可以把帝王将相的活动、统治阶级内部狗咬狗的斗争,以及传统视为十分重要的政治制度、政治沿革都予以删减,王朝的始末也可以不加叙述等等",认为"这样走极端、走偏锋,那就会替新的中国通史带来极大的片面性。这不是辩证法,不是科学的态度"。参见翦伯赞:《关于打破王朝体系问题》,载《历史问题论丛》,北京:中华书局,2008 年,第 23 页。
② 关于"制度史"的来历,参见侯旭东:《"制度"如何成为了"制度史"?》,《中国社会科学评价》2019 年第 1 期。中国政治制度史发展的概括,参见白钢:《二十世纪的中国政治制度史研究》,《历史研究》1996 年第 6 期。大概在 20 世纪 80 年代,制度史自成门户。如学者回顾学术史时注意到的"(唐代)制度史的研究在 80 年代以后的中国大陆成为热门,成果颇丰",参见胡戟等主编:《二十世纪唐研究》,北京:中国社会科学出版社,2002 年,第 3 页。
③ 19 世纪西方史学的状况,参见乔治·古奇:《十九世纪历史学与历史学家》,耿淡如译,北京:商务印书馆,1989 年。
④ 费尔南·布罗代尔:《长时段:历史和社会科学》,载《资本主义论丛》,顾良、张慧君译,北京:中央编译出版社,1997 年,第 177 页。
⑤ 侯旭东:《事件是如何生成的?——道光的日常与"鸦片战争"作为事件的形成》,《学术月刊》2019 年第 11 期。

史学研究不外乎人与事,古人所云的"纪事",今人所言的"事件""事件史",乃至"事件等级",还有《春秋公羊传》说的"常事不书",以及《左传·成公十三年》中刘康公说的"国之大事,在祀与戎",都少不了个"事"字。

甲骨卜辞中贞问"有史(事)""亡史(事)",以及数十见的"立事",加上"事"字形上体现的初始义,提示我们,"事"在甲骨中原指多种具体的活动,或是狩猎,或是军旅征伐①,由此而祭祀②,且无不和商王的统治关系密切,否则不会频繁贞问。后代虽然衍生出很多比较抽象的含义,但"事"与戎事与祭祀之间的关联,依然存在,《左传·成公十三年》刘康公所说的"国之大事,在祀与戎",便是重述了一遍"事"字的本义。先秦传世文献中,这两个含义也分别保留在很多场合。③ 西周、春秋铜器铭文,"事"使用于多种场合,产生更为丰富的衍生义,且与"史"基本分离,换用的例子已很少,出现了名词义,如职官、事情、职事等;以及动词义,如做事、治理、事奉等。④

商代后期已经产生了"事"与非"事"的划分。前者属于商王心目中的"事"(今人所说的"大事"),后者虽然是经历,却不被关注与留意。"事的等级"开始出现。被称为"事"的已属于生活中不一般的活动,有些大多是定期或循环进行的,如祭祀;有些事可能是定期的,如狩猎;而戎事既包括有计划的,亦有不少是临时爆发的。

西周、春秋时代"事"字的使用更为频繁,且上承商末的萌芽,有意识

---

① 参见杨升南:《卜辞"立事"说——兼谈商代的战法》,《殷都学刊》1984年第2期。
② 参见陈梦家:《史字新释》《史字新释补证:附论鸟网》,均载《陈梦家学术论文集》,北京:中华书局,2016年,第135—139页。关于"史"字本源于"事"字,表示田猎方式,即手持田网的象形,还可参见王贵民:《说邘史》,载胡厚宣等:《甲骨探史录》,北京:生活·读书·新知三联书店,1982年,第324—333页。
③ 参见宗福邦等主编:《故训汇纂》,北京:商务印书馆,2003年,第52—53页。
④ 陈英杰:《史、事、使、吏分化时代层次考》,《中国文字》2014年第40期。

的"纪事"蓬勃兴起,体现在铸造铜器,特别是刻写铭文记事上。① 我们更需要从商末与西周以降去寻找与历史记忆有关"事"的含义演化轨迹。

祭祀活动往往在一个家族中持续数百年。从关中地区,特别是周原出土的铜器窖藏中不难发现,这些铜器很多都是西周灭亡前随平王东迁的贵族们匆忙间掩埋的家族重器,铸造于不同时期,有些前后相差数百年。② 铭文记载下来的只是最初的册命文字,之后漫长岁月里无数次反复进行的祭祀,都作为后人所说的"常事",尽管发挥着保佑生者的作用,却不值得长久记忆与记述。"大事"与琐事、常事的区分,更为明确与趋同:各国各地发现的铜器铭文,虽内容千差万别,但这一点上却是一致的。"大事"的意义是相对于各个封国、家族而言的,并不统一,属于私家记述,可见记述产生之初,作为记述对象的所谓"大事"就是复数的,是由诸国、诸贵族之家挑选产生的。

在反复的祭祀中,生者仿佛不断赢得祖先的庇护。在此关系的佑助下,加上相对和平的环境,生者的力量得以蓄积成长,逐渐拥有挑战既有秩序的能力与想法,开始"礼乐征伐自诸侯出"的躁动。这正是孔子作《春秋》而乱臣贼子惧、《公羊传》所说的"常事不书"出现的历史语境。这里所谓的"常事",也并非普遍意义上的。诸侯国角度的"常事",对某个家族而言,或许就是"大事"。随着《春秋》的出现,诸侯国立场上"大

---

① 商代青铜器已发现了5450件以上,几乎是到了考古学家所分的殷墟第三期,即商王廪辛、康丁、武乙和文丁时期,才初见超过3字的铭文,最长不过7字,仅2例,记录族氏名+作器与器主名;殷墟第四期,即商末帝乙、帝辛时期才开始出现10字以上的长铭文,目前统计有47件,最长者有48字。这些10字以上的长铭文铜器占此期有铭铜器总数的3.6%,只能算是萌芽。这些铭文,研究者统称为"记事金文",具体内容是以赏赐为核心,附记一些赏赐的场合、背景等,如"商代青铜器铭文总表"中的0898—0908号、1292、1293、1689—1696号等。参见严志斌:《商代青铜器铭文研究》,上海:上海古籍出版社,2017年,第132、133、337—344、407—409、426、444—445页。
② 最早提出此看法的是郭沫若,参见郭沫若:《扶风齐家村器群铭文汇释》,载《郭沫若全集·考古编》第6卷,北京:科学出版社,2002年,第353—356页。此后,张懋镕又提出了"祭祀"说,参见张懋镕:《殷周青铜器埋藏意义考述》,《文博》1985年第5期。根据学者晚近的研究,关中地区发现的西周铜器窖藏,大多数属于"保藏"类型,即西周晚年发生战乱时,贵族匆忙间埋下的,参见高玉平:《建国以来所见商周青铜器窖藏研究》,安徽大学博士学位论文,2010年,第85—86、90页。

事"与"常事"的区分开始压抑与排斥其他场合下两者的不同区分,这是一个影响深远的替代。这种区分维护着既有秩序,无需多言。"纪事"便是在破坏秩序的时代要恢复旧秩序,而进行的选择性记录。所记的"事"选自少数人经历的少数"事"(无论大事、小事、琐事),并通过颂读、传抄而流传,持久规范后人。记述下来的"事"与经历(过)的"事"加速分道扬镳,前者借助简帛传抄,超越了个别家族与国,在更大范围内传布,使得后者逐渐遭到排挤、压制与遗忘,后者尽管继续在发生,却很少被有意叙述下来("纪事"),进而加剧了"事的等级"的区分。大事等级均是有语境和对象的,孔子希望恢复的是以周天子为对象的最大范围内的"大事等级",来取代各自小范围的大事等级。后代的正史亦是如此发挥作用,只是眼光与立足点却有微妙变化:不是"吾从周",按照旧秩序,试图倒转现实,回到过去;而是按照成王败寇的结果,倒放电影式地来筛选记述的内容,构建"事件序列",虽然具体到某个人或某件事,评判的标准还是来自三代,特别是周代。

　　叙述(纪事)之外,作为生活与经历,"事"的含义随着生活的推衍,特别是王朝统治方式的调整而不断丰富。正如同其产生与目前可见最早的使用均与统治相关,随着统治方式的变化,其含义,尤其是名词的含义,不断增益,如氏名、官名、职事、文书等等。其增添背后都伴随着统治技术的变化——从官吏的增多、分工的细化到文书的大量出现和应用①,更大的背景是国家的转型——从分封到郡县。"事"作为一个字词的使用与含义的扩充,与国家/王朝日常统治方式的演进同步。

　　汉代以后,在叙述中,"事"的含义同样经历变化。班固在《汉书·艺文志》"六艺·春秋类"小序中说:

---

① 关于战国时期"事"作为名词表示"氏名""官名""职事"等的用例,参见陈英杰:《史、事、使、吏分化时代层次考》,《中国文字》2014 年第 40 期。"事"表示"文书",参见周一良:《〈南史〉札记·事》,载《魏晋南北朝史札记》,北京:中华书局,1985 年,第 456—461 页。秦汉时代,"事"表示文书的用法极夥,无须赘举。

古之王者世有史官,君举必书,所以慎言行,昭法式也。左史记言,右史记事,事为《春秋》,言为《尚书》,帝王靡不同之。

彼时"史"尚未独立成类,后世归入史部的《世本》、司马迁《太史公》130篇、冯商所续《太史公》7篇,以及《太古以来年纪》2篇、《汉著记》190卷、《汉大年纪》5篇均列在此类。尽管如此,记言与记事两分的看法,到了史学独立之后,依然是一种有长久影响的分类方式,南朝梁人刘勰《文心雕龙·史传》与唐人刘知幾《史通》多篇中均提及此段。随着后代史著不断出现,特别是《史记》开创的纪传体与承袭《春秋》而来的编年体成为主要编撰体例之后,在刘知幾眼中,两者俨然代表了现实中的史学"二体","事"的含义亦随之扩充与丰富,成为涵盖传统言与事的新"事",沟通古今的正是班固《汉书·艺文志》中的归类。恰是班固,将《史记》这种新体裁的开创之作放在了"记事"的"春秋类"下。在后人心目中,《史记》所记,因五体而囊括了纪年、人、言与事。不过,这种新型的"记事"体裁,到了南宋袁枢改编完成《通鉴纪事本末》,创设一种独立的新体裁,进一步突出了"大事"在史学叙述中的地位,既是对传统的继承,亦是窄化与变更。继承之处在于,如学者所指出的,"纪事本末"所记之"事",几乎均为"事件"①,是过去编年体与纪传体史书所载"大事"的提炼与筛减;改变之处在于,叙述焦点的转移,从以"人"(帝王将相为核心的"人")为中心或以年月为线索,转换为时间隐含于后,事件站到前台,同时,"事"的含义大为缩减②。

"事件"作为词汇,与书本、车辆、船只、纸张、马匹和枪支一样,属于名-量结构的名词,是在甲骨文以来一直存在的名-数-量表达方式的发

---

① 李纪祥:《袁枢〈通鉴纪事本末〉与"纪事本末体"》,载《时间·历史·叙事:史学传统与历史理论再思》,台北:麦田出版,2001年,第274页。
② 参见梁启超:《中国历史研究法补编》,载《中国历史研究法》,北京:东方出版社,2012年,第174—175页;李纪祥:《袁枢〈通鉴纪事本末〉与"纪事本末体"》,载《时间·历史·叙事:史学传统与历史理论再思》,台北:麦田出版,2001年,第273—278页。

展中形成的①,历时甚久。"事件"的最后定型在宋代,而这一词语的产生,则经历了一个漫长的分合、新义覆盖旧义的过程。对应于"实"的"名"最终到20世纪才确立,此前"事件"另有含义。

"件"作为一个量词,至晚秦时已产生。见于里耶秦简(9-172、9-814、9-919+9-1719、9-1871+9-1883+9-1893+9-2469+9-2471等)与居延新简EPT40:6B和EPT65:118,分别用来标示马具和衣物。②此外,《说文·人部》"件,分也,从人从牛。牛,大物,故可分",是为动词,此一用法后来依然不同程度地存在。十六国以后的文书与文献中出现的"前件""右件""上件",既包含了指代"前""右"与"上"所述及对象之意,动词的意味亦不能说全无,具体表示"分列""列举",并引申为"提及"。③ 有学者指出敦煌文书中的"两件"的"件"依然是保留动词义的"分"。④ 吐鲁番文书中多见使用"件"来指代叙述对象的用法,且带有动词含义,不仅见于公文书,亦见于私文书,目前所见最早的用例是高昌章和十三年(543年)孝婆随葬衣物疏,末尾有"右上所件,悉是平生所用之物"(72TAM170:9)⑤,而此前与此后的随葬衣物疏多半会写"凡有右条衣物、丝绢、金银,家居自有"(75TKM99:16)、"右上所条,尽是下缺用物"(72TAM170:88)等⑥,此处的"件"含义应与"条"相当,依然有动词

---

① 吴福祥、冯胜利、黄正德:《汉语"数+量+名"格式的来源》,《中国语文》2006年第5期。
② 参见陈伟主编:《里耶秦简牍校释》第2卷,武汉:武汉大学出版社,2018年,第81—82、210、225、378—379页;张德芳、韩华:《居延新简集释》第2册,兰州:甘肃文化出版社,2016年,第143页;张德芳、韩华:《居延新简集释》第6册,兰州:甘肃文化出版社,2016年,第136页。
③ 参见金桂桃:《"右件""前件""上件"考》,《武汉大学学报(人文科学版)》2006年第2期;金桂桃:《唐至清的量词"件"》,《长江学术》2006年第1期;曹芳宇:《敦煌文献中疑似量词"件"辨析》,《南开语言学刊》2010年第1期。两位作者坚持一种词性说,未免有点忽略汉语表达上的模糊与弹性,这类表达不妨说既有指示词与量词的含义,也兼有动词义。此问题上得到黄正建先生的教示,谨此致谢。
④ 曹芳宇:《敦煌文献中疑似量词"件"辨析》,《南开语言学刊》2010年第1期。
⑤ 阿斯塔那(今名努尔苏丹)170号墓出土,参见唐长孺主编:《吐鲁番出土文书》第1册,北京:文物出版社,1992年,第143页。
⑥ 哈拉和卓99号墓出土、阿斯塔那170号墓出土,分别参见唐长孺主编:《吐鲁番出土文书》第1册,北京:文物出版社,1992年,第91、145页。

列举之义。"件"与动词连用,则类似副词,词性颇为灵活。① 唐《开元公式令》的"制授告身式"小注有"若制授人数多者,并于制书之前名历名件授",意思是开列每位官员的姓名,逐件写明授何官。"奏授告身式"中亦有"谨件同申人姓名等若干人,拟官如右,谨以申闻,谨奏",此处的"件"仍带有动词含义。

"事"与"件"连用,原本出于偶发的并置,唐代的文献中开始出现,主要见于官文书中。《通典·礼十三·沿革·吉礼》"大学"条载唐代宗永泰二年(766年)正月敕文,最后一句"并所供粮料及缘学馆破坏,要量事修理,各委本司作事件闻奏"(53/1469),《唐会要》此处作"作条件闻奏"②,可知两者或可换用,尚非固定搭配,指写成文书列举上奏。《旧唐书》中有两例:《礼仪志六》贞元十一年(795年)七月敕云"宜令尚书省会百僚与国子监儒官,切磋旧状,定可否,仍委所司具事件闻奏"(26/1008-1009),含义同上,指详细说明各项事务,逐件抄录并上奏的意思;《李繁传》中则提到,阳城具体写了上奏想告发裴延龄,请李泌之子李繁抄写,李繁暗中记住具体内容,"其夕乃径诣(裴)延龄,具述其事。延龄闻之,即时请对,尽以(阳)城章中欲论事件,一一先自解,及城疏入,德宗以为妄,不之省"(130/3624),这里的"事件"依然是指逐项列举阳城奏章中要告发裴延龄的每件"过恶","疏"即有条列之意,这时"事件"已有成为一个词语的趋向。

宋代以后,"事件"连用变得十分常见,《宋会要辑稿》中出现了将近700处,《续资治通鉴长编》等书中亦颇为多见。"合行事件""申请事件""排办事件""条具事件下项"的说法十分常用,除了命令或泛指,后面几乎都要跟随着逐条列举的具体内容,"事件"依然保留了逐事列举的含义。这里的"事件"所指仍是十分具体的事务,如祭祀、登舟巡幸的具体安排等,且几乎都针对尚未发生的事务的安排。

---

① 类似用例又见阿斯塔那221号、209号与225号墓出土文书,参见唐长孺主编:《吐鲁番出土文书》第1册,北京:文物出版社,1992年,第311、329、411页。
② 《唐会要》卷三六《附学读书》引此敕(上海:上海古籍出版社,1991年,第779页)。

直到1912年,清朝官方文书中"事件"依然用来指代正在发生或尚未发生的事务。譬如《宣统政纪》叙述与转引的谕旨:光绪三十四年十月"又谕:朕钦奉太皇太后懿旨,昨经降旨,特命摄政王为监国,所有军国政事,悉秉承予之训示,裁度施行。现予病势危笃,恐将不起。嗣后军国政事,均由摄政王裁定,遇有重大事件,必须请皇太后懿旨者,由摄政王随时面请施行。"①这里的"重大事件"指尚未发生的事情,而非发生过的。又如宣统三年辛亥十一月"又谕:电寄驻藏办事大臣联豫,内阁代递电奏悉,现在时局艰危,该大臣驻藏有年,情形熟悉,务当力任其难,惟据称病势甚剧,着赏假一个月,安心调理。寻常事件,即委钟颖暂行代理,遇有要公,仍宜亲自处裁。"②"寻常事件"依然指未来可能出现的一般性事务。官方文书,乃是当时最为频繁使用的场合,其用法也会对官员或其他能够阅读《邸报》的士人产生影响,相关用法流行于读书人中,也很正常。

1915年出版的《辞源》中,"事件"的释义如下:

  ① 犹言事项。参考事项条。② 兽类鸟类之肠胃等物曰事件。《梦粱录》御街早市卖羊鹅事件。

"事项"则释为:"俗称事端曰事项,项即款项之义,谓事物之件数也。"③此时"事件"第一义不过是用来划分事与事,不论该事是否发生,并不涉及事后是否有影响。上引《宣统政纪》使用的"事件"几乎都是此义。

此时的"事件"与现代意义上的"事件"以及英文 event 的含义颇有差别。《现代汉语词典》中"事件"释义是:"历史上或社会上发生的不平常的大事情。"现代意义上的"事件"是从结果角度提炼出来的对后世有影

---

① 《宣统政纪》卷一,载《清实录》第60册,北京:中华书局,1987年,第7页。
② 《宣统政纪》卷六八,载《清实录》,北京:中华书局,1987年,第1255—1256页。
③ 《辞源》子集,上海:商务印书馆,1915年,第108页。

响的事情,看重的是结果,这与英文的表达颇有相通之处。这种含义的出现,应是20世纪中期发生转义的结果,"事件史"则是在此意义上的产物。

三、"事件"何以成为史学分析对象?

中国历史研究中"事件"成为默认的史学研究对象,要到20世纪50年代以后,不过,直到当下,相关史学导论性或方法论著作对此几乎不见专门讨论,却已成为思考不自觉的依托。我们不妨看看几部通行的论著中的表述。

庞卓恒、李学智与吴英著《史学概论》有过多版,印数颇多。2006年版有这样的表述:

> 历史学的本体论……就是关于历史现象(历史过程中出现的个人、人群、事件和过程)存在的本源和性质的观点或理论,其核心就是人们通常所说的社会历史观。①

作者们并没有具体介绍何为"事件",只是将其当作不言而喻的历史现象的种类加以列举。王学典主编的《史学引论》第一章"作为本体的历史"中亦云:

> 一般说来,对往事本身的研究,称为本体论,关于对往事的记录的研究,称为认识论。就具体的历史研究实践而言,历史本体是最基本的内容,对历史事实和历史过程本身的考察占首要位置,如关于某一历史事件、历史人物或制度的研究等。

---

① 庞卓恒、李学智、吴英:《史学概论》,北京:高等教育出版社,2006年,第20页。

这里"历史事件"亦是作为历史事实与过程的表现或事例而出场。恐正如作者所说的,因为最近几十年来,人们的普遍兴趣已转到认识论,以往反复讨论的本体论问题被悬置起来①,事件不再受到关注。姜义华、瞿林东著《史学导论》,自1989年初版以来,到2018年已是第三版,并出版了繁体字版,颇为流行。此书用一章的篇幅贯穿古今,分析历史实际的本体论探究,却没有触及此问题,尽管书中多处出现了"历史事件"②。该书中历史事实、历史过程、历史事物与历史事件诸语都在使用,但只是指出"所谓历史事实,指历史上已经发生过的事件或过程,它是不以历史学家的主观意识为转移的客观存在",其间的关系未见更多说明。只能说作者认为这些乃是读者的常识,无须解说。另外一部向普通读者介绍史学的著作中,葛剑雄在介绍"历史的类型"时区分了五种:时间系列、空间系列、内容系列、人物系列、另类历史。具体到"内容系列",作者说:

> 这里所谓的"内容",就是指历史事实。但"事实"并不限于事件,而是包括诸如制度、数字、观念、思想、风尚等具体和抽象的、物质和精神的各个方面。我们有意回避使用"事件"一词,是为了不使读者产生误解——即使不构成任何"事件"的普通人的日常生活也是历史事实。

显然,由于"事件"作为历史叙述或研究对象的影响甚深,作者才刻意做此番表述,以打破窠臼。此书面向大中学生及人文社科爱好者,2003年出版后,印行了不下10次,2015年又推出了修订本。③

不仅是中国大陆,台湾亦然。台大历史学系杜维运教授长期主讲

---

① 王学典主编:《史学引论》,北京:北京大学出版社,2008年,第15页。
② 姜义华、瞿林东:《史学导论》,上海:复旦大学出版社,2018年,第82、83、85、86、88、104、106—107、111、123—125、134、321页。
③ 葛剑雄、周筱赟:《历史学是什么》,北京:北京大学出版社,2015年,第103页。

"史学方法论",其著作《史学方法论》1979年出版后畅行不衰,2006年又在大陆出版了增订本。该书增订本在第二章"历史与史学家"第一节"什么是历史"中写道:

> 一般来讲,所谓历史,不外是以往实际发生的事件(简言之为往事),或者是以往实际发生的事件的记录(往事的记录)。

作者究心的是实际发生的事件与记录之间的关系,对于何为"事件",并无多少讨论。只是强调"历史事件的渊源、原因、背景、影响及其意义,都有待解释,而数者解释清楚,无一不需经过分析",对"事件"的叙事,亦离不开分析。① 何兆武在反思史学时所持看法与杜维运多有相通。他说:"通常我们所使用的'历史'一词包含有两层意思,一是指过去发生过的事件,一是指我们对过去事件的理解和叙述","我们通常说的'一部中国史',可以是指中国过去所发生的种种事件,也可以是指对这些事件的阐述和解说"。② 两位在对后一层意思的认识上略有不同,无关论旨,兹不详论,而在对实际历史过程的看法上,则均用"事件"作为其内涵。前述葛剑雄有意避免使用"事件",或正是想与此类看法相区隔。

"事件"何以成为历史进程的代名词,或与人物、制度并列,成为代名词之一,甚而"自然化"为众人不加追究的对象,源头并不在于大学历史系或史家的研究,而出自20世纪以来中小学历史课程内容的安排。自1902年以来历史课程的内容中,偶见要求讲授"历代兴亡大事"(1902年《钦定蒙学堂章程》)、"历代帝王之大事"、"暨中国百年以内之大事"(1904年《奏定中学堂章程》)或"叙述中国历代大事"(1940年修正初级中学历史课程标准),1950年以后,改称"历史事件",几乎各版教学大纲

---

① 杜维运:《史学方法论》,北京:北京大学出版社,2006年,第17、94、95页。
② 何兆武:《对历史学的若干反思》,载《可能与现实:对历史学的若干反思》,北京:北京大学出版社,2017年,第22页。

都包含"了解中国和世界的重要历史事件和人物"(1963年全日制中学历史教学大纲)的要求①,事件与人物成为贯穿历史课的核心内容,融入不同时代的教科书。随着教学年复一年的开展,受教育人口的不断增加,灌输给一代又一代儿童,浇筑了这种分类架构传承大众的隐蔽基石。

另外一部影响广泛的工具书《中外历史年表》在巩固"事件"在史学的位置上亦作用突出。此书由翦伯赞主编,齐思和、刘启戈与聂崇岐合编,1958年先由生活·读书·新知三联书店出版,1961年转由中华书局重印,到1985年2月印刷过四次,总印数77 000册;2008年4月又推出了校订本,2018年8月已经第6次印刷,校订本的总印数达16 000册。校订本"出版说明"云"(此书)至今仍为社会各界广泛应用",洵为事实。编者在"序"中指出:

> 历史过程就是"被各种事实所真正充实了的时间"。历史年表就是把在时间上并行发生的或相续发生的各种历史事件按照它们发生的时间顺序加以排列。这样的排列将有助于学习历史的人了解历史事件发展的过程和它们相互之间的关系,并从而帮助人们从历史事件的发生、发展和演变的过程中,寻找历史发展的线索,了解历史发展的规律。②

---

① 参见吴履平主编:《20世纪中国中小学课程标准·教学大纲汇编:历史卷》,北京:人民教育出版社,2001年,第1、7、77、239、256页等。1950年以后的教学大纲中不一定是在教学目的和要求中出现类似的表述,如1950年《小学历史课程暂行标准(草案)》的"教学要点"中,关于"教材编选要点":第一条,依照年代顺序,重点地(非全面地)叙述重大历史事件和人物,掌握历史唯物主义的原则,不违背社会发展的规律;第三条,叙述历史事件,都以人民为主人,以人民生活为中心。"教学方法要点"中第七条要求儿童记忆的是重大历史事件、历史人物和年代。1956年《高级中学中国历史教学大纲(草案)》"说明"中指出"初级中学的历史课程着重讲授历史上重要的事件和人物的具体知识,使学生对历史发展的规律获得初步的认识"。参见吴履平主编:《20世纪中国中小学课程标准·教学大纲汇编:历史卷》,北京:人民教育出版社,2001年,第107—108、195页。
② 翦伯赞主编:《中外历史年表》,北京:中华书局,1961年,"序"第III页。

按照作者的表述,历史过程＝被事实充实的时间＝按照时间顺序排列的历史事件,事件的意义无疑被抬到了极高的位置。

在1956年第一套全国统编中学历史教科书的编写中,"事件"已成为基本术语,彼时取法的对象,则是苏联。1934年5月16日《苏联人民委员会和联共(布)党中央关于苏联各学校讲授本国历史的决定》中就明确提道:

> 苏联人民委员会和联共(布)中央,认为苏联各学校中的历史教授做得不能满意。教科书及教授本身,都带着抽象的和公式的性质,提供给学生们一些社会经济形态的抽象定义,而不用生动有趣的方式和依照年代的次序,讲述最重要的事件和事实,以及历史人物的特点等以教授本国史,这样就以抽象的社会学的规式,代替了本国历史之有系统的讲述。
>
> 按照历史年代的次序讲述历史事件,且使学生牢固地记忆一些重要的历史现象、历史人物和年代月日等,这是学生能切实领悟历史课程之决定的条件。只有这样的历史教程,才能保证学生们所必需的历史教材之易于理解性、明确性和具体性,只有在这样的基础上,正确的分析和正确的总结历史事件(这都是使学生对历史走向马克思主义的认识)才有可能。①

此决定1941年由师哲翻译、发表在延安出版的《解放》周刊第134期(1941年8月31日)《怎样写历史》一文中。其中将讲述历史事件提升到历史课程内容的根本,高于历史现象与事实,且是学习历史、认识马克思主义的基础。这种空前的地位在1949年以前影响有限,随着新中国的成立,这一认识渐渐作为必须遵照的原则,成为指导中小学历史教学大纲与教材编写的指南。1956年,人民教育出版社编辑部撰文介绍

---

① 《怎样写历史》,《解放》1941年第134期。

了中学历史教科书编写的几个原则问题,"第三个问题,历史教科书的基本线索和政治史、经济史与文化史的联系问题"中首先引用的是列宁的语录,随后便是上引第二段,下面指出:

> 在一个大的段落,即一定历史时期以内,要依照年代的顺序,抓住几个政治上、经济上最重要的历史事件,来配备教科书的各个章节。这些历史事件和事实是以阶级斗争(民族斗争也包括在内)为主要内容,是在这一历史时期中具有关键性的,而且是互相连贯和互相交错的,不是孤立的片面的叙述……
>
> 政治史和经济史的材料要适当地结合和交织起来,不能当作两条平行线来叙述。文化史方面,除了与政治、经济有直接关联的材料必须穿插叙述以外,还是集中在一个大的段落后面,作为单独的章节,保持其系统性和完整性。①

上述引文足见苏联的意见对中国历史教科书的指导意义。这里"事件"已经开始充当政治史、经济史的主要内容。1956 年,初中世界史教科书出版后,齐思和在介绍文章中指出:"世界史教学的基本任务是按照年代的顺序,通过最重要的历史事件和历史人物的讲授,使学生们理解人类社会发展的基本规律,因而鼓舞他们对于社会主义事业的信心与热忱",而这个课本"学习了苏联的先进经验"②正是其体现。两年后齐思和参与编写的《中外历史年表》出版,"序"中又见类似的表述并不奇怪。此后,历史教科书几经演变,但这些核心原则并未动摇。③ 通过记诵构建的基础知识框架已沉淀为"无意识"而难以撼动,伴随这些教科书成长

---

① 人民教育出版社编辑部:《中学历史教科书编写工作中的几个原则问题》,《历史教学》1956 年第 7 期;后又刊于《人民教育》1956 年第 8 期。
② 齐思和:《介绍初级中学课本〈世界历史〉上册》,《历史教学》1956 年第 7 期。
③ 如苏寿桐所言:"这九个方面处理的意见,今天来看,其中难免有一些偏颇之处,但就其总体来说,还是正确的,仍不失为今后编写中小学历史教科书的重要参考。"参见苏寿桐:《中小学历史教科书的回顾与展望》(上),《课程·教材·教法》1988 年第 10 期。

的一代又一代青少年进入大学,学习历史,毕业后走上研究岗位,"事件"作为研究对象也就牢不可破了。对于受过中等教育的更大多数的人而言,即便不从事历史研究,也清楚"事件"在历史乃至现实中的关键位置。

"事件"取代"事变"成为表述一般历史叙述或研究对象的术语,也和承袭过去用"事变"表示短时间内发生的重大变故的用法有关。"九一八事变""西安事变"与"七七事变(卢沟桥事变)"一类的表述比相应的"××事件"更加多见①。1940年《修正高级中学历史课程标准》中的教学大纲中现代史(9)与(10)的标题分别是"九一八事变与国际形势""七七事变与全面抗战";1941年《六年制中学历史课程标准(草案)》"现代史"部分沿用;1948年《修订高级中学历史课程标准》的"现代史"部分称之为"九一八事变及其前后之中日关系""七七事变与第二次世界大战"。②看来称为"事变"在当时已被视为更通用的提法。若继续使用"事变"表示更一般性的内容,会产生不必要的混淆。

这些隐含在一般历史知识传授中的"事件"观既是20世纪以来史学发展的延伸,同时亦存在某种断裂。

先说延续。宋代出现的"纪事本末体",原本只是记述体裁上的创新,并非研究方式。近代以后受到西方史学的影响,被认为"纪事本末体"与之最相接近,受到重视,导致"主题研究"法的流行,为史学研究"事"提供了表达方式。1943年,金毓黻曾对此做过概括,文云:

> 近顷颇盛行主题研究之法,即取古今或一代之事,析为若干主题,各个而讨论之之谓也。主题研究,本取法于纪事本末一

---

① 检索上海图书馆"晚清、民国期刊全文数据库",当时亦有称为"九一八事件"的,集中在20世纪30年代初,特别是1931年、1932年为多,40年代以后则罕见;而称为"事变"的报刊、杂志文章不仅数量为多,且从30年代到40年代都有。称为"七七事件"的只有七处。详细比较见文末附表。
② 参见吴履平主编:《20世纪中国中小学课程标准·教学大纲汇编:历史卷》,北京:人民教育出版社,2001年,第85、92、102页。

体,如《通鉴纪事本末》一书,即取《通鉴》一书,分为二百三十九个主题,而各就本题,详纪其事之始末,此研史最善之法也。惟袁枢以下诸氏之撰纪事本末,不过取已成之书,而加以分析之功,非能自取多量史料,融会贯通,以寻得新断案也。前贤能采用主题研究方法,得有新断案者,无过于赵翼之《廿二史札记》,其中所立各题,悉能采撷多量史料,以归纳法而得新断案……近人之善用其法者,多至不胜枚举,其最者,为王国维、陈垣二氏……以其所用之方法,尤远胜于前人,大抵皆从事搜集材料,以为观察测验之工具,次则整理其所得之材料,或为之分析,或为之归纳,暂为定一假说,次则以实证及审核,以从事实验之工作,由此以求得最后之断案,此即所谓科学方法也……而主题研究又为比较近于科学方法之研究也。①

正如金毓黻所观察到的,这类本非"寻得新断案"的记述体裁,挟科学主义占据近代学界主流之势,跃升为"研史最善之法",在与传统札记体的竞争中胜出②,专题论文经过数十年的努力,终成为表达史学成果的基本形式。

与表达方法变化相连,是"事"作为一类研究对象的产生与固定。20世纪20年代,梁启超在讲授"历史研究法"时提炼出五种专史,其中"事的专史","即旧史的记事本末体,专以重大事情为主。例如晚明流寇、复社本末、洪杨之乱、辛亥革命等"③,结合了欧美史家的研究,特别强调

---

① 金毓黻:《中国史学史》,出版地不详:出版者不详,1943年,第435—436页。
② 一个例子可见蒋廷黻当年在清华历史系主任任上对请杨树达讲"秦汉史"的看法,参见蒋廷黻:《蒋廷黻回忆录》,长沙:岳麓书社,2003年,第129—130页。
③ 梁启超认为"故纪事本末体,于吾侪之理想的新史最为相近,抑亦旧史界进化之极轨也","把史迹看作集团研究,就是纪事本末体。现代欧美史家,大体工作全都在此。纪事本末体是历史的正宗方法"。分别参见梁启超:《新史学》,夏晓虹、陆胤校,北京:商务印书馆,2014年,第20—21、146、174、176页。钱穆的看法与此类似,云"此下西洋的史书传到中国来,他们主要的就是纪事本末体。他们也有编年,实际上还是纪事本末"。参见钱穆:《中国史学名著》,北京:生活·读书·新知三联书店,2000年,第193—201页,引文见第195页。

把史迹看为集团来分析,特别看重有重大影响的集团事迹。他说:

> 第一,当画出一"史迹集团"以为研究范围。史迹集团之名,吾所自创,与一段之"纪事本末"意义略相近。(本末仅函时间观念,集团兼函空间观念,但此名似仍未妥,容更订定。)以严格论,史迹本为不可分的、不可断的,但有时非断之分之则研究无所得施。……例如法国大革命,一集团也;一九一四至一九一九年之世界大战,一集团也。范围广者,如全世界劳工阶级对资产阶级之斗争史可以画为一集团;范围狭者,如爱尔兰区区小岛之独立史可以画为一集团。历时久者,如二千年前中华民族对匈奴交涉始末可以画为一集团;历时暂者,如一年间洪宪盗国始末可以画为一集团。集团之若何区画,治史者尽可以自由,但有当注意者二事:其一,每集团之函量须较广较复,分观之,最少可以觑出一时代间社会一部分之动相。其二,各集团之总和须周遍,合观之,则各时代全社会之动相皆见也。

这种"史迹集团"其实就是围绕各种"事",尤其是重大事件的研究,但亦包含历时甚久的中华民族与匈奴的交涉。只是彼时新史学草创,称呼仍在摸索。

不仅是梁启超,前后还有好几位学者在讲授"史学研究法"时,都提到此类研究,只是称呼尚不一致。黄人望在介绍"史学之区分"时提出多种分类标准,有一种按照分量划分,他认为种类甚多,列举的第六条"就重大之事业而研究之者,例如鸦片战争史、中东战役史、武昌革命史、支那革命运动史、法兰西革命史、南北美战争史、日本明治维新史等,皆因其事之重大而特别为之编纂者也"[①]。柳诒徵在介绍"历史之种类"时则

---

① 黄人望:《史学研究法讲义》,载李孝迁编校:《史学研究法未刊讲义四种》,上海:上海古籍出版社,2015年,第15页。

直接搬来了坪井九马三的《史学研究法》，其中有一类名为"一时期之历史"，"如十九世纪史、幕府时代史等；六一事件之历史，如法兰西革命史、明治维新史等"①。黄人望的分类实际亦是出自坪井，只是作者没有明言，但今天的编校者已发现。姚从吾在讲述"历史的分类与分期"时，有一种分法是"依题目的分类（以纪事的性质分类）"，分为"1. 通史或世界史""2. 政治史与文化史""3. 专史"。列在"专史"之下的有"以事为单位的专史。如法国革命史、宗教改革史等"②。

对照一下坪井的分类和姚从吾的划分，可知，日本学者提供的分类框架源出德国。其中政治史与"以事为单位的专史"或"一事件之历史""就重大之事业而研究之者"分为两类，原因就在于德国学界对政治学与政治史的理解重在国体与国家，而不论是"事"还是"重大事业"涉及的均只是局部。两者走到一起，和美国政治学影响扩大分不开。

不论各家称呼为何，至少大家均认同史学中应存在围绕大事展开的研究。这奠定了"事"的研究的学理基础。伴随这一转换的，则是"事"的内涵的进一步消减，从"事"到"事之重大""有重大影响的集团事迹"，历史结果或影响已悄然成为衡量"事"之大小、确定研究取舍的标准，最终也才能走到"叙述中国历代之大事，并略论文化之演进及其对于世界之贡献，使学生明了我先民之伟大，以养成继往开来之志操与自强不息之精神"，或"帮助人们从历史事件的发生、发展和演变的过程中，寻找历史发展的线索，了解历史发展的规律"。③

研究实践中，随着史学走向"学科化"，传统的札记与传记逐渐边缘化，主题研究以及专题论文逐渐成为主要体裁，研究的问题因新史学的

---

① 柳诒徵：《史学研究法》，载李孝迁编校：《史学研究法未刊讲义四种》，上海：上海古籍出版社，2015年，第59页。
② 姚从吾：《历史研究法》，载李孝迁编校：《史学研究法未刊讲义四种》，上海：上海古籍出版社，2015年，第165—168页。
③ 《1940年修正初级中学历史课程标准》，载吴履平主编：《20世纪中国中小学课程标准·教学大纲汇编：历史卷》，北京：人民教育出版社，2001年，第77页；齐思和等编著：《中外历史年表》，北京：生活·读书·新知三联书店，1958年，"序"第Ⅲ页。

激发而丰富多样,仍有一部分关注历史上的各类事变、事件。

这方面除了古代史外,比较集中的是在 1840 年以后的近代史领域,至晚从 20 世纪 20 年代末就开始出现各种针对近代重要事件的专题研究乃至专著,如高劳《辛亥革命史》(商务印书馆,1923 年)、东方杂志社《辛亥革命史》(商务印书馆,1925 年)、武育幹《鸦片战争史》(商务印书馆,1929 年)、王钟麒《中日战争》(商务印书馆,1929 年)、陈捷《义和团运动史》(商务印书馆,1930 年)、李一尘《太平天国革命运动史》(光华书局,1930 年)、王钟麒《太平天国革命史》(商务印书馆,1931 年)、陈醉云《太平天国史》(上海新生命书局,1934 年)、张同光《戊戌政变》(开明书店,1934 年)之类。单篇论文则难计其数。古代史、近现代史均如此。张荫麟写过《宋初四川王小波李顺之乱(一失败之均产运动)》以个别事件为对象的论文①,《史语所集刊》上发表的王崇武《刘綎征东考》(14 本,1948 年)、《李如松征东考》(16 本,1947 年)、《论万历征东岛山之战及明清萨尔浒之战》和《明成祖朝鲜选妃考》(17 本,1948 年),杨志玖《阿保机即位考辨》、李光涛《洪承畴背明始末》(均收入 17 本),重大事件作为研究对象的史学实践已广泛出现,只是称呼还在流动变化中②,"事件史"的说法更是闻所未闻。

历史研究在形式上推陈出新,内容上更是灌注了新的思考,不论是中小学历史教科书中对"大事"或"事件"的选择,还是研究者设定的研究对象,都带有了更为明确的意图。走出屈辱的历史的焦虑,成为百余年来主导教科书编写以及研究的基调,选择的事件成为揭示过去、证明当下的有力武器。

在实际研究推进的同时,称呼亦在多歧并陈的竞逐中演进。"事实"

---

① 原刊于《清华学报》1937 年第 2 期,后收入张荫麟:《张荫麟文集》,北京:教育科学出版社,1993 年,第 456—473 页。
② 如 1932 年《师大月刊》"创刊号"上刊发有王亚权《义和团事件的政治背景同中国民族运动的关系》(第 277—286 页)一文,除标题及第三、四节四次使用了"义和团事件"外,文中大多用的是"义和团事变",最后指出"义和团运动在中国外交史、政治史上都占很重要地位"(第 286 页)。

"事变""事态""史迹集团""大事""事情""事业"等,都出现在史家论著中,更不用说那些更加具体的称呼了,什么"革命""××之乱""××战争"之类。这方面,1949年以后和之前存在某种程度的断裂,"事件"取代其他表达,并非是个自由竞争的结果。

1924年,李大钊在阐述史学研究对象时云,"史学原以历史的事实即是组成人类经历的诸般事实为研究的对象",后文更常称为"人事"或"事实",偶尔亦用"事件",如"概括观之,'历史'一词的初义,都是指事件的纪录而言;足征历史学的起源,实起于纪录的历史","史学的要义有三:……(二)就实际发生的事件,一一寻究其证据,以明人事发展进化的真相,是历史的研究的特色"。①

1926年,梁启超《中国历史研究法补编》主要使用的是"史迹集团",个别处亦使用了"事件"一词,如"今试取义和团事件为例,供研究者参考焉""义和团事件之起,根于历史上遗传之两种心理"②,只是彼时"事件"一词和"事""重大事情"一样,尚只是个切割叙述对象的称呼,并没有成为通行的描述研究对象的术语。梁启超对于史学研究对象该如何称呼,尚在摸索,一般称为"事情",专门的称呼是他自创的"史迹集团"一称。

1930年,何炳松在《通史新义》中指出,"历史研究所包括者,所有过去之事实也,或属政治,或属思想,或属经济","历史研究法自直接观察所得之史料入手,自此以一种复杂之推理进程以达于吾人所欲知之事实",全书频繁使用的乃是"事实""个人事象"与"集体事象",几乎没有使用过"事件"一词,"政治史"倒不时出现,最常见的则是"社会史"。③即便到了1945年陆懋德的《史学方法大纲》,也还只是停留在通过史料来考证与解释"事实",对考证与解释的方法做了较多的阐发,而对事实究竟指什么,并没有进一步的分疏,只是在第五编"论著作"之第三章

---

① 李大钊:《史学要论》,北京:北京师范大学史学研究所,1980年,第13、9、15页。
② 梁启超:《中国历史研究法》,北京:东方出版社,2012年,第126—127、132页。
③ 何炳松:《通史新义》,桂林:广西师范大学出版社,2005年,第2页及全书。

"著作的编制"中引法国人朗格卢瓦(Langlois)和塞尼奥博斯(Seignobos)的 Introductions of the Study of History 中的例子,提示"事实"包括制度、传记,却非专门而系统的说明(第 115—116 页)。

前述黄人望、李季谷与姚从吾三位的讲义中,亦偶见使用"事件",甚至有时用来描述历史,却没有和作者心目中的史学分类及各类的研究对象形成对应①,换言之,"事件"还只是个一般性的词汇,尚非史学术语,更不是公认的研究对象。对姚从吾而言,相当于今天所谓具有重要影响的事件的表达是"事变"。高希圣编的《政治法律大词典》中"事变"的释义是"事件的发生重大而又非平常状态之变异,不论天为的或人为的,都叫做事变。例如国内政变及国际间发生战争等"②,姚从吾正是在此意义上加以使用。据编者的解释,事变是事件中产生重大变化的一类。

没有喝过洋墨水的吕思勉在其《历史研究法》中对史学研究对象别有一番理解。他说:"现在的史学家最重要的事情,就是'再造已往'。何谓再造已往呢?那就是已往的时代,虽然已往了,我们却要综合各方面,使其时代的情形,大略复见于眼前。史事有'特殊事实'和'一般状况'之分……现代史学上的格言,是'求状况非求事实'……求状况的格言,是'重常人,重常事'……搜辑特殊事实,以求明了一般状况。"行文中作者也偶用"事件",如"前人所遗留下来的重大的特殊事件"(第 22 页)、某种政治上的事件(第 23 页);在介绍选择题目进行史料汇编时举例,无论其为时间别、地域别,或择取某事件(第 25 页)等;同时亦在使用

---

① 黄人望《讲义》第一章"叙言"云"故史学云者,非仅如古史所书某年月日某事件而已也,当以研究科学的方法,先事调查,然后笔录,须力求其正确";李季谷则在书中提到"民国十六年南京事件发生以后"日本驻南京领事馆武官自杀云云,讲到"史学方补助学科"中的"年代学"时云"年代学之名……申言之,即以确定历史事件发生的时间为目的之科学……历史事件多记明为何年何月";姚从吾在介绍"历史的性质"时云"倘若历史的职责,在供给人类对于过去事件的正确知识,事实的记载即应当与客观的事实彼此符合",在"史料的分类"中介绍"古物"时说"古物是历史事件本身的片段","古物只是过去事件片段的遗留,往往只表示已往事件的遗迹(尤其是没有文字的古物)"。李孝迁编校:《史学研究法未刊讲义四种》,上海:上海古籍出版社,2015 年,第 6、93、114、137、204 页。

② 高希圣、郭真编:《政治法律大词典》,上海:科学研究社,1935 年,第 172 页。

"事情",如"发生了一件特殊的事情"(第22页)、"保存一二琐屑的事情"(第22页)、"有许多事情,昔人视为不重要,不加记载,不过因他事而附见的,我们现在看来,倒是极关重要的,要注意加以搜辑"(第23页)等。① 在吕思勉笔下,事情与事件似已略见差别,只是未加更细致的辨析,更未如前引深受日德学界影响的"史学研究法"作者那样,对史学研究对象做细致的区分,而明确地将后者视为研究对象。值得注意的是,作者对一般状况的高度重视,迥异于同时代的史家。

不仅专门讨论史学方法,即使在一般性地描述史学研究对象时,学者们使用的术语亦颇为多样,甚至充满内在张力。1928年顾颉刚在《中国上古史实习课旨趣书》中认为"研究史学的人必须动手搜集史料",并将史料整理分为两类八组,第一类是"对于某种专书的整理",第二类是"对于某一件事件整理",后者包括四组:人的传说的演变、制度的传说的演变、古史系统的传说的演变、书籍与学说的演变。② 顾颉刚使用的"事件"一词,含义尚与《辞源》的释义相近,指"事类"或"事项"。

1939年,周谷城在其《中国通史》"导论:历史完形论"中阐释历史应区分为客观的历史(事情之自身或历史之自身)、主观的历史(写的历史、史书)时说:"'主观的'云云,亦只是指事情的'记载'(records of events)而言,非谓记载的'事情'(events recorded)亦为主观的。"③今天译为"事件"的events,彼时译作"事情"。全文多数使用的是"事情",只有二处称"事件"。

1943年初,钱穆发表《中国今日所需要之新史学与新史学家》一文,以纪念英年早逝的张荫麟。甫一开篇,钱穆云"历史乃人事之记载,故史学亦为一种人事之研究。惟历史所载人事,虽若限于过去,而按实殊不然",后文详加阐发,"就人事论之,大体上自有其起迄,自始至终,自有其必然之持续与可能之演变。惟其有必然之持续,故未来者等于已来",

---
① 吕思勉:《吕著史学与史籍》,上海:华东师范大学出版社,2000年,第21—23页。
② 参见《国立中山大学语言历史学研究所周刊》1928年第57—58期合刊。
③ 周谷城:《中国通史》上册,上海:开明书店,1940年,第4页。

"研究历史者,实即研究此一有宽度之现在事件也。其事活跃现在,而且已直透而达将来,岂得谓历史只属于过去人事?"钱穆头脑中的"事件"从短短一天的"九一八事件"到持续超过300年的东西文化势力相接触而生交涉,乃至中国人之南洋移殖、中国西南与东北之开发,中国西北部之经济衰退等,甚至"吾国家民族文化之绵历与发皇,吾国家民族文化之奋斗与争存"都可谓一历史事件。后文则又称之为"事变",云:"故凡历史上之事变,扼要言之,乃尽属一种改变过去与改变将来之事业也……研究历史即谓之乃研究如何改进现在人事之一种学问,亦无不可。"①钱穆此文意在批评将史学视为研究过去的学问、与当下与未来无关的看法,即当时大行其道的客观主义与科学主义的实证史学,强调过去、现在与未来的关联,强调史学对现在与未来的意义。他使用的术语尚未定型,含义灵活多变,"事件"即是一典型,以今日标准衡量,确实有些难以捉摸。这恰恰表明当时"事件"含义尚未明晰与统一。

陈寅恪《唐代政治史述论稿》通篇没有出现过"事件",用的是"事"、"事实"(第69页)、"事例"(第69、93、95页)、"史实"(第92页);或具体称呼,如"玄武门事变"(第52、57、60页)、"安史叛乱"(第58页)、"永贞内禅"(第69、93、95页)、"牛李党派之争"(第95页)、"甘露事变"(第113、115页)、"高丽问题"(第136、137页)、"唐太宗伐高(句)丽之役"(第137页)、"伐高(句)丽事略"(第138页)等。②

"事件"最终胜出,源于一边倒政策下苏联文件的强大影响。一个值得注意的动向是英语词汇的翻译。event 以及 circumstance、happening、incident、occurrence 诸词的中文翻译,直到20世纪40年代仍是多歧的。详情见下表:

---

① 钱穆:《中国今日所需要之新史学与新史学家》,《思想与时代》1943年第18期。
② 陈寅恪:《唐代政治史述论稿》,唐振常导读,上海:上海古籍出版社,1997年。

表1 20世纪上半叶英汉字典中相关词汇的翻译

	circumstance	event	happening	incident	occurrence	出处
吴治俭、胡诒毂编《袖珍英华字典》	事情,情形,光景,案情,职分	事,事情,所遭逢之事,偶发之事,结果	—	偶然事,意外事,仟然事,小事,随附之事	偶遇之事,意外之事,有时或有之事	商务印书馆,1905年,第171、348、484、653页
颜惠庆《英华大辞典》	1.外境,情形。2.事情,情节;事情,事件事实。3.景况,景地	1.所遇之事(或吉或凶)。2.事件,事情。3.结局,结果,结末;毕竟,卒,终	—	1.偶然之事,仟然之事,不意之事,所遇之事;2.旁事,附随之事,附属之事,捕入之事;3.(法)附随之事物	1.来、起、遇之事,觐;2.偶遇之事,事故,事变,一件事,一庄事,有时有之事	商务印书馆,1920年,第165、267、351、517、678页
郭秉文等编《英汉双解韦氏大学字典》	1.事之与他一事连带发生或为其原因者;2.(众数)生活上之境况;3.一事之一切条件及一连带关系之统称;境遇,环境,有关系之情境;4.故又特指(甲)事之形式,仪式,(乙)重要;5.偶有之事;6.详细节目,细目,情节	1.所起之事,遭遇之事,遭逢;2.临到之事,或发生之事,偶然之事,尤指要事或特别事;3.终局,终末;4.运动中秩序单中之一项	遭遇,事故,所遇之事	1.遭遇之事,所遇之事,遭逢;2.意外或从属之动作或事故;3.从属之事物之事物同行移让主要事物或附随主要事物之事物	遭遇,意外之事	商务印书馆,1923年,第520、677、752、1001页

续表

	circumstance	event	happening	incident	occurrence	出处
《新式英华双解词典》	1.情形;2.财力,权势;3.境地,形势;4.仪式,细礼;5.事件,细事,偶然之事	1.事端之事,遭遇;2.所遇之事,事实;3.结局,结果,收末	遭逢,偶然之事	1.所遇之事,事实;2.偶然之事,意外之事,附属之事	会遇,事,事变	中华书局,1927年,上册第168、337—338页,中册第440、487、655页
黄士复主编《综合英汉大辞典》	1.(与主要之事相伴的)事情,形情,状况,偶发之事;2.(事之)细目,颠发,委细,颠末,原事,仪式,腱垄,华观;4.礼式,腱垄,华饰;5.财力,境遇,景况	1.(现在)发生之事,偶然之事,(大)事件,事变;3.(将末)结果,终局,遭际;4.或有之事,遭际;4.运动会秩序单中之一项,竞技之一回胜负	事,事件,发生之事故,偶然发生之事	1.附随之物,(小)事件,变故,事变,风波,(小说等中之)插话,枝节;2.(法)(附随于所有权之)附随物(如权利,义务,负担等)	1.发生,起,有;2.事,事故,变故,事变;3.所在	商务印书馆,1928年,上册第397—398、814、1171、1325、1768页
李登辉等《双解实用英汉字典》	1.情形,偶然之事;2.足以证明某事之细节;3.细目,细节;4.详情,原委;5.浮华,虚饰;6.(常作复数)事情,情形,境遇,景况(常指人言)	1.遭逢,偶然之事;2.结果,结局;3.秩序单中之一项,运动节目	—	遭遇,偶然之事,事变	遭遇,事件,事变	商务印书馆香港分馆,1935年,第254—255、485、710、965页

续表

	circumstance	event	happening	incident	occurrence	出处
任充四《精撰英汉辞典》	(与主要之事相伴的)事情,形势,情形,状况,偶发之事;(事之)细目,颠末,原委;仪式,外观,礼式,虚套,华饰;pl.事情,情况;财力,境遇,景况	发生之事,事故,(大)事件,事变,终局	事,事件,发生之事故,偶然发生之事	附属之事,(小)事件,变故,事变,风波,(小说等中之)插话,校节;(法)(附)属于所有权之)附随物(如权利,义务,负担等)	发生,起,有,事故,变故,事变;所在	商务印书馆,1941年,第172, 316, 408, 460, 625页
邹朝俊 苏兆龙编《启明英汉辞典》	1.情形;2.境遇;3.仪式;4.(pl.)事势	事故	—	1.偶然之事;2.小事	1.遭遇;2.事件	启明书局,1947年,第186, 289, 408页
张世鎏等编《求解作文两用英汉模范字典》(增订本)	1.情形,形势,情势,情况;2.(pl.)境遇;3.事势;4.仪式,形式;5.意外之事	1.发生;2.事,事变,大事;3.结局,结果;4.运动节目,游戏节目	事件,事故	1.偶然之事;2.附随事件,附带之事	1.遭遇,遭逢,发生;2.事,事件,事变。	商务印书馆,1929年初版,1955年增补一版,第244, 470, 608, 666, 882页①

① 1955年版内容、页码与1929年初版《英汉模范字典》一致。

1949年后史学界领袖之一的翦伯赞,在 1950年 11 月发表的文章中还在使用"事变",如:

> 中国的古典的历史著作,几乎都贯穿着唯心主义的观点。在这些历史著作中,对于任何历史事变,都不联系到当时的社会经济去给以说明,总是把这些历史事变归结于"卓越人物"的愿望。
>
> ……………
>
> 过去中国的史学家,他们放着中国史上的许多震撼全国乃至震撼世界的历史大事变不闻不问,专门从中国史上挑选一些最偏僻、最微细,亦即最不关重要、最不能特征历史倾向的一些问题。

文中也出现了"事件":

> 好像任何历史事件都是按照"卓越人物"的愿望而实现出来的。例如西汉之远征西域,就是因为汉武帝好大喜功;郑和之七下西洋,就是因为明成祖要追捕建文帝。①

比照所言,文中的"事变"与"事件"实际并无区别。实际上,直到 1955 年,翦伯赞还是习惯性地偏爱使用"事变"。他在该年 12 月在日本的演讲中,向日本学者介绍中国的历史研究与历史教学时指出:"我们的教材都是依据具体的历史资料按年代的顺序叙述重要的史实和事变,叙述历史人物在历史上所起的一定的作用,叙述政治制度的演变和文化思

---

① 翦伯赞:《怎样研究中国历史》,《新建设》1950 年第 2 期;后收入翦伯赞:《历史问题论丛》,北京:中华书局,2008 年,第 116—117、119 页。

想发展及其所起的一定的作用。"①而他在 1958 年出版的《中外历史年表》"序"中就已改用"历史事件"表达近似的意思了。

历史事件的说法取代"历史事变"成为一般性的概念,最基本的事件构成中小学历史课本的主干。与此相应,只有特定的一些成为历史研究的对象,相对于 1949 年以前的史学研究,亦是一种断裂。仅农民战争以及近代史中少数纳入历史线索的重大事件,余下的多半因其属于帝王将相的历史而淡出史家的视野。20 世纪 50 年代中国史学会开始编辑"中国近代史资料丛刊",最早的一部《义和团》1950 年出版,最后一部《第二次鸦片战争》1978 年出版,共 11 种,"涵盖了近代史上的重大政治事件"②,为这类研究的"自然化"构筑了史料基础。此时的"事件"研究,经过史观筛选和过滤的痕迹更加突出,更因为线索与结论是既定的,研究只能在局部细节上发掘,解释上亦难以脱离既定的框架,导致数量与质量不成比例。

研究领域中政治史的复活,以及与事件研究融为一体,出现在 20 世纪 80 年代告别了理论上的教条主义,特别是陈寅恪重新受到学界重视之后。陈寅恪在《述论稿》中的研究,提供了模仿的榜样,激发了众多学者,尤其是中古史领域学者围绕事件开展政治史的热情。当然,其中贡献最大,且影响深远的非田余庆先生莫属。其先声是 1974 年初田先生发表的《曹袁之争与世家大族》(《历史研究》1974 年第 1 期)一文,不过当时并未明言受到陈先生的启发,到了 1993 年将此文收入文集时,田先生在"作者跋语"中记述了这段因缘。③ 田先生后来的一系列研究采取的路数,都是在陈寅恪《述论稿》的延长线上,并更趋精致。在两位研究

---

① 翦伯赞:《新中国的历史研究与历史教学》,载《历史问题论丛》,北京:中华书局,2008 年,第 504 页。
② 参见王学典主编:《20 世纪中国史学编年(1950—2000)》上册,北京:商务印书馆,2014 年,第 13—14 页。
③ 田余庆:《秦汉魏晋史探微》,北京:中华书局,1993 年,第 149—150 页。有关说明,参见田余庆:《当代名家学术思想文库·田余庆卷》,沈阳:万卷出版公司,2011 年,"自序"第 5 页。

者的感召下，不少学者走上了政治史的研究道路。当然，相较于20世纪前半叶的政治史潮流而言，实属别具一格的政治史。在这种政治史的视野下，事件或事件序列成为关注的核心，从而实现了政治史与事件史的合流。

恰在政治史重新站上史学舞台不久，就遭遇西方新史学的再度引入。1986年，政治史经典著作《东晋门阀政治》尚未问世，社会史研究的号角已经吹响。① 这已是20世纪中国响起的第二轮号角，前次是80年前。借助清扫二战前西方传统史学的新史学东风，很容易捕捉到国内史学的批判对象。与史学界的变化几乎同时，1949年后作为资产阶级学科被取消的政治学与社会学又返回学术舞台，就对史学的影响而言，后者显然要大于前者。对"文革"中"影射史学"的批判，也再度拉开了史学与政治的距离，新领域的涌现正好创造了转向的契机。

自另一角度观察，政治史沦为社会史眼中旧史学的典型，却不妨碍"事件史"老树新枝，作为一种思路与方法获得超越政治史的广泛影响。这种影响不仅见于思想史研究中②，人口学、经济学等等均移用了"事件史"来开展研究③，甚至地质学、医学中也出现了"事件研究"④。当然，后者在应用中增添了大量史学所无的分析方法。

---

① 冯尔康：《开展社会史的研究》，《百科知识》1986年第1期；冯尔康：《开展社会史研究》，《历史研究》1987年第1期；乔志强：《中国社会史研究的对象和方法》，《光明日报》1986年8月13日；王玉波：《为社会史正名》，《光明日报》1986年9月10日。1986年10月，由南开大学历史系、《历史研究》编辑部、天津人民出版社发起，在天津举行了首届中国社会史研讨会，会议综述参见《光明日报》1986年12月17日，以及《历史研究》1987年第1期。
② 例如陈少明：《什么是思想史事件？》，《江苏社会科学》2007年第1期。
③ 左学金：《事件史分析及其实际应用》，《数量经济技术经济研究》1995年第4期；郭志刚：《历时研究与事件史分析》，《中国人口科学》2001年第1期。
④ 如丛友滋、李培英：《地磁场演变事件与事件地层学》，1990年中国地球物理学会第六届学术年会，武汉：1990年，第161页；王建民、钟巍：《晚冰期新仙女木事件的研究历史及现状》，《冰川冻土》1994年第4期；赵小祺、王春光等：《老年冠心病患者伴有心梗史对围术期发生心血管事件的影响》，《中国应用生理学杂志》2014年第5期。

四、结论

政治史乃是20世纪初才产生的新提法,源自梁启超对中国传统史学的批评,后逐渐降级为史学的一门分支,与文化史等并立。其内涵则多歧,关注制度的颇多,针对政治现象的少,与时人所理解的西方政治关系密切,而将重大事件作为分析对象,始于陈寅恪的《唐代政治史述论稿》。受其影响,政治史转向重大事件与事件序列研究。在史学一般认识上,将事件视为论述与研究对象,定型于20世纪50年代,源于苏联的影响,此种意义上的"事件"内涵已经过了转化与窄化。

从甲骨文中的"事"到史书中记述的"事",以及专以纪事为体的体裁,唐宋以后"事件"作为词汇在官方文书中的出现,再到20世纪"事"明确成为史学的研究对象,进而因为陈寅恪的影响,成为政治史的分析对象,在20世纪80年代后再放异彩。3000多年来"事"字的形态上变化不大,内涵却不断遭到削减,从祭祀、战争、职事、文书、事务等几乎无所不包到限于"大事"。恰恰是这种窄化为"大事"与"事件"的"事",通过近现代的中小学教育融入人们的头脑,沉入"日用而不知"的"无意识"层面,暗中约束着近代以来史家的思考。我们必须突破它的限制,回到更早的源头,不仅是《史记》开创的新型记事传统,甚至是"事"字的初始义与衍生义中,对照认清史书"纪事"内容与角度上的局限,去安顿我们的思考,拓展我们的想象。

附表 1949年以前"事变""事件"使用统计

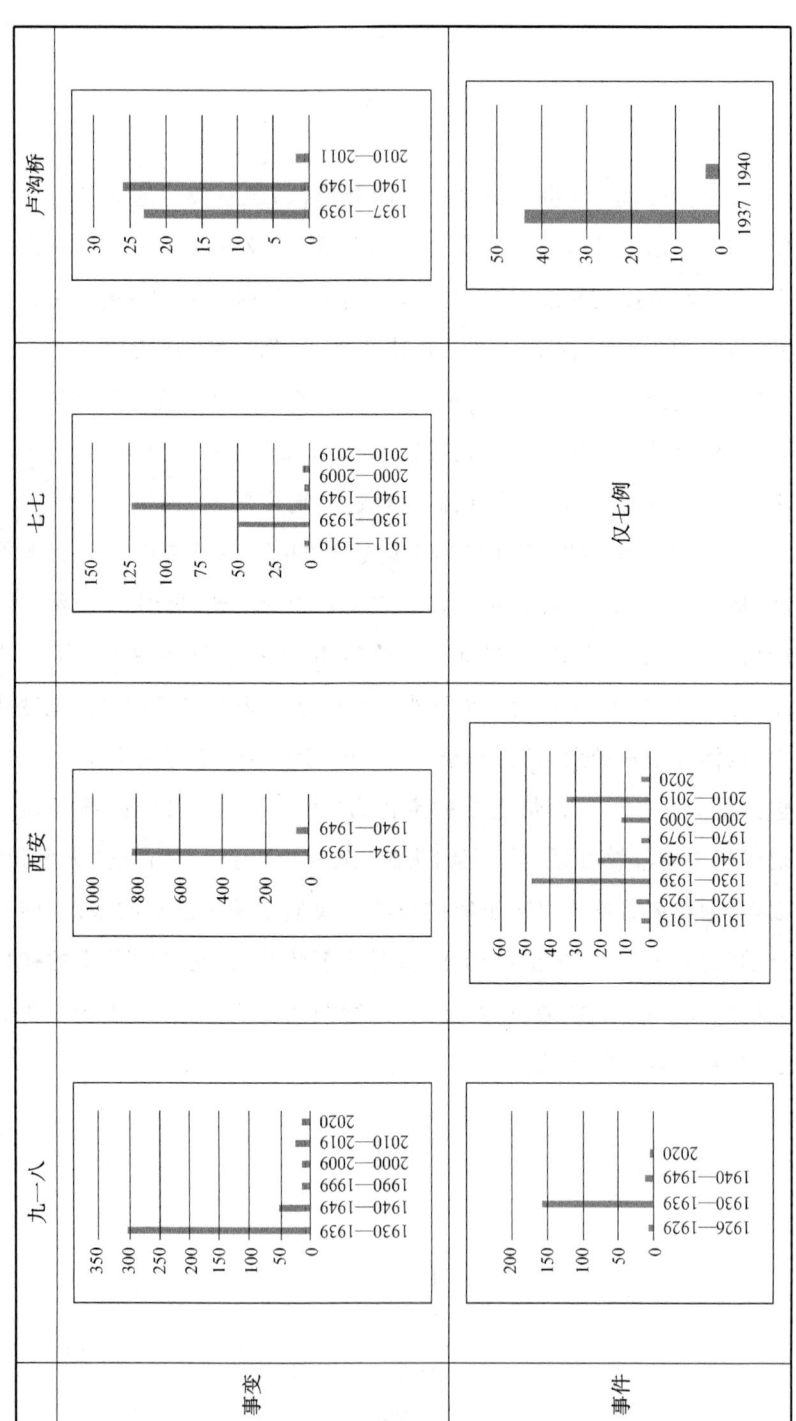

Political History and Event History in China: A Preliminary Reflection
Hou Xudong

Abstract: "Political history" as a new concept in the early 20th Century, derived from Liang Qichao's critique against Chinese traditional historiography, and degraded to one of the subdisciplines of history like cultural history. The intension of the term varies considerably, according to what was understood as western political science then, most research focused on institutions rather than political phenomenon. Taking major events as analysis object dated from Chen Yinke's *A Brief Introduction to the Political History of Tang Dynasty*. As a result, political history turned to researches about major events and sequence of events. The consensus of historians for events as research object was fixed during 1950s under the influence of Soviet Union, which changed and narrowed the intension of "event". Shi (event) emerged from oracle bone script and evolve to a sight words after, experiencing decline in intension that from events including fete, warfare, duty, writs and administrative issues to only "major events". The narrowed major events or events got into people's mind through modern elementary education, and entered the unconsciousness, constraining thoughts of the recent historians. It is necessary to break through the constraints, and return to the initial and derivative meanings, then understand the limitations of jishi (selected chronicle) in traditional historiography, sequentially bridge the existing classification as well as revisit the research object and its intension.

Keywords: political history, shi (event), event history, Chen Yinke, new history

专 题

田野调查传统的赓续与创新

矢志田野,传承薪火
——杨善华教授访谈录
杨善华　田　耕*

受访者简介:杨善华,北京大学社会学系教授。杨善华教授生于1947年,祖籍浙江宁波,于1981—1984年在上海社会科学院社会学研究所工作,1984年考入中国社会科学院研究生院社会学系,1987年进入北京大学社会学系攻读博士学位,师从雷洁琼先生,1990年博士毕业后留校任教。主要研究领域为城乡社会学与家庭社会学,代表作有《当代中国城市家庭研究》(合著)、《经济体制改革和中国农村的家庭与婚姻》、《改革以来中国农村婚姻家庭的新变化》(合著)等。此外,杨善华教授多年来一直关注社会学田野调查与深度访谈的方法问题,著有文章《作为意义探究的深度访谈》(与孙飞宇合作)、《感知与洞察——研究实践中的现象学社会学》、《"社会底蕴":田野经验与思考》(与孙飞宇合作)。杨善华教授还致力于教学方法与学生培养方式的探究,其田野与教学结合的努力取得了很多的成绩,著有文章《"意识""见识"与教学过程中学生主观能动性的发挥——一个现象学与现象学社会学的视角》。

访谈者:田耕(以下简称"田")

---

* 杨善华,北京大学社会学系教授;田耕,北京大学社会学系助理教授。

受访者：杨善华（以下简称"杨"）

访谈时间：2020 年 5 月 6 日、8 月 7 日

一、熏陶与感悟

田：杨老师，1981 年您去上海社科院社会学研究所的时候，所里应该还有一些老先生在，您和他们都共事过吗？

杨：我在北京见过吴泽霖、李景汉。

田：您见李景汉的时候是在人大吗？

杨：不是，李景汉当时刚刚被"平反"不久，住在团结湖。我们所里有一个同事叫陈树德，他本来是复旦历史系的，他对历史很关心，做社会学史，他现在应该也 70 多岁了。他从我们所出去以后就到了上海大学文学院，在社会学系当老师，退休之前大概是调到了华东师大。这是在北京见过的两位老先生。在南京呢，我见过柯象峰。那个时候我们叫他柯老，他当时也是心血来潮到上海来了一趟，我们就跟他见了一面，但是谈得不多。在上海呢，有李剑华，新中国成立之后他当了华东局的劳动部长，活了 94 岁。他们这些人，李景汉活了 90 岁，吴泽霖是活了 92 岁。至于三吴嘛……吴景超已经去世了。

田：吴景超没活到那么长。吴泽霖肯定是最长寿的，吴景超去世时是年龄最小的。

杨：我在上海社科院社会学研究所见过的还有范定九。范定九的儿子和杨振宁大概是同事。范定九有一次生病很危险，差点过不去了，当时就送到好像是上海华山医院，要不就是什么别的医院。医院说他岁数很大了，救他没什么必要。后来是杨振宁给上海市打了个电话，这样又活了好几年。我想他们这些人都是一九〇几年出生的。

田：那就是比费老大。

杨：比费老大，肯定比费老大，大 10 岁左右。

田：大 10 岁的话，那就和吴文藻他们差不多了。

杨：和吴文藻差不多。差不多就是 1899 年、1900 年左右的。

田：因为潘先生是 1899 年出生的。

杨：对，潘先生是 1899 年出生的。他们之间肯定都知道，因为当时成立东南社会学社的时候他们都在里面。

田：范定九和言心哲呢？

杨：言心哲是做农村的。

田：我们有言心哲的材料，写系史的时候准备写一下。

杨：言心哲那个时候经常到所里来，他老伴去世了，他有一个保姆岁数比较大，就推着他过来。然后就是应成一①，应成一笃信佛教。嗯，范定九你可能不太清楚。我为什么要说范定九呢？因为范定九当时在我们所里主编了那本《社会学简明辞典》，那些条目都是他敲定的。像涂尔干这些，我们那个时候哪知道啊！那个时候根本就不介绍涂尔干，包括韦伯。韦伯这里面大概都没有，涂尔干是有的，孔德是有的。我那本《社会学简明辞典》还在，因为我是参与编写的。

田：对，这个我就不是太熟。那是哪一年出的？

杨：是 1983 年由甘肃人民出版社出的②，那本是比较早的，大概 1982 年的时候集中编写，年底送出版社。所以我就说你去想当时整个的环境，"30 年代的社会学"是一个被回避的话题，一说就是资产阶级社会学，应该受到批判，所以谁敢接那个传统？

田：对。

杨：包括费老，费老他们在魁阁，我只知道他写的《乡土中国》，我手里那本《乡土中国》是 1985 年生活·读书·新知三联书店出的，就是最早的那本，非常薄。后来我又买了一本，是《乡土中国》和《生育制度》合在一起的。

---

① 应成一先生是复旦大学教授。
② 《社会学简明辞典》于 1984 年 12 月出版，此处记忆有误。

田:就是北大出版社那个吗?

杨:对。

田:他在那里头不算做民族调查,他在云南待那几年,其实是非常社会学的。

杨:其实是社会学。

田:《云南三村》其实是非常社会学的研究。

杨:那个时候他已经开始探索所谓的富民之路,也就是说怎么样去解决农村的贫困问题。当时还有一个想法是社会学中国化,这是他和吴文藻一起的。我觉得吴先生的这个想法是非常清楚的,包括他在培养学生方面做的事情。

田:我手里还有他当年写信给洛克菲勒基金会为李安宅、林耀华他们拉资助的那一系列东西,吴先生作为导师是第一流的。

杨:20世纪80年代我写过一篇东西,就是去探究中国社会学的婚姻调查[①]是从谁那里开始的,最后得出的结论是南京做教育的陈鹤琴,他也学过社会学,是教育家。我为了写这个东西在上海徐家汇藏书楼,就是上海藏旧杂志的地方,泡了大概两个月,去翻各种杂志,像《东方》,还有《食货志》。我还到北大来查燕京大学社会学系出的《社会学界》,把整个《社会学界》全部翻了一遍。所以我那个时候就看到费老的那篇"亲迎婚俗",那是他的本科毕业论文。

田:迎亲的那个吧?

杨:对,迎亲婚俗。

田:对,这个发在《社会学界》第1卷里面。

杨:就是那个,那是他本科毕业论文,所以我印象挺深的。当时燕京社会学系的系主任是……

田:许仕廉?

杨:对,就是许仕廉。他是在20世纪20年代末……

---

① 华安:《旧中国社会学婚姻问题的初始调查》,《社会》1984年第3期。

田：对，他是1926年当的系主任。

杨：到1933年的时候……

田：到1933年之后就是吴文藻了。

杨：就是许仕廉嘛。

田：他和杨开道都是湖南人，他们是中学同学。

杨：因为燕京的社会学系是1922年建的。

田：对，我们现在就从1922年开始说。

杨：这些都是我看那个《社会学界》知道的。

田：现在重新出版了，我们系图书馆刚进了一套。

杨：当时是北大图书馆有，我去翻那个旧资料。那段历史我觉得还是蛮值得怀念的，包括那时候看潘先生在的时候的《学灯》。《时事新报》不是编《学灯》副刊吗，它当时有一个问卷调查，内容是说中国式家庭结构该怎样……后来潘先生写过一本《中国之家庭》，其实是调查的一个结果，他得出结论说主干家庭相对来说是比较适合中国人传统的一个安排，或者是说一种制度，所谓的主干家庭就是三代同堂。那时大概是1927年。陈鹤琴比他还早。陈鹤琴好像是在上海《申报》工作，他也在报纸上面登了一个问卷。我回去可以把这些东西再找找看。

田：好。刚刚佟新老师给我转过来一个雷先生的传记，我发给您看。我还没有细看，可能还有一些图片。

杨：当时雷先生90岁的时候还拍过一个录像叫《雷洁琼》。这些东西我都可以捐给系里面。

田：好。您是光盘还是？

杨：光盘。

田：好，太好了，那得好好留着。

杨：当时我们都参与拍摄，也有我们的镜头在里面，包括王思斌老师。我去找找，这个东西是做系史的资料。因为从建系来讲，雷先生起的作用其实比费老大。

田：对，这个我觉得还是不能忘掉的。

杨：因为这个也是她强调的，当时她就跟我们讲过。她的意思是她去找的韩天石，通过韩天石再去找教育部，然后找教育部时她就和费老一起去了。因为当时她的关系是在国际政治系，她从安徽下放劳动回来后和严先生就都在国政系。那个时候她大概翻译过一本小书，叫《印度孟加拉农民起义》①，这本小书学校应该有，她送了我一本。包括我手里还有雷洁琼的文集。

田：是，我觉得这个部分是要好好整理的。我们写系史写到20世纪30年代的时候，这些人名出现过，但是也只是片段。有些人是比较全的，后来……

杨：不，有的人你应该能找到的。

田：言心哲相对全一点，因为他书在那里嘛。但是有些得慢慢由点到面，才能……

杨：我的文章可能会提到一点，这个你大概要查一查80年代上海的《社会》杂志，它是大开本的。它到80年代的时候有过一次改革。我那个时候大概发过几篇文章，其中一篇就是我刚才和你讲的②，还有一篇是"江村"婚俗，还有一篇是我们做的一个调查，关于上海家庭消费的一个分析。然后到1987年的时候，第一期《社会》登了我的一篇人口学作业《人口老化与社会伦理》。③

田：这些我们应该把它收集起来，就是您以前发的这些文章。因为我们熟悉您写的文章都是比较靠后的。

杨：1990年以后。之前那些东西其实挺有意思，《社会》发出来说是一个理论探究，其实根本不是理论，我强调的是人口长寿必须要和健康

---

① 应该是指《1783年孟加拉的农民起义》。
② 华安：《旧中国社会学婚姻问题的初始调查》，《社会》1984年第3期。
③ 经查找，杨老师20世纪80年代在《社会》上发表过如下几篇文章：杨善华：《"江村"婚俗趣谈》，《社会》1982年第3期；杨善华：《科学技术的发展和社会学》，《社会》1983年第2期；杨善华、骆菁：《上海家庭消费趋向试析》，《社会》1984年第1期；杨善华：《人口老化与社会伦理》，《社会》1987年第1期。

联系在一起才有意义。这个我都可以找,都在。江村调查的资料我都保存了下来,那是1981年的。

田:那是很珍贵的。那是费老第几次访问江村?

杨:四访江村。我们是去开会的(2016年10月在吴江举行了纪念费孝通江村调查80周年学术研讨会),我去讲了一下四访江村的回忆。当时我的参与名单,就是我们自己编的两份简报,包括当时生产队年终分配的方案,他们用纸写的都在,唯一的缺憾就是我根据江村当时的户籍做的一个家庭结构图给了费老之后就没下文了。

类似的这种事情,毕竟你们没有经历过嘛,像我就是80年代的见证人,社会学刚刚恢复的时候是个什么情况,可能就我和王思斌老师算是比较了解的。马戎老师都不太了解,主要是他回来太晚,他大概1986年①才回来。他在布朗大学学了五年还是六年,后来我和马戎聊起才知道他的导师叫葛斯坦,我在讲习班②的时候葛斯坦来讲过课,我对他的印象还可以。

二、入门与积累

田:从您自己的感受来讲,您进入这个系当学生的时候,对雷先生,包括当时的其他一些先生是什么感觉,或者预先有什么样的期待?

杨:我是1984年9月入学。当时我们社会学系的硕士生分两种情况,有中国社科院社会学研究所在北大代培和北大本系招的两种。我是中国社科院社会学研究所代培的最后一届。

田:一共代培过几届?

杨:一共代培过三届。1982级开始有中国社科院社会学研究所在北

---

① 马戎1982年赴美国布朗大学社会学系学习,主修人口研究,1984年获硕士学位,1987年获博士学位,1987年3月回国。
② 指杨老师所参加的1981年5—7月由中国社会科学院社会学研究所举办、在北京市朝阳区日坛宾馆开展的"第二期社会学讲习班"。

大代培。当时费老他们已经建所了,但是所里没有培养学生的力量,因为梯队结构还没形成。费老是正研究员,但当时副研究员好像没几个。因为有一些人是从西南联大过来的,像张仙桥啊,薛寅啊,所以他们就委托到北大来代培。1982年开始是招了4个人,应该有陈望涛、孙炳耀、李萍,我现在大概记得3个。① 本系的就是王思斌老师,王思斌老师就是1982年招的,他等于是在南开读完了回来。他本来留系当助教,但是又重新读了研究生。他跟的是雷先生,因为雷先生是北大的导师,不是中国社科院的导师,所以王思斌算作北大本系招收的学生。然后再说1983级,社会学系的有林彬老师。王汉生老师跟我一样是中国社科院社会学研究所代培的。我有我们系的名录,是谢老师在建系30年的时候编的,所以我比较清楚这些情况。后面是1984级,4个北大的,1个中国社科院的。

田:就您一个?

杨:就我一个。那一年很多人都考砸了。因为那个时候入学考试考两门数学——高数和统计,文科背景的没人敢考,因为文科都不学这些东西。你看那个时候,林老师他……

田:学建筑的好像?

杨:林彬是天津大学的,王汉生是学数学的,所以他们考没有问题。包括我那级,我那级北大的四个:一个是南京航空航天大学的——就是阎焱,阎焱现在是一个非常著名的投资人;傅康园是中山大学物理系的;钱江洪是安庆师范学院数学系的;还有张杰是北大地球物理系的。我算是齐齐哈尔轻工学院的,反正读工科学了高数,后来自己复习了一下。我们那年考的数学太难,大部分人都没及格。

田:那您进来之后呢?您那么辛苦考进来,进来上课觉得系里面……

杨:我跟你讲,我们那时候上课,系里面最大的问题是没老师。所以

---

① 还有一个是聂莉莉。

我们那个时候开课,我记得1985年的时候,很多课程要么就是老师特别老,比如说华青——袁先生当系主任的时候,华青是管教学的系副主任;还有一个系副主任就是潘乃穆。那个时候他们是一个行政班子。那时华老师教"国外社会学学说",他就是西南联大的嘛,西南联大的老师当时都和袁先生差不多岁数。袁先生是1918年出生的,到1982年他已经64岁了。他们上课面对的最大问题就是知识老化,所以那个时候袁先生很发愁。我们那级的方法课,是袁先生请的美国艾奥瓦州立大学社会学系的老师,也是他西南联大的一个同学,叫张奚之。还有一个是艾奥瓦州立大学社会学系的系主任克朗兰(Klonglan),克朗兰讲的时候,张奚之给他做翻译,方法课就是这么上的。理论课是华青老师讲的,韩明谟先生也给我们上过课("社会学理论")。这个课程当时就是这样。当时系里面有几个老师,有一个叫宋凤祥的,比王老师留系早。还有一个夏老师,就是夏学銮,他是当初建这个专业的时候进来的,从哲学系过来,《社会学概论(试讲本)》那个教材就是他参加编写的。当时的情况就是这样。

田:那雷先生给您上过课吗?

杨:我那个时候不是跟的雷先生,我那个时候算是中国社科院的人,我跟的是傅正元,他当时是中国社科院招考研究人员时考进来的,跟我一样。我也是参加1980年招考的,我考上了以后就去上海社科院社会学研究所工作。他考的是中国社科院社会学研究所。1957年"反右"的时候他是北大物理系的学生。这个人是极聪明的,他家以前非常有钱。你想谁家里会请得起一个德国保姆啊?

田:嗯,可以查一下。

杨:我是1984年进来的,1985年沈崇麟老师就带我去找傅正元,拜他做老师。因为他当时是社会学所非常稀缺的副研究员之一。我见了他之后觉得跟他还相投。因为什么呢?我们1981年在北京参加讲习班的时候,他是来给老外做翻译的。他的口译能力非常强,会英、德、法三门外语,后来他去密歇根大学的社会研究所(ISR)。社会研究所当时有一个非常著名的统计学家、抽样专家,叫基什(Leslie Kish),是一个匈牙利裔的犹太人。当时基什来访华。密歇根大学对中国是非常友好的,非常愿意为中国培养人才。

田:他是去那念书?

杨:不,他是去做访问学者。当时因为傅正元给他做翻译,基什对他印象非常好。我当时在上海没有参加,但是沈崇麟老师听过基什讲抽样的演讲。傅正元给他翻译完了之后,基什对他有两个评价。第一个评价是说我是美国人,但是我的英语没有你讲得地道;第二是我是搞统计的,但是我的统计知识还不如你。所以基什很欣赏他,就给他发邀请,请他去密歇根做访问学者。他是1986年去的,后来一直留在美国。所以我毕业的时候,当时陈婴婴老师在中国社科院社会学研究所的科研处,她是陈元晖先生的女儿。

田:对对,那我好像还见过一次。

杨:对啊,你应该见过。她当时在科研处,后来读了博士。她跟我讲,你要毕业了,总是要找一个导师嘛。我说我要做婚姻家庭方面的研究,做那个青年婚姻观念的探讨,后来就找了徐凤姝做导师。因为那时候我们正好做了一个调查,就是关于大中城市青年结婚消费的研究。

田:这个调查是?

杨:这个调查应该是《中国消费报》组织的[①],参与的是北大的几个同学,就是我们1984级的几个人,再加上张伦。1985年或1986年[②],我们在《中国社会科学》上发了篇文章。我第一次上《中国社会科学》就是这篇文章。

田:就是用这个调查写的?

杨:对。我们找了一个社会心理学背景的导师来指导,就是徐凤姝

[①] 经查证,该调查应是指由共青团中央研究室和中国消费者协会组织于1986年在18个大中城市进行的青年结婚消费调查。
[②] 实际上是1987年见刊,参见钱江洪、张杰、杨善华、张伦:《我国大中城市青年结婚消费研究》,《中国社会科学》1987年第3期。

老师。论文写的什么都是跟她讨论。

田：那您对北大社会学学风和研究的认识是怎么开始的呢？

杨：其实我对学术的理解，有一个相当长的过程。我进来的时候，第一个感觉是北大真是人才济济。那个时候的学生，我看见他们都很羡慕，包括我们那级的和我们下一级的。比如张杰，就是我们地球物理系的，他是沈阳人，1980级本科。他是按部就班上来的，和我不一样。我是年纪最大的，我考进来的时候是37岁，正好那一年把入学年限放宽到37岁。

田：也是赶上了。

杨：也是有缘分。所以我就是这么进来的。他们几个给我的感觉都是非常有才气的。包括钱江洪，那篇文章《中国大中城市青年结婚消费研究》①就是他主持的，这个都可以查得到，大概是发在1987年的《中国社会科学》上面。当时我的第一感觉就是这样，包括他们1983级的，我去的时候他们1982级还没毕业，王思斌老师我那个时候就和他认识了，那个时候他们一发言，就是人家读的什么书，所以说我跟他们1983级的走得也比较近。跟林彬老师的话，我们读博士的时候是同学，我们住一个宿舍，25楼248，我印象很深。然后王汉生老师讲过一句话，那个时候她还在读书，她说在北大当过研究生这一辈子就值了。因为大家还是高度认同当时北大的那种氛围。所以我就觉得到北大来还是蛮不容易的，从一开始受到的就是氛围的熏陶。总体来讲，20世纪80年代的北大是一个黄金时期，就是丁石孙当校长的这段时间。我进来差不多就是丁校长开始当校长的时候，那个时候能够感受到学校老师当中的那种氛围。那个时候师资力量还紧缺，我挺看好张杰，因为在1987年我们几个同学——包括王汉生老师在内——一起合作过一个课题，叫"中国社会的世俗化"。这个你从韦伯的角度来讲就是除魅嘛，世俗化这个课题还是蛮有意思的，后来写过一篇文章登在《经济学周报》上面，大概登了一个

---

① 即上条脚注所列论文。

版。这个课题是张杰主持的,你想想看,那时候他非常年轻啊,1984年时22岁,1987年呢才25岁。所以不到北大你不知道天外有天。我们前前后后也参加过一些调查。做世俗化课题是1987年的事情,在这之前,1985年我们去过一次天津的大邱庄,到禹作敏那个村去调查,就像实习一样。因为没老师,我们几个1984级的研究生都去了。回来后调研报告是我写的,当时负责我们调查指导的是郭崇德老师,她是从北京经济学院过来的。等到1987年,我就考博。对我来讲,我那时候有两个可能,就是出国或在北大读博,因为我已经有孩子了,所以出国可能不太现实,那就读博士吧,读北大博士。

田:那您是考博的时候就定下来跟雷先生还是考完了之后?

杨:是考博之前,考博之前我去找过她。我和雷先生认识是因为做"五城市家庭研究"。我在上海社科院有一个老师以前是燕京大学的,她是雷先生的学生,她在雷先生面前推荐了我。那个时候我们在连云港开会,就是1983年我们跟雷先生一起参加的"五城市家庭研究"连云港课题会。所以我第一次去雷先生家就是在考博之前,我定下来考博之后就跟雷先生去讲这个事情。雷先生就说了一句话,她说"你考上了我就收你"。我们那年是英语第一次改考试方法,改成完全脱离 GRE、托福的考法,主要考词汇量、语感。我记得我英语考了 67 分,已经算是蛮高了。因为后来我们考博英语的及格分数线一直是 50 分。然后我就把关系完全转到了北大。我是雷先生的第一个博士生,王思斌老师是第一个硕士生,之后的硕士还有佟新老师,她也是1983级的。1983级人多,因为还有一批学生是中国政法大学在北大代培的。佟新老师那个时候就算是中国政法大学在北大代培的,后来她做硕士论文就选了雷先生做指导老师。

田:雷先生对你后来做研究影响最大的是什么?

杨:雷先生 99 岁的时候(2004 年),我记得我执笔跟王思斌老师共同署名在《人民日报(海外版)》"名人"专刊上发表过一篇文章,题目是

《雷洁琼教授学术生涯二三事》①，我集中写的就是她的严谨。我一共写了几个故事。第一个故事是我们在连云港的讨论，当时大家争论我们中国未来的家庭结构到底是什么趋势。然后雷先生就说："你们不是有资料吗？你们就应该用资料来说话。"这个当时对我的启发很大，所以我的第一个标题就是"用资料说话"。第二个标题是"论文写作要规范"。我写博士论文，她就说要严谨，比如概念你就要界定，所有的引文要注明出处。我记得还有一个标题是"社会学要面向中国的实际"。因为我上了博士之后最重要的一件事情是，雷先生接了国家"七五"规划的一个重点课题——"改革以来中国农村家庭婚姻的变化"。她提出一个判断：中国目前的社会变迁，尤其是农村以家庭联产承包制为代表的这样一个变革，对农村家庭的影响，首先是从恢复家庭的生产功能开始的，进而影响到家庭结构、家庭关系还有家庭功能。当时有一些争论，有的人提出联产承包责任制之后小家庭（核心家庭）会减少。但是我和王思斌老师都不赞同这个观点。因为我们的调查没有证明这样一个说法，我们的调查数据也不支持这样一个判断。中国农村家庭的分与合，还是要看中国农村的实际情况。这是雷先生的一个观点。所以我们当时做问卷调查，主要是我跟王老师帮她来做。我是因为要写论文嘛，王老师是已经毕业了，他已经当老师了，而且是系副主任，比较忙，他没我去的地方多。当时我们第一个是在北京郊区做，他去房山，我去延庆。后来我到了四川，去了成都。我去的是金牛乡，金牛你知道吗？

田：金牛区？

杨：金牛乡。然后还到过一个圣灯乡，在老火车站边上，现在早就拆迁了。做完成都的调研后，我们到了黔江，那是四川最穷的地方。当时就是想看嘛！还有一个地方应该是宜宾。当时我们想按经济发展的上中下水平每个省选三个地方，像四川这样的省一样形成一个样本。当然我们也不是随机抽样。当时做了这个调查之后我有一次机会，1988年

---

① http://news.sina.com.cn/o/2004-09-03/05363568826s.shtml.

去美国密歇根大学,待了一个半月吧,就是去学习怎么用计算机来处理问卷之类的。这个当然是要雷先生支持了,因为当时有一个条件就是数据共享,她提供旅费、生活费。那是我第一次去美国。那个时候如果从学术思想来说,中国整个社会学受美国的影响非常大,都是定量研究,整个社会学界也是这样,做个案研究(case study)是被大家看不起的,当时大家普遍都是这么想的。

田:那很有意思。如果是这样一个整体氛围的话,像您或者您的同学再回头读费先生的《云南三村》,当时是……

杨:所以我跟你讲,我《乡土中国》读了六遍嘛,经典的好处就是常读常新,那个时候看《乡土中国》的感受和后来读是很不一样的。当时就是一般的学习,很难去体会里面很深刻的东西。当然不是说没有。那次调查对我来说非常重要的一个收获是增加我的阅历。我以前跟人家下乡,东北农村多少了解一点,但是其他地方呢? 我去了延庆就知道北京郊区了。然后我还去了广东,我们在广东选了两个地方:一个是番禺,在珠三角;还有一个是英德,在粤北,是客家人的地区,那个地方在广东来说是很穷的。去完了番禺再去英德,感觉差距非常大。这个现象我当时是看到了,但是需要后来慢慢再消化它。比如说我去黔江,那个地方是真穷,一开始你对那个地方的感受就是穷嘛,但你很难再去想为什么穷。我对扶贫的第一个感受其实就是来自在黔江的那次调查,我们访问黔江县副县长,那个副县长就和我说,扶贫很难。最初我对扶贫的印象就是发钱,认为发了钱他们日子就好过了,那个时候没有体会到这个扶贫本身,是你必须要看到老百姓的两重性。老百姓的两重性就是你给少了解决不了他的问题,你给多了就养成他的依赖,他躺在你身上,那就不是扶贫的本意了。我以前对这个是不感兴趣的,但是我去调查后就一下子受到启发。所以学术是一个不断积累的过程。

田:那您觉得到什么时候您开始对做个案研究、田野工作、民族志、社区研究这种访谈有一个比较自觉的认同呢?

杨:那是到20世纪90年代吧,那是留校之后了。北大的传统是以研究来促教学,也就是说每一个老师,你上课要去讲自己的东西,不是说你有本教材照本宣科学生就认了。当时王老师通知我,系里面做了我留校任教的决定,那大概是在我答辩之前。王老师就跟我讲,我9月开学之后就给1987级的本科生讲"家庭社会学"这门课。我就问他有没有备课时间,他说按系里的规矩没有备课时间。所以最初我写的讲稿都是这样一章一章的,边写边讲。我好的点是有论文,但是不可能完全根据论文。我那个时候上第一堂课是很怵的,因为我觉得我不是当老师的料,我口才不太好(笑)。后来我才慢慢体会到,原来有讲台也不错,你可以去讲你自己的观点去影响学生。那时我也在想怎么样去打响第一炮。所以我第一讲的开场白就讲我自己的体会。我说从事社会学的研究需要一种献身精神,就是你不把它当饭碗,因为你要把它当饭碗你就可以跳槽,只要你找到一个更好的工作你就可以跳槽。第二点就是要有科学态度,就是要实事求是。结果1987级同学反应还不错。那个时候系里面普遍的问题是老师们没有教学经验。就是说课应该怎么讲,应该注重哪些方面,你怎么把它讲得层次清楚,怎么才能让学生听得懂,对这些东西大家都还在摸索。后来王思斌老师来找我,说"国外社会学学说"交给我来上。那是1991年的事情。所以从1991年9月份开始,我给1989级的本科生,也就是侯红蕊她们这班上"国外社会学学说"这门课。当时那门课我找了几本理论教材,就是读硕士研究生的时候我和沈崇麟老师他们一起翻译的那本《社会学思想名家》,就是科塞(Lewis Coser)那本。后来我比较了一下,几本教材是各有特点,比如说像科塞那本呢,他把社会背景和学术背景的来龙去脉交代得很清楚,但是他讲理论的部分就很简单。而像南开大学翻译的约翰逊(D. P. Johnson)的那本社会学理论呢,理论部分就非常详细。所以我当时编讲义就要把这几个方面综合一下。效果我想应该还算好吧,因为学生没有把我轰下台。对我来说上理论课有一个非常重要的帮助,就是我对社会学的认识有一个很大的进步。读社会学理论,各个流派你都得知道嘛,这是一种非常系统的阅读。而且你要对别人讲,首先自己得弄懂,因为你自己不懂就根本讲不清楚,这样你上台的话心里面是很虚的,台下的学生其实也可以看得出来。所以我一直说我们社会学系的老师有一个最突出的优点是敬业,我想这个传统是传下来的,王思斌老师也好,王汉生老师也好,包括像飞舟啊,李猛啊,当然也包括你们,基本都是一脉相承。

田:那您当了老师之后,独立主持调查是从什么时候开始的?我记得是1996年。

杨:之前呢,我是和王丰合作,他拿的是密歇根大学的博士学位。他跟马丁·怀特(Martin Whyte)的关系很近。我们第一次做调查是在保定,那是1991年的夏天,我们在保定做一个婚姻家庭和城市生活方式的调查。这是我第一次开始主持这种调查。

田:八……

杨:1991年。等于是带着1988级的同学实习,整个班,王天夫他们那个班。保定有三个区,南市区、北市区和新市区,我们在三个地方都做了调查。那个时候都是问卷。后来,我和鄢盛明老师用这个资料写了篇文章,关于城市居民消费生活方式的一个研究,发在《北京大学学报》上。

田:对对对。

杨:所以人就是这样,你很难讲某一件事情会对你起到决定性的影响,但是这个可能会变成一个由头,让你逐渐形成一个对北大的认同。比如到现在,我跟学生讲我还是赞同蔡先生的那八个字:思想自由,兼容并包。我觉得这是做学术必须秉持的一个观点。没有这个你怎么做学术啊?考虑发论文时表达如何不出现规范性错误是应该的,但是并不是说因为这个就限制你自己的思考,因为那样你这个学术就没法做了。另外一个方面就是,学术是一个长期积累的过程,你要是用一种急功近利的态度去做学术,肯定做不成事情。因为哪天你得到一个灵感,受到一个启迪,这都是说不好的,不是说你今天想想这个灵感就来了。

三、反思与实践

田：我觉得从1994年开始，对您来说很特殊的一件事是您坚持时间最长的在华北P县西村①的调查。

杨：西村的调查我们从1996年开始。

田：对，1996年。您早期的调查有很多是接着老先生的调查继续做的，所以1996年的这个调查有点像您独立主持一个调研的开始，也是您独立地用田野调查作为教育的重要手段的开始。您当时想到把它做成一个非常长时段的、不断回访的项目没有？

杨：没有，这个想法是逐步明确的。西村的课题是怎么开始的呢？当时香港理工大学应用社会科学系的阮新邦教授来找的我。他之前已经找了好几家，好几个大学和他们合作过，他都觉得不理想，最主要的问题是认真做事的人很少。那时香港理工大学应用社会科学系的系主任是麦萍施。麦主任这个人非常有眼光，而且还非常有魄力。她认定阮新邦是可以做事情的人之后，就在阮新邦和他的课题组上有大量投入。当时罗沛霖、朱伟志、李洁文，包括阮新邦当时的一个学生贺玉英，他们这些人构成一个课题组，在东莞做访谈。他们有语言的优势，交谈很容易，但是要进入社区比较困难。所以他们采取的办法是把一些访谈对象约到咖啡馆或者饭馆，反正是按照钟点给钱嘛，就是劳务费。后来他们就写了那本书，叫《婚姻、性别与性》，听说过没有？

田：没有。

杨：当时我和刘小京老师看了这本书都觉得不错，因为涉及家族主义这个问题。他们对中国传统有一个分析，就是从婚姻、性别还有两性关系这些方面去看东莞农村，看工业化改变了哪些东西，哪些东西没被改变，为什么会发生这样的变化。我觉得这本书深度还是有的。当时，

---

① 已对村庄做匿名化处理。

阮新邦在东莞做了调研之后,就想在北方再找一个地方做,好有一个对比。所以在1995年的时候他来找我,当时我们就在中关村酒店聊。谈了之后我说可以啊,然后刘小京老师说在北方农村做研究就找Q家,因为Q家老大的儿子是他的发小,而且他跟自己发小的姐姐也认识。刘小京就说那边有个村不错,在华北P县那边,我们可以到那里去调查。事情就是这样开始的。但是我们头一回去还是正儿八经地拿介绍信的,我们先去省委,到组织部要不就是农村部先接上头,通过他们再给P县县委打电话,那个时候P县县委办公室主任叫LSQ。我们头一次去,因为有省委组织部的介绍,LSQ还专门请我们吃了顿饭。那次张静老师和林彬老师也去了,再加上我和程为敏老师。但最后张老师和林老师都退出了,我和程老师坚持了下来。第一次我们去的时候正赶上西村党支部换班子,原书记下台了,换了个新书记。我们去的时候新书记非常热情,我们走的时候新书记还送了我们四个人每人一小盒鹌鹑蛋。这是1996年2月份的第一次访问,也给唐军创造了进入的条件。

田:嗯,对,他写博士论文。

杨:再后来就是唐军和刘小京他们俩去的。他们住在那个大队部(村委会)二楼,开始调查。当时刘小京和唐军访了不少人,比如说三叔,回来之后把这些材料都整了出来。之后谁还去过呢?有李猛,他是在毕业前去的,大概是4月份,是跟侯红蕊一起去的。侯红蕊做了些调查,李猛当时也做了一些访谈。再后来,1996年P县发大水,也淹了他们西村,我们那次去的时候正好赶上灾后。那次赵力涛也去了。力涛后来还自己去了一次,1997年跟着程老师他们做访谈,他也是用西村的材料写的硕士论文,就是《家族与村庄政治》。所以我们去西村,最初一方面有非常功利的目的,就是学生要写论文,包括唐军、侯红蕊和赵力涛;另一方面是我们要交账,给香港理工大学交账。当时访谈这方面我真是"菜鸟",我非常坦率地承认这一点。比如,第一,提问的时候我不知道自己问对了没有;第二,对方回答我,应该怎么样去理解和分析,然后我应该回应一个什么样的问题是最合适的。刚开始的时候我真的是没有经验,而且对这个材料该怎么样去评价和分析也没有太多经验。后来我们把录音整理材料寄给了阮新邦,我听罗沛霖老师反馈的消息是"你们做的这些访谈非常有意思",就说了这么一句话。我觉得最主要的是这个村庄里面有许多故事。当然最初我们是聚焦于家族,这个家族后来和村庄的工业化有关系,尤其在老书记当政的时候,大概是在20世纪70年代末。老书记是西村改革开放第一人,就是他第一个搞的土地包产到户,其次搞了企业,村庄里这些企业都是他鼓励大家弄起来的。所以,从方法上来说,我那个时候开始意识到原来访谈非常重要的一点是一定要访到故事。

田:这是一个相当于开窍的……

杨:对,开窍的点。第一个开窍的点在这里,后来重读以前这些资料,我就发现有些事情非常有意思,这些故事背后是有意义在里面的。比如LP父亲50年代蒙冤入狱这件事。但是LP父亲和三叔是结拜兄弟,干兄弟啊。所以这也构成迁村的背景:为什么三叔迁村时一定要过来?因为老村是L姓当权,他们Q姓不当权。L姓当权人资格最老的是1937年参加革命的老革命。像三叔这样的,1945年还是1946年参加革命的,那个时候只能当团支部书记,论资排辈肯定轮不到他。所以他的经验教训是:当团支部书记无法保LP父亲。所以这些事情就变得非常有意思,你看它背后真是要琢磨琢磨,可以有很多种维度去分析它。

田:我上大学读到的第一篇我们系的文章,就是多人合写的社会结构的问题,题目记不起来了,您记得吗?

杨:我记得,1994年我们写的《改革以来中国社会结构的变迁》,作者是五个人,第一个是孙立平老师,第二个是王汉生老师,第三个是王思斌老师,第四个是林彬老师,第五个是我。

田:是这篇文章,当时我印象挺深。因为它是非常结构性的论述。所以我刚才听您说的就很有意思,因为您说其实对您启发最大的是调查当中所看到的故事。但是那篇文章实际上是对中国社会一个结构性的观察,而且是我们系这几个在教学方面承担重要课程的老师合写的。所以我猜想这是大家当时对中国社会结构的一个共识,是不是?

杨:我以前跟别的同学讲过,这篇文章是吵出来的。为什么孙老师排第一呢?是因为起头是孙老师说我们写一篇关于中国社会结构改变的文章,他对此有些想法。而且因为当时我们五个人都属于中青年老师嘛,大家的关系也都不错,然后王汉生老师的意思是把王思斌老师和我拉进来,写一篇像样的东西。后来就分工,王汉生老师之前跟阎肖峰,也是我们这边毕业的一个硕士,当时在北大社会学与人类学研究所,他们两个应该是写过一篇改革以来中国社会的分化的文章。① 孙老师当时有意写的是社会整合,就是说从行政性整合走向契约性整合。王思斌老师写单位制,我去写身份类别的划分,就是身份制。然后林老师写区域格局与区域关系,当时分了六部分。为什么说吵呢?因为当时我们写了初稿,一到大家讨论的时候就互相挑刺,其中孙老师和王汉生老师挑别人刺挑得最厉害。我们也不服气,就找理由为自己辩护,所以就吵嘛。孙老师的"社会整合"部分其实最难写,因为没有抓手。而社会分化呢,王汉生老师写的那部分她以前有基础,所以改一改总体上不算难。那么单位制呢,王思斌老师做了个提炼和概括,就是从保护型单位到利益型单位。我写身份制和城乡的社会流动,后来编辑建议改为身份类别划分。我记得我最后一稿是利用午休的时间在"昌平200号"(北京大学昌平校区)写的。这稿写出来大家一看就可以了,就这样把这篇稿子交上去。

田:从您刚才说的这段我们不太清楚的分主题的情况来看,也的确是抓住了中国社会结构的关键点。所以我就觉得很有意思,大家一方面对中国社会结构变迁很感兴趣,另一方面就像您这样还去探索和拓展一些微观调查。这两条腿走路,其实分得还是挺开的。从您来看,从90年

---

① 可能是指王汉生、阎肖峰、程为敏、杨伟民等:《工业化与社会分化——改革以来中国农村的社会结构变迁》,《农村经济与社会》1990年第4期。此外,1993年王老师与张新祥还在《社会学研究》第5期上发过另一篇和社会分化相关的论文《解放以来中国的社会层次分化》。

代开始怎么把这两个方向的努力结合在一起?

杨: 我在80年代的时候就是做雷先生的课题"改革以来中国农村家庭婚姻的变化",在做这个课题的时候,我做的事情用费老的话来说就是类型比较。我在论文选材时就是取几个典型的调查地点,比如说像河南潢川是纯农业的,像北京郊区是属于正在从单一农业经济向工业社会过渡的,而像上海郊区则是属于工业很发达的地方,然后再来看他们家庭婚姻的变化。当时已经有通过具体的几个典型来获得对宏观认识的想法……因为我知道我不可能拿到一个随机抽样的样本,那怎么能得到一个对总体的推论?所以我的想法和费老当时讲的类型比较法是一致的,我打算通过几个典型来看到它不同的代表性,在这个上面再建立一个对全局的把握。当时是这么想的,但是实际上这个时候我的社会学视野还没有建立起来。写这篇文章对我的社会学视野的建立起了相当大的作用,因为这篇文章非常重要的一点是涉及制度层面,到宏观制度的层面那就是全国都一样了。这就跟婚姻家庭不一样,虽然1949年后我们颁布了《婚姻法》,但是各地的婚礼依然可以千差万别,尽管它的功能是一样的。这就涉及所谓"亚文化"的差异。但是制度是非常有共性的一个东西,而且在计划经济的年代,制度是被非常严格地执行的。那户口谁能动得了?城乡之间的流动就是因为户籍被切断了。一个农户想挪进上海,不知道要花多少力气,而且非常可能是花了力气也未必能解决问题。所以这个时候我非常清楚地知道应该从制度层面去把握社会结构的改变。我的社会学视野相对来讲也就比较开阔了,不是只看一个局部,而是学会在一个全局的背景底下来看一个局部,来透视一个局部。所以等到1996年以后去做P县调查,真的去看故事的时候,这些故事给我的印象或者我得到的感觉就不是就事论事的东西。这个时候你可以看到制度的另一面,制度的缝隙和底下的基层干部在操作时候的"自由政治空间"。所以后来我们出了一本书,是我跟罗沛霖老师主编的,题目叫《当代中国农村研究(下)·实证调查》,就是以西村为主题的。当时是每人写一篇,我那篇的题目就是《家族政治与农村基层政治精英的选拔、角色定位和精英更替》,我这篇东西前面的理论框架发在2000年第3期《社会学研究》上,"自由政治空间"这个概念就是在这篇文章里提出来的。我记得当时我写了三个部分:村庄的自由政治空间、村干部的角色地位和行为特征、对农村家族活动及家族存在的基础的若干分析。它们都有一定的针对性,即文中的一些观点在与以往的研究结论对话。比如我指出了中国大陆南方与北方农村家族活动的差异,反对将南方农村的家族与北方一视同仁。

田:然后,您刚才说的这一点也反映在我们系课程的重建之中,因为您教的时间最多的是家庭社会学和农村社会学,我自己的感觉是您实际上是不断把您田野调查新的成果和这个思考放到这两门课上,所以相当于您这批老师对于充实课程体系是做了很多改变的,那您觉得您接手这两门课开始时的样子,和您在90年代中期再往后逐步对此加以改变的状态,最明显的差别是什么?

杨:你刚才问的这个问题原本我准备下面再讲,我现在接着我刚才的思路再说一点。在写这篇东西的时候,我把所有的材料重新看了一遍。我那个时候就开始注意对文本的敏感。比如说三叔,他说他1945年入党,但是官方的材料是说他1946年入党。这等于是差了一个时期啊,1945年入党就是抗日战争时期入党,1946年入党就是解放战争时期入党,这就反映出资历的差异,这是第一。第二呢,就是三叔说话都是说半句,在他的录音里能注意到,而且他会讲到一半突然岔到另外的话题。以前我不知道该怎么去分析这种事情,现在我知道了,这和他过去在政治斗争中的经历有特别大的关系。也就是说,三叔在与我们聊天的过程中保护自己的意识是非常强烈的。他唯恐自己说的话留下把柄。那本《当代中国农村研究(下)·实证调查》,当时我写的大概有三万多字吧,这样一种田野研究对我非常大的启发是重新认识农村,重新去反思自己过去对农村的看法。比如说我们如何看待人民公社时期?如何去看土地改革?这也使我重新去看阶级斗争在农村的具体表现,它会出现什么样的变通,这样的感觉在某种意义上是一种思想解放。

反过来再讲1996年的"农村社会学"这门课,当时是韩明谟老师在教,他是1918年出生的,那年已经78岁了。他最主要的问题是没法再像我们这样做农村调查,深入一些村庄中,通过跟农民交朋友的方式去访问人,去了解真实的农村故事,所以知识更新就慢了。我最早是和王汉生老师一起接的这门课,时间可能是1998年,是给1996级本科生讲这门课。接这门课的时候其实是秉承北大的教学传统。王义遒教授在当主管教学的副校长时写过一些东西,发在北大校刊上,叫《湖边絮语》,他经常会写一点自己搞教育的体会。我受他影响有两个方面,一是他对以研究促教学、以研究带教学的强调。每个老师上台不要照背讲义或者教科书,而是上台就讲自己的研究,这样才能真正给学生以帮助和启发。这其实对老师的要求是比较高的,这也构成我不断去做田野的动力。这与后来我所采用的名为"案例教学"的教学方法有非常大的关系,因为等到你真正具备了社会学的视野后,你会把你所看到的都联系在一起,从社会现象的细节可以看到背后的东西,你就讲这些东西去启发学生,这会让我们的教学质量有明显的提升。二是他对提升学生能力,尤其是提升学生发现问题、提出问题能力的强调。我当时在社会学系一共教了三门课,一门是国外社会学学说,一门是家庭社会学,一门是农村社会学。我对三门课的教学目标做了一个分配。比如国外社会学学说,我强调的是理解,理解国外这些经典作家,他们理论的精髓在哪里;家庭社会学我强调的是一种提炼、概括能力的提升和对学生兴趣的激发;农村社会学我强调的是视野的培养和学生发现问题、提出问题的能力。我退休前的最后十年,大约是从2000年到2010年,基本上是这样贯彻的。到2005年我就把国外社会学学说这门课给了李康老师,我主要讲后面这两门课。所以你提的这个问题,我就是这么想的,当然这种教法对老师来说挑战还是蛮大的。

田:所以您就是从西村调查开始,后来调查范围就铺大了。利用不同课题的不同机会,开展不同地方的田野调查的时候,您怎么来建立整体的布局?

杨：西村这样的调查做了三年之后，我就发现追踪研究是非常必要的，因为只有追踪才能看到变化。好比说SH，咱们都很熟，我2001年去的时候SH和他媳妇还好好的，但是2002年，我们到镇上去访问SH的五叔，他当时住在他女儿家里。那是3月份，五叔就跟我们讲，SH跟他媳妇看上去真是不行了，他们肯定是要离婚了。我就问他为什么，他就说主要的原因是这次是他媳妇提的。SH曾经说，他的情人HF（和他没出五服）是狐狸脑子，他自己是狗脑子，他媳妇是猪脑子。我跟SH后来都成了朋友，所以他说的这点我也同意。这主要的原因是，他跟他情人是有过一个儿子的，也不知道是不是近亲结婚的原因，那个儿子有点傻。那年冬天，那个儿子大概已经到十一二岁了，他们家门口有一个水泡子，结很薄的一层冰，孩子站在那个冰上玩，结果掉下去就淹死了，然后他情人就很伤心。SH心里面也过意不去，就跑情人家里去安慰他情人。但是他情人家和他媳妇的姐姐家两栋楼是挨着的。正好他媳妇的姐夫得了脑梗要伺候，而且那个时候他媳妇的妈妈也来了。小区里面是没有秘密，他媳妇的妈妈就受不了了，就跟女儿讲你一定要离婚。所以他媳妇就提出来要和SH离婚，而且要让SH净身出户，孩子一个都不给。所以SH离婚的故事就一直延续到现在。那次访问时五叔就和我们讲，SH离婚的故事可以写一本小说了，至少是个中篇。那个话说得很有意思，这是来自现实生活的语言，非常鲜活的。

田：后来这个方法对您带的学生的文章写作影响很大。那您是什么时候开始建立起一套让学生参与田野调查的做法呢？

杨：这个事情应该从2000年开始。之前为什么谈不上呢，因为系里之前的硕士研究生招得少，每个老师每年顶多指导一个硕士生。像孙立平老师这样的会有两三个慕名而来的，或者说王汉生老师，当时他们是系里招得最多的，我呢则是可有可无，1992年招了第一个研究生李建立，1993年是李猛，1994年是侯红蕊，1995年是赵力涛，1996年是吴愈晓，1997年是一个韩国学生，1998年没有招生。所以我这边一直人不多。但是到2000年扩招了，一个班级招了40个人，所以从2000年开始就多了,映然那级我就招收了不少学生,映然加上喻东,再加上涂骏三个人。然后到2001年招收1997级本科生,我招了五个,这是一种客观的压力。我自己对培养学生也是有一个认识过程的。我在2000年之后自己计划,在退休前最后十年要做三件事情:第一件是完成一个教学实验,所谓的教学实验就是能力教学,我教学生如何提升学习能力,而不是只给学生知识;第二件是形成自己的研究风格,就是刚才我讲的现象学社会学的意义探究这样一种特色;第三件是带出一支研究队伍,就是学生培养。前面我有经验教训,最初学生去调研我没管过,除非是到P县,那是我带着去的。那个时候也没有讨论会的制度。所以像李猛和侯红蕊去P县,我也没管。后来1998年暑假,许敏敏他们要想去她家乡的那个村去做调查。我就让愈晓跟着去,我去浙江慈溪接上头后就交给愈晓去做养老调查,后来愈晓写他的论文用了这个材料。再后来我跟沈崇麟老师、李东山老师做现代城乡家庭研究,去宜宾调查,愈晓和樊欢欢都去了,现在看,当时学生在调查中"自生自灭"的状态会导致对学生指点的缺乏与学生实践的盲目。

田:杨老师,所以您带学生是手把手教,长时间地共同工作,去田野,指导论文。上两次我们讨论的是您的学生时代,我感觉您带学生的这种非常持续、亲密的状态,在您当学生的时候是没有的。所以我觉得这种教育的学风就是从您这代老师开始的,这对我们系现在的影响很大。

杨:2008年我主编了《城乡日常生活:一种社会学分析》(社会科学文献出版社),是一个论文集,都是学生们发表的论文,也有些我认为达到发表水平但没有发表的,我就把它们都出版了。我写了一个"前言",里面讲道:虽然提升学生能力这一目标的实现"需要全体授课教师的共同努力,但这也绝非意味着教师个人的努力是徒劳无益的。因为学生能力的获得必须依靠他们个人积极主动地投入教学活动和研究实践,依靠他们在这样的实践中的思考和领悟,所以,在激发学生的学习积极性和研究兴趣方面教师仍是可以有所作为的",只有这样学生才能成为一个可造之材。所以我不管别人怎么想,我自己就这么做。有时候我觉得这可能会对别的老师构成一种压力,就像李静讲的那样,李静的室友都很羡慕她,因为总是跟着杨老师出差去调查。这里面也涉及我对社会学系老师基本责任的认定,我认为老师的基本责任有两条:第一条是激发学生兴趣,告诉他学社会学很有意思,这样他才会投入,而只有投入了才能有能力的提升;第二条是指点方向,告诉他哪条路走下去可能成功,但是走哪条路一定是死路一条;当然对我来讲还有一条,那就是提供机会,像这种田野调查的机会,也包括其他的实践机会,只要我认为对学生是有意义、有价值的。比如说当年杨可在的时候,杨可做了很多行政上的事情,李静也做过很多行政上的事情,但是这种事情对他们来讲其实都是有价值的。包括后来像梁博姣、刘畅啊,现在像张雨欣、赵珮昕啊,他们都帮着做了很多所谓的行政助理方面的事情,比如调查前订票订房、分组、分录音等,其实这都是出于我对学生能力培养的考虑。因为学生以后走向社会时只有学术能力是不够的,这是我 2002 年、2003 年时就已形成的想法,就是能力培养一定要全面:除了你的学术能力之外,你还必须要有组织协调的能力,就是领导能力;还必须要有操作能力,就是办事情的能力。这三种能力你都要具备,这样你到社会上才能立住脚,这也是我们的团队就业都很顺利的原因。包括像赵超这样的,一个从中央民族大学考过来的2009级的硕士研究生,现在当了县委副书记。其实你未必一定要让他在学校的时候能做到多好,但是你一定要告诉他哪种能力必须要有,他知道了之后也就知道了自己的不足,这是很重要的。奋斗要有方向,如果奋斗没方向那不是白奋斗嘛,我告诉你这三种能力的培养对你将来肯定是有用的,因为这是我看了这么多学生毕业后在社会上的情况的体会。所以后来所有的学生入学后我第一次与他们谈话,我就跟他们讲这些。像老姚(姚泽麟)他们,我都和他们谈过。学术方面呢,现在本科新生入学,系里安排我去讲"社会学专题讲座"第一讲,我就说本科四年就做一件事,找一个什么是社会学的感觉,你找到这个感觉你就可以毕业。你需要培养三种能力:第一是读书的能力,第二是提炼概括的能力,第三是学术评价的能力。在你本科期间,你这三种能力上来了,学术就可以过关了。而且我认为这里面最重要的是学术评价,就是你只有知道什么是好文章,你才能写出好文章来。所以后来带队,因为人多了嘛,就形成了一个平台,一方面大家可以互相帮助,另一方面也可以互相促进,就像建文所言,田野调查时每天晚饭大家都是吃不好的,因为每个人都在想自己晚上讨论会发言讲什么。像情操也好,青阳也好,他们进来的时候未必很强,但是经过三年学习、实践,等到他们毕业的时候,应该讲可以为他们未来的发展打下非常坚实的基础。

刚才有一个问题没有讲,随着队伍的扩大呢,这个调查点的分布,刚才说在西村发现了追踪调查的重要性,后来我就发现打一枪换一个地方成本太高。而且从田野调查本身来说,它有两个关键,第一个关键是进入,第二个是寻找真相,打一枪换一个地方对这两个关键问题都是不利的。要想拿到真相,你必须跟农民交朋友,交了朋友你进入也不是问题,因为你与他们之间的信任已经建立起来了。比如我们现在去西村,等于和回家差不多。我去年11月份还去了一次,拍了一些照片,那是第一次跟老书记见面,包括后来和新书记QLP(其实"新书记"也是延引1996年的称呼,那时他刚当书记)的关系啊,大家都可以开玩笑了。那次有些话我也和新书记说,我们从来不传话,你们之间谁说谁的坏话我们都不会传,不影响你们班子和村庄内部的团结。所以布局是从中国农村的社会分化这个情况出发,要考虑类型比较这样的一种要求。虽然我不可能做随机抽样的样本,但是我可以通过类型比较,在社会分化程度不同的地方比如纯农业地区,或者是长三角发达地区,或者是介于两者之间的地区,在这些地方我都选一个点,或者选两个点,同时在地理位置上照顾到东南西北中,根据这两个来选择一些点,再慢慢地拓展。学生的帮助也非常重要。像榆社这个点,就是张婧的爸爸一再邀请我们去,而且他下了很大的功夫。易县这个点有宋倩她父亲的支持,绍兴这个点是跟宋婧她父母有关系。东莞这个点跟刘小京老师有关,他有些朋友在那里,再加上罗沛霖老师,慢慢地认识一些人,我们就可以在那里做下去。银川这个点靠我朋友,在美国得克萨斯农工大学工作的陈皆明,他哥哥以前是宁夏社科院的副院长,通过他找了一个在银川郊区交通相对方便一点,但是我们可以了解西北农村情况的巴村。后来巴村城市化了,我们就在贺兰又找了一个点。这样我们在全国农村前前后后有十个村点,现在再扩展到昆山,是惠老师当年下乡的地方,去了一次也接上头,已经做了好几次了。现在系里出台本科生导师制,我就把这些点再逐渐捡起来。P县西村是一直去,坚持到现在已经24年了。这就是布局。从类型比较的角度就可以看出各地农村发展处于什么样的状态,你会看到差距真的非常大。

田:杨老师,现在您往回看,您工作的领域一直是我们系学术里最重要的城乡发展领域,这个恢复建系以来我们系投入和出成果最多的领域。您一直在这个领域里面做,我们往大一点说,为什么这个领域对我们系整个的影响会这么大?

杨:你要是从传统来讲,应该跟燕京大学,跟吴文藻先生、费老提倡的社区研究能够接上。但是我们一开始也没想那么多。一开始只是觉得农村社会学是非常重要的。因为我自己当时留系主要是教家庭社会学这门课,但家庭社会学在社会学里面是分支学科,而且我认为不是主流的分支学科。

田:您接着说,杨老师,说到城乡这个。

杨:主流的分支学科应该是城乡社会学。因为社会学主要的,我认为主流的是理论、城乡、阶级、阶层和社会流动这几块,可以说这是社会学的传统领域,而且是其他学科没法替代的领域。从教学的角度来讲,我们的目的还是要引导学生去认识社会,就是说首先了解,其次认识,再次如果我们真的发现有问题,我们能采取什么样的方法来改变。其实社会是落在城乡的,你要真是带着学生去了解社会,那么城乡社会是最基础而且非常具体的切入点。像劳动社会学,它可以去研究具有中国社会特色的单位制和单位里边的人际关系,但是跟城乡社会学比还是差了一点。因为城乡社会学不管怎么说是一个整体性的,它不是说只是其中一个方面。就像我,刚开始的时候也是对农村社会学一无所知。我们从家族切入,慢慢发现家族可能会和政治有关系,然后家族又和农村的经济发展有关系,家族背后又有文化的支撑。等于说这是非常全面的,从家族里面还可以看到社会分层的一种形式,以及它最后是怎么被改变的。因此,最后家族只是变成你认识农村社会的切入点,但是农村社会本身作为一个整体,它涉及方方面面;城市社会其实也是一样的,因为我也教过一段城市社会学的课,那个时候我对芝加哥学派蛮欣赏,芝加哥学派有很多观点,包括他们采用的方法,其实也是一种社区研究。像默顿提出的中层理论,我觉得美国社会学走到这一步就太精细了,这样会失去整体观,失去社会学的视野。所以为什么我们把城乡社会学看成主流和社会学的主干,其实是因为它与我们认识城乡社会的意义是密切相连的。从另一个角度讲,中国目前正处在一个社会转型的进程当中,所以对我们来讲很有幸,这也是当年林南讲过的一个观点:我们很有幸能够亲自去观察这样一个进程,去看这个改变怎么发生、怎么发展。而且它会给我们提出无数研究题目,让我们去实践,去加深对这样的一种社会变迁的认识。

田:行,杨老师,那我们先聊到这。

处处是田野，人人是对象

——马戎老师谈社会调查

马　戎　王　娟*

受访者简介：马戎，北京大学社会学系教授，回族，1950年生于沈阳，籍贯上海。1968年北京景山学校毕业，赴内蒙古牧区插队落户。1973—1976年入内蒙古农牧学院农机系农机设计专业学习，1976—1977年任内蒙古锡林郭勒盟镶黄旗牧业机械厂技术员，1977—1979年任交通部公路规划设计院技术员。1979—1982年为中国社会科学院研究生院政治经济学专业硕士生。1982年赴美国布朗大学社会学系学习，主修人口研究，1984年获硕士学位，1987年获博士学位。1987年3月回国，1987—1990年任北京大学社会学人类学研究所讲师，1988—1995年任北京大学社会学人类学研究所副所长，其间于1990—1991年在哈佛大学费正清东亚研究中心从事博士后研究。1990年晋升副教授，1992年晋升教授，1993年担任博士生导师。1995—2007年任北京大学社会学人类学研究所所长，2000—2007年兼任北京大学社会学系主任。现为北京大学博雅讲座教授。兼任教育部社会科学委员会委员、中国民族学人类学会副会长，1998—2018年任中国社会学会民族社会学专业委员

---

* 马戎，北京大学社会学系教授；王娟，北京大学社会学系助理教授。

会会长。著有《西藏的人口与社会》《民族与社会发展》《社会学的应用研究》《民族社会学导论》、*Ethnic Relations in China*、*Population and Society in Contemporary Tibet*、《族群、民族与国家构建》《中国民族史和中华共同文化》《中国少数民族地区社会发展与族际交往》《中国民族关系的现状与前景》《人口迁移与族群交往》《社会转型过程中的族群关系》《历史演进中的中国民族话语》等著作多种；主编"21世纪中国民族问题丛书"及其他文集20余本；在《中国社会科学》《社会学研究》《民族研究》和 *China Quarterly* 等中英文杂志发表论文100余篇。

访谈者：王娟（以下简称"王"）

受访者：马戎（以下简称"马"）

访谈时间：2020年10月1日下午

王：马老师，您是从1982年去美国布朗大学读博士才开始学习社会学的，那您最早从事社会调查是从做博士论文开始的吗？

马：在方法上比较符合学术规范的社会调查是我在攻读博士学位期间才开始做的，但我在这方面的认识和尝试要更早一点。1966—1968年"文化大革命"初期，在北京和全国各地流传着许多由学生们油印的毛泽东的早期文章，是《毛泽东选集》（以下简称《毛选》）里没有收录的，其中有毛泽东1919年在《湘江评论》第2期发表的《民众的大联合》等文章，洋溢着"指点江山，激扬文字，粪土当年万户侯"的青春激情，让我很受感染。1967年我读了李锐写的《毛泽东同志的初期革命活动》。① 当时我17岁，这本书里描述的毛泽东青年时代的精神状态和远大志向，对我影响很大，书里就提到了毛泽东早期做过的社会调查。在"文革"中流传的还有毛泽东在江西苏区时的农村调查报告如《才溪乡调查》和《长冈乡调查》。后来毛泽东自己说过，虽然他生长在农村，但他对农村的了解是在开展了几个实地调查后才真正搞明白的。比如在长冈乡调查之后，

---

① 李锐：《毛泽东同志的初期革命活动》，北京：中国青年出版社，1957年。

他才理解了中国农村的富农问题。富农和地主有什么差别呢？地主是不劳而获，富农既存在剥削行为，但同时又是劳动者。所以，对待富农的政策不应当和对待地主的政策一样。毛泽东在长沙读书和后来在江西苏区的时候，先后做过大量调查，以了解农村的土地问题和阶级结构。我在插队之前就读过这些调查报告，其中有的是正式出版物，有的是油印材料。

我们那一代人的中学时期是在读《毛选》、学雷锋、参加老一代忆苦思甜和革命斗争报告会的浓厚氛围中度过的，今天的年轻人可能完全无法想象当年的社会环境。1968年我到内蒙古牧区插队后，虽然是在边远草原当牧民，但仍然认真读书和思考问题。那几年我在放羊时读了苏联科学院历史所编的《近代史教程》、吴乘权的《纲鉴易知录》和范文澜的《中国通史简编》；读了新中国成立初期出版的繁体竖排版各两卷的《马克思恩格斯文选》《列宁文选》以及《马克思恩格斯论中国》等书，这些书和放羊没有任何关系；在回北京探亲期间，通读了《马恩全集》和《列宁全集》，读了普列汉诺夫、卢森堡、车尔尼雪夫斯基等人的著作，虽然只是浏览，仅留下浅显的印象，但是自己必须读书和思考问题，这一点很清楚。

我们这些插队知青只是牧区大队普通社员，但除了放牧和生活之外，仍希望做些有意义的事。当时我们大队有52名北京知青，我和另外两个知青一共三个人办了一个以本大队知青为对象的小报，自己刻钢版、油印、发送。我们的大队叫呼日其格，我们的小报就叫《新呼日其格》。我们当时的理想就是要把这个牧业社区改造成一个有共产主义理想和富足的革命社区。当时我们讨论的主题是知青们怎么能够成为一个新牧民，应当如何看待社会上出现的一些现象，以及我们如何端正自己的态度，虚心向贫下中牧学习等。毛主席说"知识青年到农村去，接受贫下中农的再教育，很有必要"，我们就是按照毛主席的指示去努力的，讨论我们应如何把自己的青春献给新牧区发展事业。我们希望在接受贫下中牧再教育的同时，也能够让这个社区有所发展。所以我们那时看护羊群特别认真,完全没有偷懒的想法。

在这个时期,我就开始考虑怎么开展农村调查了。那时大队会计是位北京知青,我通过他抄录了大队各项人口和经济统计资料,大队有多少户、各户几口人、各户当年记多少工分、分到哪些实物等等。因为工分值每年浮动,所以我抄录了大队历年的经济统计数字,包括大队牲畜数、每年卖多少牲畜、有多少收入、工分值如何计算,以及大队的分红表。当时牧民中也有贫富差别,我想了解为什么出现贫富差距,是因为孩子多,还是因为家里有病人。这实际上是想了解公社体制下的牧区经济模式,了解它如何运转,存在哪些问题,有什么地方可以改进。我去美国留学后,我在大队搜集的这些资料、留作纪念的我们办的各期小报、学蒙古语的笔记本①等都留在北京家里。非常可惜的是,后来由于几次搬家,这些东西没有能够留存下来。

另外我去美国前还参加过一次社会调查。1949 年后中国大陆按照社会科学方法设计问卷和抽样方案进行的第一次问卷调查,应该是 1980 年由纽约亨特学院(Hunter College)的人类学教授伯顿·帕斯特纳克(Burton Pasternak)组织的天津城区家计调查。这位美国学者曾在台湾地区学习汉语,并在田野调查基础上完成了他的博士论文。② 中美建交后,他第一个来到中国大陆并建议组织社会学问卷调查。当时中国社科院请费孝通先生主导这个调查课题,费先生让潘乃谷老师具体负责与天津市联系并户访活动。1980 年调查组在天津城区选了几个居委会,开展了家庭生计情况调查,规模有 2000 多户。这是新中国成立后第一个按照西方社会学方法设计、执行的社会调查,从问卷设计、抽样到数据编码、录入和统计分析,各个环节都是按照规范的研究方法来操作的。这个调查结束后,费先生建议中国社科院社会学所参照这一问卷和研究

---

① 我的学习方法只是用汉字写出蒙古语口语发音,没有学蒙古文字,所以完全不懂语法。
② 他的博士论文以 Kinship and Community in Two Chinese Villages 为书名,1972 年由斯坦福大学出版社出版。他后来在美国《当代人类学》(Current Anthropology)杂志上发表了对费孝通先生的英文长篇专访。

方法，在北京选一个社区再做一次调查，与天津调查的结果进行比较分析。1981年潘老师在北京宣武区组织了一次类似的问卷调查。潘老师是我在内蒙古农牧学院上学时的副系主任和党总支书记。当时我已经确定要去美国学习人口学，潘老师建议我在赴美之前参加这次调查活动，取得一些社会调查的实际经验。当时已临近赴美日程，我只访谈了几十户。这是我第一次实际参与社会学问卷调查活动。

王：您在去美国之前，是在中国社科院读的研究生吧？

马：对，我1979年考入中国社科院研究生院，是马列所的硕士生，专业方向是政治经济学，学制三年。1981年我修完课程，但是在讨论硕士论文选题时遇到麻烦。那时国内正在批判资产阶级自由化，学术讨论也受到影响，我设想的几个选题在讨论时都被老师们否定了，似乎只有对马列原著进行话语解读才比较保险。所以我那时非常郁闷，很想找个机会去看看国外的大学是怎样从事社会科学研究的。正好联合国人口基金和教育部（那时是国家教委）有个P01合作项目，在国内选六个在读研究生去美国攻读人口学。我通过英语考试获得资格，确定去美国读书。当时费孝通先生在国务院第二招待所举办第二届社会学讲习班，请了美国老师来讲课，潘老师是讲习班的组织者。由于我的英语水平，特别是听力水平很差，所以我听说后就找到潘老师，争取旁听的机会。

在这个讲习班上讲课的老师，是来自美国匹兹堡大学社会学系的几位教授，有杨庆堃、涅尼瓦萨（Jiri Nehnevajsa）、霍尔兹纳（Burkhart Holzner）。杨庆堃曾是费先生的同学，费先生承担了在大陆重建社会学学科的任务后，1980年去美国访问时见到杨庆堃，就提出想在北京举办社会学讲习班，请杨庆堃和匹兹堡大学的几位美国教授来讲课，帮助培养大陆新一代社会学者。我当时去参加这个讲习班主要是想提高英语听力。在这个讲习班上，授课老师专门介绍了社会调查的基本方法。1982年潘老师被派到纽约亨特学院做访问学者，在帕斯特纳克教授的指导下进修访问一年半。我到纽约后去见过潘老师和帕斯特纳克教授，那时通过潘老师认识了研究西藏的美国学者格伦菲尔德（Tom

Grunfeld)教授,我跟他的关系一直保持至今。

王:您是什么时候认识费先生的?

马:我第一次见到费先生就是在1981年夏天的这个讲习班上,那时候费先生71岁。

王:那时候他认识您吗?

马:在讲习班上课时,潘老师向他介绍过我,但他那时很可能不记得我,因为班上的人太多了,叶小文、吴青、王容芬等都在这个班上,我只是坐在最后一排的旁听生。我开始和费先生有较多接触源于我的博士论文调查。

我在布朗大学的导师西德尼·戈德斯坦（Sidney Goldstein）教授当过美国人口学会会长,是美国人口迁移和城市化研究领域最有名的学者。当时我的博士论文选题是内蒙古地区的人口迁移研究,为写博士论文,我需要回中国做一个问卷调查收集资料。戈德斯坦教授知道后,就问我能否得到国内研究机构的支持。当时费先生和潘老师刚刚创建了北大社会学研究所,我联系了潘老师后,潘老师说费先生很支持我回国内调查的想法,他表示愿意指导我在国内的调查工作。我告诉戈德斯坦教授后,他非常高兴,提出把费先生聘为我的论文指导委员会成员。

在美国的研究性大学里,博士论文指导委员会通常有三个人,其中一个是主席,另外两个是委员会成员。这两个人当中必须有一个来自外系,我的委员会中,除戈德斯坦教授外,还有高士德（Calvin Goldscheider）教授,他是社会学系研究族群问题特别是犹太人问题的学者,另一个是布朗大学经济学系的普特曼（Louis Putterman）教授,他关心中国农村经济发展,再加上外聘的费先生,我的委员会共有四位教授,所以我的博士论文最后有四个人的签字。我答辩的时候,因为费先生在美国社会学界很有名,布朗大学很想请费先生出席。但费先生当时是人大副委员长和民盟中央主席,公务繁忙,不可能为我答辩的事跑一趟美国。所以我把论文提前寄给他审读,他提交了书面意见。这个密封的书面意见我没有看到,在答辩委员会讨论时,戈德斯坦教授念了费先生的书面意见。费先生在论文封面上的签字,是我回到国内后请他补签的,所以签字后面写的时间和前面三位签的时间不一样。

在某种意义上,费先生可以算是我的一位导师。一是我的美国导师邀请他成为我博士论文指导委员会正式成员;二是我在国内调查期间,他对具体研究专题、具体调查地点、调查中的注意事项和应当关注的问题等,都给予了十分具体的指导,田野调查结束后,他专程到赤峰去听了我的调查汇报;三是他虽然没有出席我的答辩会,但是读了我的论文并提出书面意见,最后在我的论文封面上补签了字。费先生对我的博士论文写作和我回到北大任教后的研究工作,一直给予大量的指导,使我受益匪浅。

王:您的博士论文的题目是在美国的时候确定的吗?

马:是的。在选择博士论文题目时,我们不仅要看这个题目的理论价值和学术潜力,还要考虑到所在的那个院系的优势领域和主要导师的个人专长。如果导师对你选的题目很熟悉,他就能给你很多专业性的指导。如果导师不很熟悉,就只能泛泛建议,不一定到位。在布朗大学社会学系,人口迁移和城市化是长项,我的导师戈德斯坦教授是专门研究迁移和城市化的,所以我就选择做一个迁移的研究专题。由于调查地点是内蒙古,我关心的迁移活动涉及汉族向蒙古族传统居住地的迁移,必然要讨论民族关系,在这方面高士德教授是布朗大学社会学系最出色的老师。讨论农村社区脱离不开社区经济,普特曼教授可以给我提供一些分析思路。这个委员会的构成是比较理想的。当时我没选择研究城市化,我的兴趣主要是人口迁移,因为我的人生经历中有多次跨地域迁移,插队也是从北京这个大城市来到内蒙古草原,算是迁移的一种。

当时我主修的是人口学,人口学更偏重量化分析,所以我就参照了美国在人口迁移方面的调查问卷,也参考了当年帕斯特纳克教授在天津做的家计调查问卷,在此基础上设计了我自己的调查问卷。现在看起来,我的问卷比较复杂,区分家庭问卷和个人问卷。家庭问卷的调查内容主要是承包土地、住房、固有财产、全年收入和支出消费、家庭成员结构等；个人问卷涉及户主本人受教育史、婚姻史、生育史等。个人问卷还分为移民和本地人两种，因为对于移民户主还需要了解他的个人迁移史、迁移主要原因、迁移前后的职业和收入变化等，而本地人不存在这个问题。所以实际上我设计了三个问卷：户问卷、移民个体问卷、本地人个体问卷。现在看起来因为当时没有经验，这个设计太过复杂，其实可以结合在一起。

在回国开展调查之前，我请潘老师帮助联系调查地点。潘老师在内蒙古农牧学院工作多年，学院各届毕业生遍及全区，她的丈夫是蒙古族人，当时是呼和浩特市农机学校校长。1985年6月我回到北京，正好费先生和潘老师在包头开会，于是我就直接从北京去了包头。我最初考虑的是回到我插队的地方——锡林郭勒盟东乌珠穆沁旗——做调查，因为我对那里的人和环境都熟悉，在那里放了五年羊，了解当地情况。见了费先生后，他表示东乌珠穆沁旗在内蒙古不具代表性。他不久前刚去赤峰访问过，写了《赤峰篇》。他认为赤峰的结构是北牧南农，中部农牧交错，北部主要居住着蒙古族，南部主要居住着汉族，中间蒙汉混居。因此赤峰的经济和人口结构能更好地代表内蒙古的整体状况，有纯牧区、纯农区和半农半牧区，有蒙古族聚居区、汉族聚居区和蒙汉混居区，有较长的人口迁移史，因此他强烈建议我去赤峰做调查。我很尊重费先生的意见，当时就同意把调查地点改在赤峰。正好参加包头这个会的人员中有赤峰市计委主任李强（和清华大学李强老师同名）。李主任在会上答应回到赤峰市后全力支持我开展这个调查项目。

王：当时像您这种情况，在美国留学期间回国进行博士论文调查的，是很少的吧？

马：在当时确实不多。在留学生中，社会学专业的主要集中在理论研究，人口学专业的主要使用人口普查资料做宏观的政策研究，像我这样回国在基层社区做迁移问卷调查的情况确实不多。

包头会议结束后，费先生和潘老师就去伊克昭盟（今鄂尔多斯市）考察，我和李汉林也跟着去了。李汉林是1984年从德国获得社会学博士学位后回国到中国社科院社会学所工作的,应该是社会学留学博士中最早回国的一位。在伊克昭盟的考察过程中,我注意到费先生很喜欢农村户访,要求接待单位在途中安排他到农户家里访谈,问的主要是家里有几口人、有多少亩地、有多少只羊、去年收入是多少等等。我就注意观察费先生是怎么了解普通农户家计情况的。由于当时周围簇拥着很多人,他不可能问得很细,但他到了75岁了还很关注百姓基本生活和乡村发展,这一点给我留下很深的印象。

从伊克昭盟回到北京之后,我就前往赤峰开展我自己的调查。潘老师有问卷调查经验,和赤峰市政府很熟悉,费先生安排她和我一起参与这次调查。我们先到了赤峰市政府,汇报了我们的调查计划。政府各部门都非常支持,当时商定了4个旗县的调查计划,并给这4个旗县都下了文件,还派了两个年轻人给我们当助手,一个是市计委的,一个是市统计局的,这样组成了一个四人调查小组。我们调查的核心区选在赤峰中部的翁牛特旗,因为这里正好是一个农牧交错、蒙汉混居的地方。在翁牛特旗我们调查了近两个月,涵盖了26个自然村,得到1200户反馈的实际有效问卷。

王:这些村是怎么选出来的呢?

马:具体接待我们调查工作的是旗统计局,他们对各苏木、嘎查的人口和经济统计数据很熟悉。在内蒙古的农村行政体制中,苏木相当于原来的公社,嘎查是原来公社体制下的大队。① 在选择调查的具体社区时,我先和统计局的领导提出了选择标准,我希望调查的社区特征是:1. 农牧交错;2. 蒙汉混居。他们就说朝格温都苏木和巴嘎他拉苏木下属的6个嘎查具有多种代表性,可以满足我们的要求,而且距离旗所在地比较近,交通方便。

我们选的6个嘎查中有纯牧区、纯农区,还有半农半牧区,一个苏木

---

① 当时刚刚调整了基层行政体制,公社改为苏木(乡镇),大队改为嘎查(行政村)。翁牛特旗的情况是原来的一个公社大致都调整为两个苏木。

里面就分为几种。选定嘎查之后,我们先到苏木,在苏木派出所根据这些嘎查的户籍统计资料进行抽样。我计划在这个旗的大致调查规模是1500户,然后我就根据户籍登记表对苏木下属各嘎查的自然村进行抽样。有的村人口规模大一些,我就按照1、4、7的方案来抽样,就是隔两户抽一户。农村户籍登记是按照村里的住宅一条街一条街地登记的,而不是根据民族身份或亲属关系来排序,住的邻近的户有的彼此是亲戚,有的不是,这是村里传统形成的居住格局。所以,我觉得按照户籍登记册来抽样体现了随机性。如果这个村不是很大,我就抽二分之一,隔一户抽一户。我觉得这个抽样方案基本上能够呈现村子的基本面貌。在抽样名单确定后,我们就进入各自然村,根据名单开展入户问卷调查。各行政村的村长会安排我们的食宿,指派村民带领我们去各户访谈。我们住在村里,安排的一般是条件较好、有空房间的农户家,临走时按照商定标准给农户伙食费。

王:您的问卷是在美国就设计好了的吗?

马:是在美国设计好的,导师们看过,费先生也看过。在布朗大学有一个规则,博士资格考试分四项。第一项是 in class,就是当堂的专业答题考试;第二项是 major take-home,是主修专业的开卷考试;第三项是 minor take-home,是辅修专业的开卷考试;第四项是 oral exam,就是口试。口试的主要内容就是介绍你的博士论文调查和研究方案,如果是问卷调查,就要求提交设计的问卷。所以,在准备博士资格考试之前,我就已经把调查问卷的初稿设计出来了。在口试的过程中,导师们针对我的问卷提出了许多具体的问题,说你这个地方是不是有遗漏,那个地方是不是需要进行补充,有哪个经典的调查问卷你可以参考吸收,给了我许多指导和建议。按照布朗大学社会学系的规则,通过资格考试和前往田野地点开展正式调查之前,我必须在全系教师和研究生面前做一次汇报,这是一次学术讲座,相当于把我的博士论文的第一章绪论、第二章文献综述、第三章研究设计包括抽样方案和方法论这些内容,都必须系统地讲一遍。在这次讲座时,我的指导委员会的三位导师必须到场,全系老师和研究生们会七嘴八舌地向我提问。我把这些提到的问题都记下来，重新修订补充，将修订稿提交导师组。最后导师组说可以了，我才被允许回国调查。所以，在进入田野实施调查活动之前，你的调查方案必须相当成熟，很多细节的问题都需要考虑到。我觉得这样的程序和严格要求是十分必要的，可以提高研究者的理论水准和研究视角，预先考虑到调查中可能出现的一些细节问题，有助于提高问卷质量和之后的分析研究工作。

在翁牛特旗开始全面调查之前，我先在选定的各村中最近的一个叫德日苏的村子，开展了30户的试调查。在这次试调查后，我主要做了两件事。一是把试调查问卷中因情况不明设计为开放性答案的，根据试调查结果归纳成若干种选择性答案。如对于一个开放性问题，被访者给出很多答案，我把这些答案归并为五个最集中的答案，再加上一个"其他"。因为被访者对一个问题可以用许多种方式来回答，以后的编码会很分散，不利于量化分析。二是把一些问题的问法和答案转换成当地人的语言。比如住房情况，之前没去过那里，就不知道当地住房有多少种，具体应该怎么问、怎么记述。我到村里后进行了试调查，就发现当地农户把他们的房子分成几类。第一类是全砖瓦房，这是当时最好的房子。第二类叫"穿鞋戴帽"。因为当地是盐碱地，房子的墙角和墙的地基用石头砌成，防止碱气腐蚀墙体，房顶铺瓦，这就叫"穿鞋戴帽，石头跟脚"，是比较高档的住房。第三类是只"穿鞋"，第四类是只"戴帽"，这是户主根据家里经济情况做的选择，等有钱时进一步完善。第五类是土坯墙和茅草屋顶，是条件最差的住房。根据这个情况，我就在问卷中加上了住房的几种类型，这样访谈和编码的时候比较方便，提问时可以用当地术语来清楚地进行问答。

另外，我也根据农村的实际情况，对提问方式进行了调整。关于年龄，我是学习了之前帕斯特纳克教授在天津的调查经验。因为农民有时记不清自己是具体哪年出生的，但是绝对不会记错自己的属相。所以我拿了一本《万年历》，问了农民的属相后，就可以根据《万年历》来更正，这样的年龄比较准确。比如他说他是属兔的,你就很容易查出他的具体出生年份,因为不可能前后差出12年。关于教育程度,不能简单地问是小学毕业还是初中毕业。因为当时问到一些老人,他会说我是初小或高小毕业。当地解放初期的初小是两年,高小是四年,另外很多人因为家里需要劳动力,念了三年就不念了。所以当时我们关于教育程度问了两个问题,第一个是问他念到什么阶段,初小还是高小,第二个是问他上了几年学,彼此参照。所以根据农民的实际情况,要修正问题和答案的计量方法。

在询问收入时,在试调查中我发现其实不用去问农民的具体收入数字,有些农民搞不清自己全年的收入是多少,他们有些收入是零星发生的。我总结的办法是只问他们种了几种作物,当年各自产量是多少。当时已经开放农贸市场,取消统购统销,农户可以在市场上随时出售自家农副产品。我记下该户当年各类作物具体产量之后,可以找大队会计和旗统计局了解这些东西在农贸市场上平均能卖多少单价,各项总收入由我根据市场价格来计算加总,这样要比农民自己报给我的数字准确。另外,也不能直接询问收入,农户会说他没有收入。他可能确实现金收入不多,但是他产了粮食,养了鸡和猪,他就不用买粮食、鸡蛋和猪肉,这些应该是计入收入的。所以关于所有这些副业都不要问收入,而是问有多少物产,然后帮他折算。这样他的经济收入数据才是比较准确和完整的。关于农产品市场价格,也不要问农民,因为价格会浮动,就问当地统计局或者大队会计,他们非常熟悉平均价格和季节价格浮动幅度。同时也不能笼统地询问农户的生产支出,在了解了当地农业生产的主要开支项目后,户访中就问电费、化肥、种子等项各花了多少钱,问得很具体,这样才能算出比较完整的生产支出。否则你笼统地询问生产投入,农民回答时就会出现漏项。

再比如了解住房的支出,必须问房子是哪一年盖的,当时花多少钱,其中人工费多少钱,砖瓦、石料、木料等花费是多少。房子如果是十年前盖的,和今天盖的价格是不一样的,人工费、物料费都不一样。所以我们还问了当地砖瓦价格的变动情况。进了一幢房子,要问它的跨度①,面积是多少米乘多少米,正房和厢房的规格也不同。这样我们在仔细调查了几户、十几户后,就大致知道多大的房子要用多少砖瓦木料,在什么年代大概需要花费多少钱。这些都有助于我们真正了解当地农户的收入、花费和实际生活水平。

所以,每个地方的住房、主要农业作物、主要副业(包括"割麻黄""挖虫草"等各地特有副业),以及市场上粮食、副食品的价格等,都有当地的一套规则和习惯。如果我们要想了解当地民众的生计情况,首先需要把这些方面的大致情况了解清楚,然后再去问农民,就能用他们熟悉的语言来提问,也能够得到比较符合实情的答案。

在这个试调查和最后一次问卷修改后,我在翁牛特旗小学印刷厂印刷问卷。那个时候没有激光照排,印刷要拣铅字排版。在我的博士论文那本书里有张照片,当时有两个拣字工和我一起拣铅字,然后排版、拍平再印刷。问卷印好、装订后,我们的调查组就进村,开始在各村开展调查活动。当时,旗政府对我们的调查很重视,派了旗统计局综合科的老同志全程陪同,他对各村情况非常熟悉。最后的户访和问卷填写是我们五个人一起完成的。

在进村之前,我已经在苏木派出所把各村所有户籍名册拿到,并把抽样名单列出来了。旗里已经通知各村配合我们的调查,进村后,村长就安排人陪我们五个人分头去进行户访。我坚持由我们调查组的五个人提问和填写问卷,这样可以保证问卷的质量和可靠性。如果请调查员来入户调查,可能存在几个问题:第一,他对问卷中问题的理解可能不到位,我要问什么,他可能并不清楚,所以答得可能模糊;第二,他也可能不认真,差不多替你填上就行了,这样数据就会不准确,最后量化分析时会有问题。所以我非常小心,自己的博士论文调查必须保证质量。我要求我们五个人都是口问手写,不让其他人或被访者自己填写。

---

① 1988年我们在拉萨开展户访调查时,询问住房的尺寸规模时改为当地人常用的"柱"。

除了我本人填写的问卷外,其他四个人访谈的问卷,每天晚上我都要仔细检查一遍,发现有漏项,或者觉得数字关系在逻辑上有问题的,我都标出来,请他们第二天再去补填,这样就避免了出现缺项或数据存在问题的无效问卷。问卷如果缺项或者有问题,后面录入的数据就无法使用。所以每天晚上我都比别人晚睡两个小时,要把当天问卷中的漏项或数据有明显问题的地方用红笔勾出来,第二天请他们去补填。

王:当时个人问卷和家庭问卷是怎么分配的?

马:在户访时,我先问家庭的情况,家庭问卷的问题完成后,再填写户主的个人问卷。

王:个人问卷只针对户主?

马:是的。在问卷中如婚姻史和生育史部分,会出现户主前妻和子女的基本情况。

王:当时一户问下来要多长时间呢?

马:40分钟到一小时。当时我没有经验,问卷排版不紧凑,所以问卷很厚。如果能排得紧凑一点,没有那么厚就好了。第一对方看着不害怕,第二也省纸。

王:您当时调查的内容就是家户的生计情况和个体的迁移史?

马:当时调查的内容很多,但很多部分在我的博士论文里没有用上,否则篇幅就太大了。比如户主的迁移史,包括他迁移了几次、每次迁移前后情况(职业、收入等)的改变,但我只用了最后一次迁移的数据,而有的人可能迁移了三次。我发现,在农村有的人一辈子不迁移,有的人年轻时会迁移好几次,他迁到一个地方发现不满意,就再迁一次,我称为"习惯性迁移",这样的人不那么害怕迁移,而有的人就是故土难离。我在博士论文中只使用了最后一次迁移的资料,多次迁移的数据没有开发。再比如我还调查了生育史,你生了几个孩子,是男是女,前后间隔多长时间,是否都存活下来,等等。这些内容当时都调查了,但是后来都没有使用。

王:当时是调查了26个村?

马：一共是41个村子，翁牛特旗有26个，这是这次调查的核心区。另外还有15个村，其中10个也在赤峰，其中克什克腾旗3个，巴林右旗6个，喀喇沁旗1个。还有5个在通辽。通辽5个村的纬度和赤峰差不多，是用来做比较分析的。一共是41个自然村。

王：当时一天可以调查多少户呢？您刚才说在翁牛特旗就调查了两个月？

马：将近两个月。再加上其他的村，我们四个人，一共调查了三个多月。调查速度会越来越快，因为对问卷越来越熟悉。到后面，我就是一边写上一个问题的答案，一边问下一个问题。

王：如果请您现在反思一下这次调查，您觉得它有哪些地方是可以改进的？

马：我觉得自己当时野心太大，只要能问的都想问。但到了分析和写论文的时候，就发现范围不能太宽，议题要集中和聚焦。比如问卷中涉及的移民户的迁移史，内容包含迁移原因，前一个迁出地的情况，两地各方面条件的比较，迁移带来了哪些收益等，这个主题其实又是一篇挺大的文章。另外，村民的生育史，为什么生多胎，为什么出现不同的生育间隔，孩子性别在多次生育过程中有什么作用，离婚和再婚对生育行为有什么影响，政府的政策（包括民族政策）对村民生育行为有哪些影响，在多胎生育后的今天如何重新思考当时的生育，这些问题又是围绕中国农村生育行为的另一篇文章。我的这篇博士论文已经很厚了，没办法把这些内容都包含进去。

王：您说的这些问题，当时的问卷中都包含了？

马：都包含了，而且这些问题如果想做也都可以做。但是后来自己没有那么多时间，有些数据甚至都没有录入计算机。现在如果反思的话，我觉得一个博士生要做一篇学位论文，还是应当焦点议题集中。如果野心太大，什么议题都想调查，再加上跨区域和跨国比较，最后就会心有余而力不足，论文也会过于冗长，还不如集中于焦点议题。所以我最后选择的主题是聚焦于这个农牧交错地区的农牧互补、民族交往这两个相互交叉的主题上。我的博士论文共有四个路径分析模型,每个模型都含有多个假设(hypothesis),需要分析和讨论的内容已经不少了。所以,做博士论文,还是不能太发散,要相对聚焦,这是我的经验。我当时的问卷中有很多内容后来都没有用,其实调查时都花了很多工夫。

王:这些资料既然都搜集了,您也可以再写一本书嘛。

马:后来其他事情就很多。我答辩之后回到国内,当时北大社会学所刚刚建立,没有几个人。1987年我回国后费先生就给我安排了任务,当时他牵头做的两个国家社科基金"七五"重大课题,一个是小城镇发展,一个是边疆与少数民族地区发展,第二个课题的调查研究工作就由我具体组织,这样1988年我就开始组织西藏的问卷调查了。

王:正好我们可以进入下一个阶段了。您就接着给我们讲讲回国任教之后开展的社会调查吧。您是一回来就去做西藏调查了吗?

马:没有。我是1987年春天回国的,回来就到北大社会学所任教了。当时潘老师是社会学所副所长同时兼社会学系主任,她需要组织系里的大三年级学生做暑期调查实习,所以我一回来她就让我带着几个学生去做调查。当时学校有调查实习经费,分配给我的学生里有两个女生,六个男生,都是大三年级的本科生,就是于长江那一届的学生。由于我对翁牛特旗比较熟,容易安排,所以我就带着这几个学生去翁牛特旗做问卷调查了。这次的调查我没有选自然村,而是选择了翁牛特旗下属的六个乡镇,在六个乡镇政府所在地做当地居民的家计调查。乡镇政府所在地也包括周边行政村的村民,所以这次调查涉及的对象既有乡镇居委会,也有乡镇直接下属的村民。我把这些学生带到第一个乡镇,我先进行抽样,然后给他们示范如何户访和填写问卷,他们看了三户调查后,留下两人在这个乡里独自调查。我再带着其他学生去下一个乡。这是1987年夏天的调查,时间大概有三个星期。

王:这次调查的起因就是为了带学生去实习?

马:对。

王:我们系这几年也在探索教师带本科生做社会调查的方式,您对带着本科生去做调查,有什么心得吗?

马:首先,要让学生了解这次调查的目的和学术价值,告诉他们通过调查能够学到什么东西,这些调查得到的数据能够进行哪些分析,能够说明农民生活的哪些方面。其次,组织学生调查要把他们的生活安排好,包括住所、饮食,防止生病。在调查期间要到各调查点检查进度,看看有什么需要解决的问题。最后,在调查结束时,需要带他们放松一下,不能只是紧张地做户访。那次我们是去了其甘嘎查的草原,那里有一个湖,让他们玩了一天。

王:是一个调研点两个人吗?

马:对,他们一共是八个人,分成四个组,两个人一组。我带他们下去的时候,先把这个点上的抽样名单做好,然后他们就拿着问卷按照抽样名单到各户去调查。有时候抽到的那一户实在没人在家,就按照户籍名册,顺延到名单上的下一户。所以这个调查的抽样并不是那么严格。如果抽中的这一户走亲戚去了,三个月不回来,我们也不能一直等着。所以我们当时的规则是,如果那户人不在家,就找下一户代替。

王:这个调查和您之前博士论文的调查,内容是一样的吗?

马:主体内容是一样的,但简化了很多,没有询问迁移史和生育史。主要问的内容是基本家计情况,包括住房、收入、消费、财产等,比如家里有多少亩承包地,去年多少收成,家里养了几头猪、几头毛驴,有没有架子车、电视机等,这些问题都会问到,是一个基础的家计调查。这个问卷调查结束之后,我们就把数据录入计算机,在此基础上我进行了统计分析,发表了一篇文章。①

王:您后来又去过一次翁牛特旗吧?我记得您带着葛婧她们还去过一次。

马:那是在2005年,是比较晚的事情了。当时,我突然觉得1985年

---

① 马戎:《我国小城镇的结构特征与进镇人口迁移》,李建东译,载北京大学社会学人类学研究所编:《中国社会发展与文化研究的探索》,北京:北京大学出版社,1995年,第36—69页。

我在翁牛特旗做的调查过了20年,我能不能回去找到当年调查过的那些人,看看他们怎么样了。正好葛婧她们也需要去做调查,我就带了葛婧、陈彬莉、栗晓红、杨帆、杨海明、李若愚6个人去了翁牛特旗,回到当年调查过的两个苏木下属的26个自然村。1985年的访谈表编了总序号,2005年我们拿着原来那个名单在现在的户籍名册中查找,在原来的1152户中,我找到了865户(占75.1%),其余287户,已经整户迁走或成为绝户(无子女,老人过世后户籍注销)。调查的方法同1985年一样,这个调查组先一起去第一个行政村按名单分别户访,调查完成后再一起去第二个村。

最初我是希望能够做各户20年变迁的对比,但调查完之后发现不可比的因素很多。在这20年里各户发生了太多变化。比如1985年的时候,这户是老两口和四个儿子,四个壮小伙子,还没分家,他们家的收入就特别高。可是过了20年,三个儿子都分家独立门户,老头儿过世,老太太跟着小儿子,这个儿子娶妻生了四个孩子,孩子还小,这家的收入和生活水平跟20年前没法比。如果按照户籍档案追踪,各户的收入情况经过这20年是改善了还是恶化了,没办法做简单的对比。像上述这户的情况,你也不能说它是恶化了。

王:但其实这个情况是特别有意思的,展现的就是农村家庭的生命周期。

马:对,你不能把这户20年前后的情况进行简单的对比,因为它的成员结构完全变了。如果一户的成员结构不变,过了三两年再去调查,借此判断当地经济情况的变化,还是有意义的。过了20年,死的死,嫁的嫁,又出生了一代,各户的人口结构变化特别大,因此就不能比了。而且几个儿子结婚后把当年本户承包的土地、财产都分了,老两口给儿子盖房办婚事,也把自己的积蓄全部用光,这时没有劳动能力和土地,只能养老了,家里没啥东西,甚至老两口完全没收入了,四个儿子轮流养着,老人的全部收入就是儿子给的赡养费。这和当年四个儿子挣钱、老两口管钱的时候,收入水平是完全不可比的。所以,调查后发现这些情况,我就没有做各调查户20年的收入比较。与1985年相比,2005年各户外出打工的情况比较普遍,这些信息都显示在"迁移"的调查项目中,所以在做调查数据分析时,我就把研究主题改成了当地农户外出打工的情况分析。在这些被调查的农户中,有多少户有外出打工的现象,主要去哪些地方,从事什么劳动,每月挣多少钱,寄给家里多少钱,我发现各家的情况很不相同,有的儿女在外面挣钱全部用于自己消费,有的全寄给家里。问卷中也询问他们外出的渠道和信息来源,外出是怎么去的。是和亲戚一起去的,还是独自走的?在外地从事哪些具体行业?在外地的收入和消费情况如何?外出务工过程中,蒙古族和汉族之间存在哪些差异?因此,这个调查的主题就变成了对这个地区蒙古族、汉族农民外出打工、就业、收入情况的调查。在此基础上我后来写了一篇调查报告,发在了《社会》杂志上。①

王:您当时去的时候,本来是想做20年的对比?

马:对,但问了几户后,发现这个对比做不成,情况变化的差别太大。原来挺穷的一家,拉扯1—6岁的4个孩子,日子过得非常苦,现在变成21—26岁的4个大小伙子了,其中有的经商,有的跑运输,全家富得不得了。收入的变化主要来自家庭人口年龄结构的变化,当然也存在社会上因政策的放宽导致致富渠道的拓展这些因素,但是确实不能以全户收入的变化来得出任何简单的结论。

王:这个的确不能做各户经济情况的追踪对比,但是从家庭生命周期的角度,这个资料还是可以做很多研究的。

马:是,这些数据和问卷都在,如果想继续发掘这些数据,还有研究拓展的空间。

王:我们回到1987年吧,这个是您带着学生去做的暑期调查。这个结束后,您又做过哪些调查呢?

---

① 马戎:《外出务工对民族混居农村的影响——来自内蒙古翁牛特旗农村的调查》,《社会》2010年第3期。

进行抽样后确定的,具体调查过程可以参看《西藏的人口与社会》中的介绍。

我们原计划是要做2500份户访问卷,但最后获得的有效问卷只有1312份,减了差不多一半。还有一种情况是,这个乡派一个人来参加培训了,但他回去后没多久就调工作了,这个工作就没人接替了。当时西藏的情况就是这样,交通太困难,人员变动太频繁,山南地区还好一点,日喀则北边的有些乡镇很偏远。

我们的问卷有汉文和藏文两种。在拉萨老城区,我们用的就是汉文问卷,发给调查员带到乡里去的是藏文问卷。培训班上课时,旦增就用藏语给学员讲问卷的内容怎么填写,每个问题都是什么意思。办了两期培训班,每个班讲三四天,前后半个多月。培训完了,调查员把问卷和户访名单带回去。他们调查完了再把问卷寄回拉萨,旦增又找人把藏文问卷译成汉文,然后我们再组织录入计算机。这个工作前后拖了好长时间,接下来发生了好多事情,问卷录入和分析工作就耽搁了下来。后来郝虹生等人去了美国,1990年3月我去哈佛大学做访问学者,当时拿的是洛克菲勒基金会的博士后奖学金。我在哈佛大学费正清研究中心待了一年半,1991年8月回国。

在哈佛的这段时间,我并没有做西藏研究,而是在修订我的博士论文。当时我的另外一个导师高士德和西景出版社(Westview Press)有一个合作协议,合作出版人口研究系列丛书。他是那个丛书的主编,并把我的博士论文纳入了这个系列。那时我每个月从哈佛去一次布朗大学,给高士德教授提交新一章的修订稿,他同时把对前一章的修改意见告诉我,我们谈上两个小时。我当时就这样把博士论文的书稿改出来了。但后来他与这个出版社的合作出了问题,这个系列就停了。我的博士论文本来是计划1992年左右在美国以英文出版的,但最后没有出来。后来我就想,不管怎么样把中文版出了吧。2015年我的博士论文中文版在社会科学文献出版社出了,书名是《人口迁移与族群交往:内蒙古赤峰调查》。

从哈佛回来之后，我手边的事情比较多，又做了好几个其他专题的调查，直到 1995 年才有时间重新整理西藏调查的资料和数据。1996 年我在同心出版社出版了《西藏的人口与社会》，费先生给我题了书名。

王：您关于拉萨老城区的调查是什么时候做的呢？

马：和这个调查是一起的。一边我把各乡的问卷发给各乡派来的调查员，让他们回各乡去填写问卷；另一边我和旦增在拉萨老城区开展户访填写问卷。我当时问了大约有 70 户，旦增给我当翻译。拉萨老城区的调查问卷和各乡的问卷是同样的内容。

那年我在拉萨除了在老城区各居委会做户访调查外，还做了一些专题调查，如专门去了解当地族际通婚的情况。因为西方的族群关系研究是十分关注族际通婚这个专题的。我去了拉萨城关区的民政局，希望查看他们保存的婚姻登记材料。他们表示很欢迎，给我打开了好几个大柜子，里面堆放的都是原始婚姻登记表，一捆一捆的。我要把这个登记表都过一遍，整理出族际通婚的信息要花费好几个月，这是时间不允许的。后来我就想了个办法，不查看结婚记录，转而查看离婚记录。我去了城关区法院，因为法院有离婚判决记录，我去查看在这些离婚官司里，有多少是藏藏离婚或汉汉离婚，又有多少是汉藏离婚。我就把这个汉藏离婚的记录梳理了一下，看它在全部离婚案中所占的比例，我发现比例远比拉萨城关区汉藏人口比例高得多。后来我去了解这些离婚的原因，人们告诉我，这是因为从 1980 年开始，大量汉族干部撤出西藏。很多原来十八军的汉族老干部已经在西藏定居多年，娶妻生子。现在政策要求汉族干部应该离开了，在这样的政策环境下，他们只能离开西藏，而他们的藏族妻子和子女在西藏生活长大，不适应内地的生活，语言、习俗都不适应，这样就出现了许多离婚的案例，许多人就在民政部门办了简单的离婚手续，少数有些纠葛的才去法院。我通过法院的离婚判决记录，对这方面的数据做了个简单的分析。

当时我还曾想调查寺庙的情况，但是发现很困难。因为语言、宗教知识方面的隔阂，我即使去问也问不出真正重要的东西。我建议旦增找机会去做寺庙调查,他后来专门做了关于哲蚌寺的调查。旦增的博士论文选题是布达拉宫脚下的"雪"社区历史变迁,他也做了社区户访问卷,收集了许多历史资料,在北大顺利通过了博士论文答辩。

其实我们在访问各地区时曾搜集、复印了很多资料。比如山南地区人口普查办做过一次生育率调查,我们就把他们的调查资料全部复印了,这些材料现在都还在。只是后来由于精力、时间方面的种种限制,一直没有腾出精力和时间来把这些资料加以开发利用。

王:您刚才说到1991年8月从哈佛回来之后的几年,又做了好几个调查,是调查什么内容呢?

马:新加坡有个东亚研究所(East Asian Institute),这个研究所是独立于新加坡国立大学的研究机构,主席是吴庆瑞博士,他担任过新加坡的副总理,据说是李光耀在经济事务上的左膀右臂。他退下来后成立了这个东亚研究所。1991年,吴庆瑞抓住机遇,派所长黄朝翰到美国各大学吸引人才。我那时在哈佛,黄朝翰来请我喝咖啡,希望我在哈佛的访问结束后去新加坡的这个研究所工作。我没有同意,他就建议我去一次新加坡,停留一周或十天,他负担全部相关费用,如果我愿意留下,就在这个研究所工作,如果想回国,就和这个研究所讨论共同开展一个合作研究的项目。这样,1991年8月我去了一趟新加坡。

王:您是1991年回来之后,就去了一趟新加坡?

马:不是,是在回国的路上。机票是黄朝翰给我办理的,我的航班从美国直接飞新加坡。他的安排是我先从美国飞新加坡,如果对新加坡的工作环境满意,就留在新加坡。如果还是想回国,他也给我定了从新加坡到北京的机票。我觉得这样也可以,就先去了新加坡。

我到了新加坡后,和吴庆瑞博士有多次交谈。在讨论未来的合作课题时,他表示特别希望了解中国的乡镇企业是怎么回事。他说,国营企业掌握很多的经济资源,它掌握原材料供应,比如你做食品加工,需要大量稳定的粮食来源,可是粮食在大陆属于统购统销范围。你要是做轻工业产品,钢铁都是统购并由国家部门调配的,乡镇企业如何解决这些生产原料问题？另外，企业的产品需要稳定的销售渠道，一个小型民办企业，产品质量谁来保证？产品的销路如何保障？在1991年的市场里都是国营大企业的产品，你一个乡镇企业的产品如何竞争？所以从这几个角度看，吴庆瑞博士对中国乡镇企业为什么能够生存和发展感到很奇怪。他建议由新加坡这个研究所提供资助，我负责组织在国内开展一个乡镇企业的系列个案调查。

我虽然没有留在新加坡工作，但谈成了一个合作研究项目，我们讨论了调查方案，然后我就回到北京。回到北京大学后，我和刘世定、王汉生商议合作开展这个调查项目。我们一共调查了30个乡镇企业，15个在山东威海，15个在江苏吴江。北方、南方各选一个点，有各自的特点和代表性。威海那边有一些韩资企业，发展很快，乡镇企业比较发达；苏南的集体企业在公社时期就比较发达，有许多特点。我和于长江、刘小萌、丁元竹组成一个小组去威海调查，刘世定、王汉生、石秀印、柳可白去苏南调查，丁元竹也参与了苏南的试调查。

这两个地区的企业调查合在一起，就是30个企业的调研报告，其中有两个企业的报告是我执笔完成的。我们这次调查没有使用户访问卷，而是共同讨论设计的企业个案调查提纲，提纲确定后，两个小组分头开展实地调查。最后我们综合这30个案例加上甘肃两个集体企业的调查案例，在北大出版社出版了调查报告文集，书名叫《中国乡镇企业的发展历史与运行机制》，全书有100万字，分上下册，由我、王汉生和刘世定主编。牛津大学出版社1994年在香港出版了10个案例的中文版，书名是《九十年代中国乡镇企业调查》，由我、黄朝翰、王汉生、杨沐合编。1995年在新加坡的时代学术出版社把这10个调查报告翻译成英文版，书名是 *China's Rural Entrepreneurs: Ten Case Studies*，由黄朝翰、我和杨沐主编。这次乡镇企业的调查结果一共出版了三本书。调查报告完成后，调查组全体人员出席了新加坡东亚所的专题研讨会，吴庆瑞博士对报告十分满意，认为这些调查结果解释了中国的社会政治体制和市场开放如何为80年代的乡镇企业提供了发展空间。

这次我们是一个企业一个企业地做个案调查。调查企业的经营范围、主要产品、职工规模、所有制性质和管理办法,了解企业的固定资产、企业用地如何解决、厂房和设备的资金来源、原料如何采购、产品营销机制、盈利如何分配、工资和奖金如何发放、贷款如何争取等等,涉及企业初创和日常经营的所有方面。我们发现各企业的经营都有几本账:第一本账是报给市政府管理部门的;第二本是报给乡镇政府的,因为乡镇企业是由乡镇直接管理的,乡镇政府的部分收入来自当地企业;第三本是企业自身的账目。有人说,企业的主要领导人还有内部的账,涉及企业经营的财务和利润分配的核心机密,一般是不会透露给外人的。我们通常只能看到企业给乡镇政府的那本账,但是我们的调查可以说明这些企业当年创业起步的基本条件,日常管理经营的基本规则,看到的账目也能说明乡镇企业经营的一些细节现象,所以对了解80年代和90年代初我国乡镇企业的概貌、经营条件和运行规则,还是提供了重要的基础性信息。这是我们和新加坡东亚所合作开展的第一个调查。

我在调查了乡镇企业后,感到作为中国政府机构最下面的一层的乡镇政府,是我们认识中国社会的基础一环,非常有必要组织一次乡镇组织的系列调查。我1985年做迁移调查户访时,就关注了嘎查(行政村)这一级机构的运行情况,这一级的干部不是国家干部,是基层定期换届选举产生的,从行政村的相关收入(国家修路占地补偿款、村级经营收入、国家各项扶助资金等)中获取报酬,所以各地区村级干部的收入差距极大。乡镇是一级政府,有固定编制,在编干部是国家体制内人员,由上级政府任命调动,本人户籍是城镇户口。我们会发现在农村里有个别户是城镇户口,这些人是乡镇干部、学校老师,还有原来的供销社职工。他们有城镇户口,在计划经济时期享受国家粮食供应,享受公费医疗、退休制度等。在中国社会结构中,乡镇这一级很重要,它的下面是属于"民间"的村,上面是县政府。作为国家最基层的行政机构,乡镇政府怎么组织、怎么变化、怎么运作,这是个重要的研究课题。

新加坡东亚研究所对这个选题也很感兴趣,愿意提供经费资助。所以在 1995 年，北大社会学所决定开展一次乡镇组织的研究。调查组里有我、刘世定、邱泽奇和王铭铭，还有曾经参加乡镇企业调查的中国社科院社会学所的石秀印和柳可白。当时北大社会学所的三名博士生刘能、张敦福、蒋丽蕴也参与了镇的个案调查。

经过大家讨论，我们确定了乡镇调查中的六个主要关注点，决定将河北唐山玉田县的彩亭桥镇作为第一个调查试点，以此获得调查经验，调查组成员全体参加了这次调查。1995 年春季调查结束后，我们决定排除行政乡，专注于建制镇的调查。从中国的北方到南方，我们又选出了四个建制镇：内蒙古翁牛特旗桥头镇、湖北仙桃毛嘴镇、广东东莞清溪镇和浙江玉环陈屿镇。后续调查是调查组成员分头完成的。我带着蒋丽蕴和张敦福调查了翁牛特旗的桥头镇，刘世定和邱泽奇调查了东莞市的清溪镇，刘世定、邱泽奇、刘能先后调查了仙桃市的毛嘴镇和玉环县的陈屿镇。我们一共做了五个镇。

这次乡镇组织调查的成果最后于 2000 年在华夏出版社出版了两本书。第一本叫《中国乡镇组织调查》，内容是五个镇调查报告的汇编；第二本叫《中国乡镇组织变迁研究》，是在这五个镇调查案例和之后扩展调查范围的基础上，提炼出了乡镇组织变迁的九个研究专题，写成了九篇专题报告。我负责撰写的专题报告是"中国乡镇政府对基层学校教育活动的管理"，刘世定撰写的专题是"乡镇财政收入结构和运作机制"，邱泽奇撰写的是"在政府与厂商之间：乡镇政府的经济活动分析"，王铭铭撰写的是"国家与社会关系史视野中的中国乡镇政府"，刘能撰写的是"乡镇运行机制的一次解剖"。

1993 年加拿大蒙特利尔大学教育学院的一位教授和我联系，希望合作开展农村教育调查，由他在加拿大的基金会申请调查经费。我一直非常关心教育问题，正好可借此机会把全国基层学校的情况调查一下。我们根据全国各省统计年鉴和 1990 年人口普查的人口和教育统计数据，进行指标计算和抽样，在全国 6 大地区（东北、华北、华中、中南、西南、西北）中每个地区选了一个省级行政单位（吉林、内蒙古、山东、广东、云南、甘肃），在每个单位里选了4个县。这4个县是教育与经济发展相互关系的4种类型的代表：(1)经济指标好，教育发展好；(2)经济指标好，教育发展差；(3)经济指标差，教育发展好；(4)经济指标差，教育发展也差。这样共选出24个县。实地调查是在1994年和1995年夏季开展的。在每个县，我们调查的内容包含几个方面：首先是概况，对全县基本情况、人口和经济发展历史和现状等有个概述。其次是教育发展史，每个县都有县志或教育志，介绍这个县教育发展的历史，特别是1949年以来当地学校、教师、学生的数量和变化，划分为几个发展阶段。调查的主要内容是当地学校的运行现状和存在问题，我们详细调查了当年各级学校的基本情况，包含领导机构、管理体制、教师队伍、学校经费、中小学入学情况和毕业后的就业状况、当地的成人教育等等。这个调查项目最后也出版了两本书，一本是《中国农村教育发展的区域差异：24县调查》，是各县调查报告的汇编，另一本是《中国农村教育问题研究》，是在各县调查基础上进行的专题研究，由福建教育出版社在1999年和2000年出版。这两本书，一本调查报告汇编，一本专题研究论文集，基础数据信息和专题学术讨论互相配合，有助于在实证经验的基础上提高我们对一些专题的认识和理解，也可以为以后的研究者提供开展进一步深入研究的宝贵资料和研究基础，这是我所希望的调查研究成果形式。

在24县的调查中，我参与的是广东高明市和电白县的实地调查，高明市调查报告是我撰写的。在第二本研究专题报告中，我负责撰写的是"导言""中国农村教育事业的经费问题""中国少数民族教育与双语教学"和"中国乡镇政府对基层学校的管理"这4个部分。我的博士生李建东的博士论文是关于农村教师的研究，这篇论文编为两章，收入第二本专题文集。基层乡村教师是农村教育的核心问题，我们调查了教师规模、学历结构、工资情况、住房和其他福利待遇，调查了民办教师和代课教师的现状，发现中央把基层学校管理权下放到县级后，由于许多贫困县财政紧张，当地的乡村学校在经费上难以维持，造成教师大量流失。

这些都是那几年中国基层教育中的大问题。

王：您能给我们详细讲一讲这个调查是怎么展开的吗？就是到了调查地点，要怎么去搜集资料、怎么找调查对象、怎么设计访谈提纲。

马：我和薄伟康去广东调查，第一步是带上北大的正式介绍信去广东省教育厅说明情况，介绍调查目的和具体调查地点，教育厅再给我开介绍信，同时打电话通知那几个县的教育局，请他们接待和支持。第二步是到被调查县的教育局，把我的调查提纲介绍给他们，提出具体的调查内容和要求，先请教育局工作人员给我们介绍一下全县教育概况和各项统计上报数字，我们复印这些资料，掌握全县教育概貌。第三步就是到具体学校进行实地调查，我提出要调查几所学校，全县一所最好的中学和小学、一所最差的中学和小学、一所中等发展水平的学校、一所民办学校、一所职业学校等等，县教育局根据我的调研计划，或者安排人陪同去调查，或者给那些学校打个电话，请他们接待。我们到了学校后，先和校长、教导主任座谈，询问学校的运行情况，了解各项经费的来源、教师待遇如何、学生辍学情况等等，然后根据需要可能再访谈几个老师和几个学生。这些访谈会形成大量的笔记，然后就从各校访谈笔记中发现和提炼出进一步深入调查和研究的专题。

大部分访谈对象就是这样在各学校里找到的，但也可能有一些其他途径，这就要看调查者个人的活动能力。比如，我们想了解学生毕业后就业的情况，通过学校访谈的老师，薄伟康找到了一个已毕业多年的学生，她是当地一家歌厅的老板娘，非常喜欢交际，她保持和全班90%的同学的联络，了解很多同学目前在哪里、做什么工作。薄伟康常去和她聊天，她也很愿意谈，这样我们就把那一届学生的毕业去向、就业状况、多少留在本地、多少外出务工、现在收入如何等等情况都掌握了。去做社会调查就是这样，你要和地方上的工作人员聊天，听他们的各种抱怨，今年经费减少了，哪里学校的房子塌了。他就会给你讲很多看起来很琐碎的事，但是通过这些琐事你就能慢慢地对当地的情况有所了解。他在讲述这些事情时，你不能用笔记录，要用脑子记，回来根据记忆补写出来。其中有些内容可能后来写进了调查报告,有些并没有写进报告,但是你对基层的学校教育和这些人的生活情况有了切身的了解。这成为你认识中国社会的基础性知识。我们做社会调查,有些收获会呈现在问卷和研究报告中,有些可以言传,有些只能意会并成为你的记忆。例如,交谈者的穿着、情绪、文化气质给你带来的感受,这些都是我们认识和理解中国社会各阶层成员的重要知识来源。

事实上,社会调查是我们每时每刻、随时随地都可以做的。比如2003年我和两个插队的同学一起回东乌珠穆沁旗我们插队的牧区。我们坐的是从北京到锡林浩特的卧铺车,路上要花费十几个小时。我对面铺位上是一个河北的包工头,这一路上,他给我讲了六个小时,讲他怎么从河北来到了锡林浩特承包工程,讲他多年来的经历和挫折,挣过钱也赔过钱,各种各样的事例非常生动。最后还给我留了地址,让我以后去秦皇岛时一定去他家。这实际上就是人口流动和个体经营的一个好案例。我到了宾馆后,就把他的这个故事根据记忆都写了下来,有几千字。其实人只要嘴勤,肯动脑子,任何地方都是调查地点,任何人都可以成为调查对象。

王:您讲的这几个北大社会学研究所较早时期的调查,都是老师们团队合作的。

马:在那个时期,社会学所刚建立不久,所里除了费先生和潘老师,都是年轻人,我就算年长的了。那时候我们国家科研经费很少。1992年我申请到一个霍英东基金项目,只有六万元,在那时候算是多的。那时大学教师的课题少、经费少,年轻教师和博士生没有调查机会。我在1992年评上教授,而且通过国际交流得到一些国外资助的合作课题,既有经费支持,还有机会出国交流,所以可以组织大家一起来做调查。而且我牵头组织的课题,不管是教师还是学生,谁承担的成果谁署名。学生做的就是学生做的,合作的就是合作的。所以,当时学生能够获得调查机会,发表的成果能署名,他们就很积极参与。后来这些老师,包括原来的研究生们,都成了教授,而且现在各种课题经费来源多,数额也不少，大家都有机会集中精力做自己牵头的研究项目。教授之间的合作研究团队已经很难形成，所以近些年，我只能动员自己指导的学生来开展调查。

王：我记得您还组织过一个关于西部城市流动人口的调查？

马：2004年我组织申报了教育部重大课题招标项目"西部开发中的人口流动与族际交往研究"，课题经费有70万元，2005年调查组分别在6所城市（乌鲁木齐、拉萨、西宁、兰州、银川、格尔木）开展了流动人口的问卷调查。我设计了调查问卷，组织了西部地区的几所大学（西藏大学、宁夏大学、青海民族大学、西北民族大学）的调查人员在兰州、西宁和银川举办了调查培训，调查回收的有效问卷有12 239份，2012年出版了研究成果《西部开发中的人口流动与族际交往研究》，由经济科学出版社出版。

另外，2014年中国藏学研究中心重点课题"西藏政治发展态势研究"中有个子项目"藏区知识分子和青年学生思想动态研究"，他们委托我来完成。我设计了一个以在校藏族学生和藏族教师为对象的调查问卷，分别委托给西藏民族大学、西南民族大学的合作教师去完成访谈和问卷填写工作。中央民族大学的调查是我去联系的，具体调查是由我的研究生旦正才旦完成的，他本科毕业于中央民族大学藏学院，对藏学院的老师和学生比较熟悉。问卷数据的分析和报告撰写是由我完成的，发表在《西北民族研究》2016年第2期和第3期。

王：我注意到您早期的社会调查主要是采取问卷的形式，但后来就不怎么用了。您是从什么时候自己不再做问卷调查了？有什么原因吗？

马：2005年我回到当年在翁牛特旗调查过的两个苏木开展追踪调查，那年我组织了几名研究生一起在村里开展了问卷调查，收回有效问卷888户。在此之后，我自己就没有再到基层社区去做大规模问卷调查了。

我们通过问卷调查可能了解到的是基层社区和住户的基本状况，比如人口、耕地、牲畜、财产、收入、住房等等。这类基础统计资料现在基本上不难得到,县级政府的统计部门都有这些数据。对一些完全陌生的地方,我们不了解这些基层社会的基本情况,比如拉萨老城区,以前从没接触过,即使看到统计数字如人均收入等,对这些数字究竟在人们生活中意味着什么,也缺乏真实的生活感受。后来通过一次户访问卷调查,进入几十户民居,见到房屋条件、室内陈设,见到他们的日常饮食衣着,和他们讨论日常消费,对这些基层民众的生活和经济情况就获得一些感性认知,同时把当地民众经济生活的基本情况大致搞清楚了,有了这些基础,再去看相关的基层统计数据,对新发生的变化就容易理解和跟踪,也不需要再逐户去做问卷了。比如南疆我几乎每年都去,去了就会到村里进行户访,每年问十几户或几十户,数量不多,但对这些村落的变化情况就会有个大致的了解。现在我在基层社区调查基本上就是两种方式:一是先看当地的普查材料和社会经济统计资料,了解社区经济活动、人口的结构,根据以往的调查经验对当地的变化做出判断;二是开展户访。我这几年去喀什,喀什大学的一位维吾尔族教师曾在该校"包村点"的喀什郊区第18村驻村一年,对村里的情况很熟悉,我就请他带我到18村走访了8户,其中有最富的户、最穷的户和中间的户,这样大致对村里的情况就了解了。现在我做户访时不带问卷,要问的基本问题都在脑子里,问的时候要记笔记,回来之后把笔记整理一下录入计算机,当地农户的基本情况就清楚了。我现在积累了大量的户访资料,这些东西未必要发表,但它们能让我持续了解南疆农民的基本生活状况(住房、就业、收入、消费等)及变化。我对当地农户的基本情况心里就有数了。

2007年我带几个学生去南疆疏附县调查双语教育和流动人口。第一天晚上我们和一个维吾尔族乡长聊天,他向我介绍了基层村民外出打工的情况,我回到宾馆做了笔记。第二天早上我们去县劳动与社会保障局要了一些资料。这个部门下属的"劳动力转移服务中心"专门负责管理劳务输出。疏附县的劳务输出工作完全是由县政府统一组织和管理的,由县政府办公室和山东省企业签劳务合同,劳动局保存着所有的劳动合同,我把这些合同用照相机拍下来。另外,他们那里保存了劳务接收企业的工资发放表和其他一些资料,我也都拍了照。就凭这一天搜集的资料,我回来就写了一篇文章介绍疏附县维吾尔族农民跨省流动的情况。① 如果对当地社会和经济基本情况比较熟悉,有调查经验,知道在哪些部门寻找哪些具体材料,这些数据在当地社会情境下有什么意义,那么在调查时并不需要花太多时间,就能够把一个专题基本搞清楚。

王:您说的这个例子,是我们从事社会学调查特别需要培养的能力,但它其实要建立在调查者具有丰富调查经验的基础上。

马:对,你必须知道研究这个专题,你需要什么材料,知道这些材料在哪里能够找到;另外有哪些材料只能通过访谈才能获得,你要能根据经验知道这些数字在当地民众生活中实际意味着什么;调查中当你看到一个材料时,你会判断它在你的研究中能用在什么地方。在这些方面,没有一定的生活阅历和调查经验是不行的。

王:最近几年,北大社会学系一直在设计各种课程来训练本科生的社会调查能力,但目前遇到一个问题,就是我们在课堂上提供给学生作为经典案例来学习的文献,大都是采取人类学的调查方法,就是要在一个社区中很久,与调查对象同吃同住同劳动。但在现实中,很多社会学调查不是这样做的,也没有条件这样做。对于如何在有限的时间内,完成关于一个主题的社会学调查,这是个挺值得讨论的事情。

马:首先,要有一个清楚的问题意识,知道我这次调查的主题是什么,要完成这次调查,我需要哪些资料。其次,根据以往的经验,我要判断在哪里可以找到这些资料,它们属于哪类文件,会保存在政府的哪个部门。最后,有些问题是需要对当事人进行访谈的,那么哪些人是当事人,对处于不同位置的人,我应该问什么问题。总之,在调查之前,你需要要对这个地方的基本情况有了解。然后,每一次专门去调查一个主题时,我要知道我最终要回答的问题是什么。这样我就能判断我需要哪些

---

① 马戎:《南疆维吾尔族农民工走向沿海城市——新疆喀什地区疏附县劳务输出调查》,《中国人口科学》2007年第5期。

材料,需要了解什么问题,需要找哪些人了解情况。

王:最后一个问题,和这个访谈的主题可能关系不是特别紧密,但还是有点关系,就是关于您个人在民族研究领域的学术观点和学术风格的转变。我看到,在 2000 年以前,您做的关于民族问题的调查、发表的文章,主要是把您在美国读书时学习到的社会学研究方法带到中国的田野,用社会学的方法来研究中国的民族问题,这个方法和之前几十年国内主要采用的民族学的方法很不一样。在 2000 年之后,您提出了"去政治化"的观点,这其实是一个理论体系,是对中国的民族理论、制度、政策的系统反思。但是您的这套理论体系的形成,并不是基于某一次具体的调查,而是建立在长期做民族问题研究所形成的洞察上。就像您刚才说到的,所有的地方都是田野,任何地方都是调查地点,任何人都可以成为调查对象。您其实是在很多次调查中,或者有时候并不是在做调查,但是看到了一些事情,听到了一些声音,这样慢慢形成了您的这种认识。在某种意义上,这个"去政治化"的体系应该说是您许多年的调查、研究的一个总结。

马:对,虽然我现在写的文章可能不是调查报告,也不是建立在某一次具体调查上,但是我的很多观点,比如对少数民族知识分子的判断,对生活在少数民族地区的汉族观点的判断,都是建立在很多次调查的基础之上。这些年我经常去喀什或和田,对这些观点背后的基本理论,我是在访谈和观察中不断加以验证的。这些调查报告我未必写出来发表,但是在这些调查的基础上,我能够知道我的哪些判断是对的,哪些判断可能有缺失。这些调查的目标就不是为了写专题报告、发表文章,而是对我的基本观点、基本判断,对我的基本思路和分析方法进行反复的印证或修正。

王:您的这一套基本观点和判断,最早是在什么时候开始有雏形的呢?应该不是刚从美国回来的时候就有这些想法吧?

马:当然不是。你也许没有注意到,在 1997 年出版的我编译的《西方民族社会学的理论与方法》(天津人民出版社)中,我还是把 ethnicity

译为"民族"的。我国的 56 个民族,是不是应当与中华民族同样被称为"民族"? 我的观点是逐渐改变的。在我的思想变化过程中,给我带来最大的一次影响应该是 1997 年在南疆的调查。

我开展民族问题的研究过程有几个转折点。第一个是 1985 年的内蒙古调查,第二个是 1988 年的西藏调查,第三个就是 1997 年的南疆调查。在南疆的那次调查中,我就发现当地社会的民族关系较之以往发生了一些变化,我就开始想这背后的原因到底是什么。根据我多年的观察、接触,我就判断这个问题出现在我们的民族理论、制度、政策对干部、知识分子和青少年的引导上。到了 2000 年,我开始建议把国内的少数民族改称"族群"(ethnic minorities)[①],之后我就开始集中写这方面的文章。

当然,2000 年以后我也继续在基层做社会调查和专题研究,发表一些调查报告,比如翁牛特旗农民外出务工、疏附县农民跨省劳务输出、喀什老城区改造、新疆对口支援的社会效果、南疆双语教育等等,这些基层的调研活动一直在持续,我到了南疆也尽量争取做一些户访。但是,我的核心关注议题已经转到对我们的民族理论、制度、政策的反思上了。尤其是最近这几年,这成为我民族问题研究的重点。

王:谢谢马老师,我们的访谈就到这里吧。

---

① 马戎:《关于民族研究的几个问题》,《北京大学学报(哲学社会科学版)》2000 年第 4 期。

田野调查的洞察力和想象力
——刘世定教授访谈录

刘世定　周飞舟*

受访者简介：刘世定，北京大学社会学系教授。1951年生于重庆，1982年在中国社会科学院获政治经济学硕士学位，1982—1992年在中国社会科学院工作，1992年后到北京大学社会学系任教。出版《占用、认知与人际关系》《经济社会学》《中国乡镇组织调查》《中国乡镇组织变迁研究》《趋同行为与人口规模》等多部著作。

访谈者：周飞舟（以下简称"周"）

受访者：刘世定（以下简称"刘"）

访谈时间：2019年4月16日

　　周：您参加的苏南乡镇企业调查最早是马戎老师提出的吗？和费孝通先生有关系吗？

　　刘：我参加这个调查的时候还在中国社会科学院工作，没有到北京大学来。印象中这个调查好像和费先生没有直接关系，是马老师到新加坡东亚经济研究所——也许是马老师先去，后来和王汉生老师一起去，也许一开始就一起去，反正是他俩一起——谈下来的一个课题。这个研

---

*　刘世定，北京大学社会学系教授；周飞舟，北京大学社会学系教授。

究所是吴庆瑞领导的。当年新加坡经济起飞的时候,吴庆瑞是新加坡管经济的副总理,也有人称他为"新加坡经济发展之父",他卸任副总理之后就搞了一个东亚经济研究所。这个研究所后来归到了新加坡国立大学,但在我们进行乡镇企业调查的时候是独立的。吴庆瑞不再是这个所的领导以后,这个所就归到新加坡国立大学里面去了。马老师和王老师到新加坡是和吴庆瑞谈的,听王汉生老师讲,谈得相当深入。当时新加坡政府和中国政府沟通,想要在中国搞一个工业园,那么选址在哪里呢?一个方案是选在苏南,一个方案是选在山东。虽然无论选在哪里中国政府都欢迎,但新加坡政府内部可能有一些不同的意见。所以,他们就希望找一家中国研究机构,对苏南和山东的乡镇企业进行比较详细的调查,在此基础上,再对选址做出决策。

周:所以在山东您也做了调查?

刘:山东我没去,那时候我不在北大,我还在社科院。山东是马老师和于长江老师去的,而苏南这个组是王老师领导的。王老师是组长,主要参加的人有北大社会学所的丁元竹,还有我,我又推荐了社科院马列所的柳可白,她做调查做得比较好,你也是认识她的。

周:她是特别有意思的一个老师。

刘:参见调研的还有社科院社会学所的石秀印;还有一个是费老的博士生惠海鸣,他对当地的情况比较熟悉。马老师和王老师希望在调查的时候,惠海鸣能做一些铺垫和协调的工作。他的外祖父当过浙江省领导,在江浙一带有比较大的影响,母亲和父亲都曾经是苏州市委的领导,有这样的关系,能够在必要的时候帮忙疏通一些进入的关系,创造更好的调查条件。惠海鸣在当地还有一些其他的事情要忙,有空时到我们调查的地方看看,并没有全程参与。调查中的进入问题,基本上靠费先生和北大的影响力,去和地方政府谈好。苏南调查的选点定在吴江县(今苏州吴江区)。在吴江县调查的时候,我们找了和费先生联系比较多的一个老先生于梦达,他曾经当过吴江县县长。老县长在各乡镇打打招呼,我们到乡镇政府去联系,通过乡镇的农工商总公司再和企业联系。

这是1992年的事，4、5月份我们做了试调查，9—11月进行正式调查。我们在那里选了不同的几个镇，一个镇差不多两三个企业，共调查了15个企业。根据企业的状况和对方配合的程度不同，每个企业调查的时间有长有短，有的企业了解得深入一些，有的浅一些。前前后后用了两个月吧，大概是这样子。王老师是组长，调查的提纲是王老师和马老师在新加坡的时候和吴庆瑞一同拟定的，提纲的内容涉及范围比较大，几乎涵盖企业发展的方方面面。我们做了试调查后，对提纲进行了修改，形成了更具体的方案和操作步骤，但是大的方面还是最初定的。

周：那这个调查，最初的出发点并不是一个纯学术的调查？

刘：对，不是一个纯学术的调查。

周：主要是为了了解这个地方的投资环境还是别的？

刘：对新加坡方面来说，可以说是想了解投资环境，其中包括理解中国当时蓬勃发展的乡镇企业究竟是怎么回事。当时的苏南和山东都有迅速发展的乡镇企业，新的经济格局对国外产生了影响，新加坡想到乡镇企业迅速发展的环境中来建工业园，这是通过一种间接的方式来了解投资环境。听王老师说，吴庆瑞的意见好像比较倾向于苏州，可能他也是这么去说服李光耀的；但当时的新加坡总理可能比较倾向于山东，大概因为苏南的经济体系比较成型了，新加坡进来活动的余地相对较小，而山东的体系还未成型。所以实际上是想通过对乡镇企业的研究，看乡镇企业是怎么发展起来的，然后间接地来看当地的劳动力、资金、技术、企业组织、政策支持等，间接地去了解他们所关心的问题。最初是这样的一个目的。

周：所以说新加坡方面关心的核心问题是乡镇企业怎么发展起来的，是一个历史追溯的研究？

刘：对，是一个历史追溯的研究。我们在试调查的时候，实际上也同时明确我们有自己的关怀。他们主要是提供了研究经费，因为那时候研究经费还是一个稀缺的东西。当时王老师带我们下去的时候，希望在这个过程当中，在不影响他们的总提纲的前提下，我们能够看到一些深层的机制性的东西,了解更深层的运作和有理论潜力的东西。所以在当时——其实后来我们做委托课题研究时也是这样:一方面完成了任务,另一方面做自己关心的学理上的东西。

这是可能实现的。举个例子来说。比如说研究乡镇企业的基本制度架构,当然这是原来提纲里就有的。我们可以对一些文本中的规定描述一番,这样完成任务也没有问题。但我们想通过调查了解现实中活的制度如何运行。在试调查的时候,我们就在考虑这个"活"的制度研究怎么入手。当时我给王老师提了一个建议,我说我在社科院是做过国企改革调查的,那时候我先是搜集政府和企业间的承包合同,先获得一个文本,然后从承包合同入手,再去问合同怎么实施的之类,这样我们就可以发现那种活的制度。我们先要有一个"死的"制度,然后去发现"活的"制度。当时乡镇企业普遍实行了承包制或责任制,企业都会有一个合同,合同是在企业经营者和乡镇政府或村之间签订的。我们先从合同入手,操作上比较简单,而且可以深入,这样我们有可能把制度做"活"。

王老师同意了这个建议。以后呢,我们在调查中就顺着合同的线索,从两方面搜集:一个是当时合同怎么签的,这比较容易得到;然后再看合同到期以后怎么考核,因为合同里规定了一些要求,最后怎么去考核体现着制度的运行。当时就想从这两个方面进行对比,然后再加上访谈,这么来做。我们在试调查中到了张村(注:村名进行了技术处理),调查它的村办缫丝厂,我们就住在村委会的那个小楼里。

当时王老师住的是放村里档案资料的屋子。当地的人说,当年李友梅和沈关宝来的时候,他们看了很多,也记了很多,当时他俩是跟着费老来的。我们就问,我们能不能看?村干部说,看吧,看吧,这东西他们已经记得很多了。王老师特别细心,晚上她就打开一些东西来看,她有一个对我们后来的研究非常重要的发现。她发现在合同每年的考核里面,有几种不同的利润,包括账面利润、结算利润、调增利润、调减利润,搞得蛮复杂。她就来跟我讲,这几个利润不一样,这可是一个非常重要的线索。了解到这样一个情况,我们对从合同入手心里就更有底,也更有期待了。以后我们在调查的时候,先例行要合同文本,谈到一定程度后再要合同考核和结算的文本,对比两个文本,再继续问,一些新的信息就逐渐出来了。

周:在最初的合同文本上没有这么多类型的利润要求,对吧?

刘:对,这些都没有,合同文本中没有这些。但是在最后的考核结算里面出现了这些,这是王老师发现的。

周:考核结算是个账,是吧?

刘:有账的成分,但不是账。

周:那是个啥,是个文件?

刘:对,是个文件,是和企业经营者签订合同的乡镇政府(农工商总公司)、村委会给企业发的一个文件。它们要根据对经营者的考核确定发给多少奖金,这个时候就有你的账面利润是多少,结算利润是多少,然后调整账面利润,调增或调减,所有这些有一个列表,这些计算项目就出现了。比如说给经理人员的奖金,或者是给工人能发多少年终奖,这些奖励,都是跟着结算利润来的。王老师就说:这个事我们不大懂,得去问吧?这真的是一个突破点。后来我们知道,账面利润是企业报给税务部门的利润,结算利润是乡镇政府或村委会考核企业的利润,二者的差就是调增或调减利润。由此,我们可以透视乡镇政府和企业的关系,透视税收的运作机制等。

周:但是他们肯讲吗?

刘:你不问,他们当然不会主动讲。一问,他们说,你们也知道这个?于是把你当成个行家,他们觉得你都知道这些东西了,对你遮遮掩掩就没有什么意思了。这样牵出了许多信息。

周:对,我做财政研究的时候也是这感受,你得突然问一些比较内行的话,他就会跟你讲,你要老说外行的,他就总在外行那说了。

刘:对对,那他就随便跟你说点外行的把你打发了。通过了解账面利润和结算利润,我们还知道了税收的实际运行。在地方上实际主要实行的是包税制度,包税制度是从财政包干制衍生出来的。乡镇企业完成了乡镇政府下达的包税任务,就被认为是完税了。包税额比企业根据实际经营状况按税法应纳的税额可能少,也可能多。但在账面上必须做得和依税法纳税一致,比如在完成的包税额中有一块"所得税",这个"所得税"事实上并不是按税法依据企业利润提缴的,相反,"账面利润"额是根据"所得税"额倒算出来的。这样就产生了"账面利润"的说法。当然,乡镇政府不能根据这个"账面利润"来考核企业的盈利状况,于是就有了利润调增和调减,并得到"结算利润"。

从我们当时了解的情况看,"结算利润"通常大于"账面利润",有时大得很多。这和一定数年的地方财政包干额确定后乡镇企业的迅速发展有关,也和当时试行的乡镇财政制度有关。为了激励地方经济发展,从1984年开始,中央试行在乡镇建立一级财政,乡镇级财政来源包括预算内财政收入、预算外财政收入、自筹收入。所以对乡镇政府来说,更高的"结算利润"和"账面利润"的比例,对自筹收入的提升是有利的。当然,对企业的发展和乡镇经济的发展也是有激励作用的。地方有激励来做这件事,他们所说的"放水养鱼,养鸡下蛋",主要就是这块。

为什么说财政包干衍生出包税制呢?因为地方政府完成了上面的财政税收任务,上面也就认可你可以不再上缴,可以把资金放在地方发展经济。这样,我们虽然定了税法,但实际上呢,它在实际运行的时候,变成了包税制。而且,从征收技术上说,面对那么分散的乡镇企业,乡镇税务所那几个税务人员根本没法靠自己把税顺利收上来,还需要依靠乡镇政府的力量,乡镇政府愿意做的就是把税收任务包下去。那时候不像现在有电脑联网,有大数据搜寻处理技术。税收额包下去后,税法就悬在那了。

周:所谓包下去的意思就是比如说一年交100万税,规定一个总量,是吧?

刘:对。就是一个总量。比如上级政府规定某年你这个乡交100万,可能还要求你每年递增10%,甚至递增20%,其他的……

周:我并不详细追究你的,比如说销售收入是多少、税率是多少,我并不详细去管。

刘：对，那些不详细管，但是这些在报给税务部门的报表中企业都要做。所以，实际上就是默许下面形成了所谓的账面利润。乡镇接到上级的总量指标后，就把这些指标都分解下去。分解到村，村再分解到村办企业；如果是乡镇办的企业，乡镇政府就直接分解到企业，这就算完事了。完了以后，政府要求你面儿上得过得去，就是你得做一套账。

周：其实这套账的标准就是包的税，以这个税为中心，众星捧月做个账？

刘：对。这是合理合法的，乡镇政府要求这样做。但是，乡镇政府当然也知道这里面是有空间的，所以最后在考核企业的时候，要把这个空间调整、显示出来。乡镇政府那时候组建了农工商总公司，以农工商总公司的名义收一笔费用，来维持乡镇发展中的某些事项。虽然要给企业留下利润使其能够发展，但是政府也要满足自身运转，这中间要充实它的乡级财政。乡镇政府固然可以从税收中获得一些返还，但是它不满足于仅仅靠那个税收返还[①]来充实乡镇财政。刚才讲到，乡镇级财政当时规定的收入是三类：一类是预算内财政收入；一类是预算外财政收入，某些预算外财政收入也是国家规定的项目，但不是算预算内的，比如规定的一些可以征收的费；还有一类叫自筹收入。乡财政很重要的一块是自筹收入。

周：乡镇企业上缴给乡级财政的利润，属于自筹收入，对吧？

刘：对！属于乡镇自筹收入，而且占了乡财政收入的主要部分。所以在这里面，乡镇政府是有它的利益的。在这样做的时候，还要应对上级的各类检查。上级检查呢，是要税务部门说得过去，乡镇政府也要说得过去。所以你就围绕交的税额，做一个几方都说得过去的账：你多少销售收入、多少利润、各项成本什么的，你把这个做平了，这个叫账面，这是报给税务部门的，这个当中的利润就是账面利润。然后乡镇政府在

---

① 税收包干之后的税收返还，对于乡镇来说属于预算内的财政收入，比例一般不高。

考察乡镇企业的时候,它会考虑它从这里面要提多少利润,它也有它的一套规则,然后也要考虑给你多少奖励。在这个过程当中,你上缴给国家的税收如果少一些,最后上缴给乡镇政府的利润就可以多一些。一个办法是把利润打到成本里面去。打到成本里面,做了算完税之后,就要把成本当中你"打进去"的部分调整出来,这个就是调增利润。所以账面利润要加上调增利润。还有一些时候呢,可能政府给你企业下达的税收指标比较高了,而你今年经营情况没有那么好,但是你也要完成。这个时候乡镇政府也理解,就要给你调减利润,就是说既然多交了国家的那一部分,你就可以少交给乡镇政府。

周:这个调增和调减,纯粹是乡镇政府和企业的关系,和国家的税就没关系,就等于是咱们在结算利润里面商讨怎么弄,对吧?

刘:对,就是这样。这里公式是:结算利润＝账面利润＋调增利润－调减利润。这就是王汉生老师发现的问题,后来调查清楚是这样一回事。这个发现对我们后面调查乡镇企业制度运行是一个突破口。人家就觉得你是内行,没必要向你隐瞒,这些你都知道了。到企业调查的时候,你问他,人家就觉得你肯定是从乡镇政府那边过来的,那边都跟你讲过了;你跟乡镇政府那谈,他也觉得你都调查了那么多乡镇,本来这个半公开的事情,你们都掌握了,也不必隐瞒。这种做法实际上是上下级达成的默契。

周:就是说县一级政府,甚至更上面一级政府对这些情况也不是不知道?

刘:都知道。这件事并不是一个本来意义的秘密,是个默契。这其中引申出了一个道理。我们看到的是这个制度在互动中运行,是吧? 我们也看到,这些利润呀、成本呀都是财会方面的指标,是吧?把这两方面结合起来,可以看到,这些财会制度中的指标本身不是一个纯粹的技术指标,它是社会互动的产物,其中有多方的利益,有中央政府的利益,有地方政府的利益,有税务部门的利益,有企业的利益,它是多方利益的交合。既然是多方利益的交合,所以可以理解,实际上,乡镇企业不是两本账而是三本账。因为真正的经营者,他自己还有个小算盘。有了这些认识,你再回过来看那些表的时候,你的感觉就完全不一样了。我们有时候会搞肤浅的调查,就根据这个表来看,企业的效益怎么样,它的成本、利润怎么样,这其实是不行的。你看,国家为了税收,它会规定你哪些东西可以计入成本,哪些东西不能计入成本,因为你计入成本的多了,国家的所得税就收得少了,所以这套东西是有利益渗透的。它和经济学上讲的"成本-收益",也就是你自己衡量你的"成本-收益"是不一样的,这中间有很多方的利益渗透进来。从这里面我们看到,它不是一个我们通常简单讲的成本收益核算,它是一组社会关系。

回到上面讲到的王老师的发现是我们调查的一个突破口上来。这不仅使政府和企业可以和我们谈一些更深入的东西,同时也使我们得到了一个概念,那就是双重税制。现实中实际上执行的是双重税制:一个是财政包干衍生的包税制;还有一个是国家制定的似乎非常完备的税法。后来我们进一步认识到,这双重税制其实是一个非常关键的问题。

周:您说的这个"双重",是哪两个"双重"啊?

刘:不是指一个纳税主体重复缴税,而是指同时运行两套税收制度,一是法定的一套税制,一个是包税制。

周:其实这个包税中的东西和法律规定的那个东西是两个东西?

刘:这是两个东西,也因此形成了两本账。正因为这样,后来看,引发了一系列问题,包括宏观决策依据的数据质量。比如,1995—1996年间,我们在下面调查的时候,发现宏观紧缩政策使企业的正常发展遇到比较大的障碍,经济实际上迅速下滑,但主管经济的国务院领导还一个劲地强调经济过热了,要继续紧缩。怎么这么判断呢?我后来和一些研究宏观经济的人聊,了解到他们进行景气判断的重要依据是财税增长。但他们不了解,财税的增长是预先规定的包税额每年递增一定百分比的结果。比如说规定税收增长20%,甚至增长30%,都是事先规定的。下面按照这个包税额上缴,再根据这个额度做账。那些年,企业实际增长没有那么快,但要缴那么高的税,负担很重,影响了正常发展,本该减轻企业负担了。而上面看到税收增长如此快,判断为过热,还要持续紧缩。对企业来说,真是火上浇油。

周:税收额和企业的实际经营状况其实关系不大,对吧?

刘:没关系。持续紧缩后,到1997年朱镕基总理发现不对劲,于是连续采用刺激政策来使经济回升。其实,那个时候我们的紧缩政策要是早两年停止就好了。

周:刘老师,咱们再回到您说的双重税制。您看,按国家规定的税制,比如说增值税,我按你增加值的17%来收,如果完全按照这个税制,其实谈不上包不包的问题,你每年增加值是多少,就按它的17%来征收,对吧?每年我搞清你的增加值是多少就行。而包税的意思是,你去年交了多少,今年增长百分之多少,这一套就和你实际的增加值是多少关系不大了,对吧?

刘:对,没关系的。但是一旦同时并行包税制,地方政府为了政绩,就要围绕这个来完成任务,又要做一个账。这里头地方政府也存在差异。要政绩的可能虚报,它拼命地去表示它上缴的多,它就签订一个高指标;要保护地方的呢,它就温和一点,这里面就有差异了。

周:可不可以这么理解:就是说第一本账,就是我给你包的税,比如说今年要完成100万,我就围绕这100万做,你的增加值就是100万除以17%。

刘:对,就这么算。

周:但是结算利润里面你的增加值是真的增加的。

刘:对。

周:但是您说到三本账的时候,第三本账是经理自己弄的一个账?

刘:那个实际上是经理自己从自身利益出发盘算的账,更接近经济学意义上的"成本-收益"。他的实际经营情况怎么样,他得有这么一个数,对吧?其实,国家财务制度规定哪些项目计入成本,哪些项目不能计入成本;乡镇政府把哪些项目纳入结算利润,哪些项目不纳入结算利润,背后都有利益考量。这和企业经理的考量不一定一样。

周：可是国家常常是根据账面数据来做经济政策调整的是吧？

刘：如果不了解现实运行机制，很可能就是这样。根据这个做的一系列宏观判断都是很有问题的。

周：所以刘老师，这个所谓的"乡镇企业之谜"，其实很多时候还包括这个问题？

刘：包括这个问题。后来有些政府腐败问题也从这里开始。因为政府官员知道每个企业这个账都是这么做的，每个企业都是违规者，所以要要挟企业做一些事就有了把柄：你不服从，我就弄你的账，翻旧账惩罚。这样就出现了一个良规劣制现象。这是什么意思呢？就是我们尽可以拍着脑袋制定一个非常完好的制度，但这个制度是无法严格实施的，同时允许或逼迫下面在实际运行当中，实行另一套可行制度，但是到必要的时候，我想要调查你的时候，就可以随时调查。

周：因为他那套东西，谁也没法百分之百做到。

刘：是，而且谁都知道，但要想调查你的时候，就查你账。

周：您是否觉得，比如说谈乡镇企业当时发展得特别快，其实这种制度起了很大的作用，但是它也加剧了负面隐藏的问题。就像一个人长得很快，但身体里的肿瘤也跟着长。

刘：对。这就等于政府提供的制度规则是一个非常有弹性的规则。在早期，这种弹性的制度规则，给了企业一个更强的发展动力，但也隐藏着问题。在政府想使制度弹性减少、日益走向规范的时候，又会产生新的问题。这两年我在广东一些地方调查，了解到政府取消了包税制，而按法定税收征税，同时对民营小企业降税。我问做企业的学生，现在政府对民营企业减税，比如说由原来的税费30%减到15%，我们以为这样就大大激发了民营企业的活力，在我们预想当中，就是企业的利润会增长，因为负担轻了嘛，实际情况是不是这样？或者说，这些民营小企业，过去包税制时候的实际税收、实际税率是多少？他们回答说大概是百分之七八的样子。你看，过去是有地方庇护、有默契。现在官员不敢做这些事，一切照章办，结果形式上从30%降到15%，实际上就成了由百分之七八涨到 15％，涨了一倍，你还觉得给企业减轻了。你看到的这些东西它是轻了，但是考虑到规范税制带来的变化，双轨变一轨，可能和政策出台时预料的不同。

周：所以可不可以这么理解，中国的经济发展，有学者谈地方竞争这个框架确实也是有些道理，对吧？地方政府它到底是庇护，还是说它不管、不负责任，其实和地方企业的状况联系得非常紧，这个纯粹用经济学的道理还讲不了。

刘：这就得增加很多社会因素，得有新的解释路径。

周：因为纯粹按经济学的逻辑，企业和政府的联系就是税收，对吧？顶多招商引资的时候我优惠点税收什么的。一些经济学家来谈中国的地方竞争的时候，他就谈这个。但是其实实际情况比他们想的力度都要大，无论是加强还是收缩。

刘：对，力度都要大。这里面的实际运行机制，在没有调查时就没太搞清。我们当年调查乡镇企业的时候，跟王老师讨论说，其实我们做案例研究最重要的就是发现机制，它是怎么连接的？我们讲的政府和企业关系，其中最重要的就是机制。

有的时候看起来，这种案例调查、田野调查涉及的，都是非常简单的事情，就像常识性的一些事情。所以有一些自认为对地方非常熟的人，他愿意去了解那些更私人化的、隐秘的东西。其实我们做调查，很多时候不用搞那么隐秘的东西，也不用带着某种猎奇心理去做调查，你把那些在日常活动中究竟怎么做的、怎么运行的能搞清楚，在学术上可能就已经是很重要的贡献了。这也有助于从理论角度去考虑一些新的问题，毕竟我们现在的理论研究其实离真正的现实还有很大的距离。

周：根本还没到猎奇的地步呢，对吧？人们在他们生活环境里面正常的怎么运作，其实都不是特别清楚。

刘：把这些先搞清楚了，然后你再把它和现在学术界在理论上了解的那些做对比，就会发现有好多好多的问题。我说的这些问题并不是监督检查意义上的"问题"，而是学理性的问题。带着工作组、检查组的眼光去调查,看是不是他们搞了腐败,哪些东西进了个人腰包——其实这些可能有,也可能没有——对我们的学理研究来说,并不是特别重要。

周:咱社会学不是新闻调查节目。

刘:不是新闻调查,也不是去完成检查任务,你就把正常的、常规化的运行搞清楚,人家怎么来做的搞清楚,其实就已经在学术研究中有非常大的帮助了。

周:就拿您讲的三本账或者是两本账这个东西来说,其实这个东西对当地的人来说,也不是什么秘密。

刘:对,就是共同知识。

周:他也没有必要非要隐瞒,只是你不去问你就不知道,他不会主动跟你讲。

刘:因为他们每年年初开会布置工作的时候,这都是要布置的。而且结算的时候白纸黑字都要写着最后怎么跟你结算、调增多少、调减多少。这都是完全共享的知识。

周:所以我们所谓的外部去的调查者,去做案例调查,其实只要进入他们内部人的世界就可以,并不需要到"地下"去,是吧?

刘:是的,不到"地下"就能在学术层面收获很多。但关键是你要把这些看似不稀奇的东西给搞实了。

周:这就是您说的机制,就是它一步一步怎么连接、怎么关联,这都是人家的生活实践,它中间是不能有漏洞的。你要没搞清楚,你回来后就这里讲不过去,那里也讲不过去,这是有时候回来写文章遇到的问题。

刘:对。做企业调查的时候,你上来就带着人家偷税漏税的视角去,那你就办不好,会漏掉很多更有学术价值的东西。

周:我觉得什么叫田野调查,什么叫新闻调查,这有特别大的区别。其实我们社会学的学生训练的应该是前者,你不是去伸张你认为的正义,或者是用你的理想去改造社会,这些事情不是田野调查的任务,对吧?

刘:在调查时,我们常常和学生说,要发现问题。后来我发现,很多学生对"发现问题"是有误解的。因为他理解的"问题"不是个学术问题,他理解的那个问题就是人们通常说"存在问题"的问题。

周:对,比如说他去了一个地方,看到村干部和村民在打架,他就在想我应该站在哪一方,谁是正义的。

刘:我有时候觉得,社会学好玩的地方,就是我们能够从那些实践者所共享的知识当中,分析出他们没有意识到、察觉到的那些东西,而不是说像小说家一样去探讨人家心里最隐秘的那些东西。其实我们社会学的本事是在这里。有时那些实践者会很惊讶,说您是怎么知道的?其实我们就是从这些他们看似平常的地方来发现的。

周:您和王老师去调查之前是经济学家,那个时候您学过社会学吗?

刘:那个时候自己读过一点社会学的东西,就自己有兴趣的乱读一点。我在中国社科院时没有出去调查,主要是看看书、写写书。那时我和胡冀燕合作写过一本书叫《趋同行为与人口规模》。这本书是想研究中国市场上的"一窝蜂"现象,而这个现象我们觉得和社会运动有非常类似的机制。在这个过程中,我们试图把社会心理学中的一些东西引进来,也就读了些和社会学有关的书。当然那本书有很多的缺点。不过现在回过来看,这本书无意之中说不定是国内较早的行为经济学的著作。我们是1990年开始做这件事的,后来在1993年出版了图书。那个时候我就觉得非常有趣,把社会学的一些概念比如"从众""示范效应"引入进来,使我们看到传统经济学忽视的另一片天地。我们也试图对一些概念做推进思考。比如,示范效应到底是人口比例在起作用,还是绝对量在起作用,后来我们就得到一个概念"规模示范效应"。我们看到,因为中国人口基数非常大,虽然某些行动群体的比例非常低,但是它有相当大的绝对量,可以对大规模趋同行为起作用,集体行动中常常是绝对量效应在起作用。当时就觉得,哪怕是引入很少的社会学概念和经济分析结合起来,都能够使我们看到纯经济学著作看不到的一些有趣的东西。后来在做乡镇企业调查时就更加深了我这个印象。原来只是一般性阅读的东西,比如马克斯·韦伯的东西,原来只是读一读,开阔些眼界,并没有去设想怎么把它和研究结合起来,后来发现,只要引入一个社会学的因素,经济学的模型有时候就会大大改变,而且会有完全不同的结果。这个工作不能那么着急,不要想把各种社会因素都引进来。

周:把社会因素都弄进来,模型就没法搞了。

刘:对,有时只引入一点就会使研究改观。比如,在进行制度分析的时候,经济学家通常给定制度框架,然后看在制度约束下人们如何选择。而我们引入社会学经验研究中强调的认知视角发问:制度运行中人们是怎么认知的,当事人怎么看?我们一下子看到一些完全不同的东西,对制度及制度理论有了新的认识。后来我讲经济社会学的时候,更深切地感到,当你引入一个原来忽视的社会学因素后,接下来的研究可能真的发生了小小的但革命性的变化。

周:是啊,您讲的二次嵌入,其实就是引入了一个⋯⋯

刘:对,引入了一个"约前关系"。其实就引入了这一个,就有了"二次嵌入"及后面的结论。当然,一些经济学家在引入社会学的关系概念后也讲出了一些新的道理,比如关系合约,比如多次互动会内生出关系,然后它会弥补高交易成本导致的合约的不完全,等等。我在合约研究中引入"约前关系"的社会学概念,感到后面就会有好多东西有待开发。所以我觉得社会学的潜力特别大。

周:对我来说印象特别深的就是您讲的,乡镇企业的这种集体产权没有全方位排他性,西方产权经济学假设的是全方位排他性,而您提的这个"二次嵌入",说他在某种程度上实现了更多方位的排他。就是他通过建立自己的关系实现了排他,就搞得你没法换他,而且你不知道他在干什么,他实现了对你的排他。但有一点我当时没有太想清楚,想继续问您,比如说您讲的"关系丛",他跟你签了一个合同之后,就开始自己经营,自己有一个关系丛,最后你没法把他换了,因为你一换这个厂子就倒了,因为所有关系都是他的,对吧?

刘:对,除非咱们不计成本,不怕厂子倒。

周:但这个时候呢,这种排他是不是非常复杂?就是说比如我是乡镇企业领导,你既可以实现对我的排他,但是咱俩还又可以合谋?

刘:如果引入排他程度,会有一些有趣的探讨。比如说我讲到企业品牌,乡镇政府会努力诱导经营者去打乡镇品牌,这样的话就可能产生一个后果:虽然你排我了,但是你不能够完全排,因为你的品牌是乡镇的。其实这也是约束的一种方法,其中也会有合谋,这就取决于官员和企业经营者的关系。

周:我觉得您讲的背后隐藏着一个西方社会科学不太讲的理论,比如说他们的网络社会学,他们讲关系丛的时候也把这个关系丛抽象化了。比如说每个人都会有一个关系丛,如果关系丛之间有一个单线连接,这两个关系丛是什么关系? 但是在中国社会呢,这个官员就是和这一个人有一个特别关系,其实换一个人就全都变了。

刘:对,我们现在的网络分析有一个问题,它是个二维空间,不是多维的。比如我们两个有关系,但我们是在哪个层面和哪个领域当中的关系呢? 光讲有无关系、关系强弱是不够的。比如,你和我和他如果都有关系,这样把三个节点用边一兜起来,这就是三元闭包网络。但实际上同样都是关系,可在哪个"层"却可能是不一样的。比如,你和我在一个层有关系,我和他在另一个层有关系,他和你又在另一个层有关系。如果层和层间不能通约,就不能形成三元闭包。所以网络应该是个立体的、多维的。都是关系,但是我和你是哪一层关系,和他是哪一层关系? 虽然都是这圈里的,但是有区别。

周:您说的层特别好,现在网络分析把这个东西用关系强度来表示,其实是不行的,是吧? 这不是关系强度,它是性质的不同。我想,这就和费先生讲的差序格局有关,他说一层一层的,你这个一层的差序格局,就是我跟你是兄弟的关系,我跟他是同事的关系,你不能说这只是强度的差别,因为我对你不能背叛,而对他就可以随时翻脸。

刘:对,它不一样,而且也不是一个强度问题。在只考虑有关系没关系的框架中,事实上假定若有关系,在任何领域好像都起作用,那可不是。

周：对，所以有一些关系就在有些地方特别好使。

刘：它得在那些条件下面才行。

周：对。您那些乡镇企业的文章我都看了好几遍。我就在想，对于企业经理而言，一方面对乡镇领导有排他性，另一方面很多时候你看着他好像还很有庇护性和依赖性。依赖性和排他性并存，这是特别有意思的地方。

刘：是的，所以在我的分析框架里面，我说原来的传统经济学的产权，假定资源的占有主体是全方位排他的，而我强调排他性是有方位的。

周：对，就是三个维度那篇文章。

刘：就是对谁排他、对谁不排他是有差别的。一个简单的理想模型就是全方位排他的，任意的使用方式、无限期占有，那是一个非常极端的理想型，但是大量存在的是有限方位排他、有限使用方式的占有，这是不一样的。

周：对，您说的有限方位排他，比如说在西方社会里面，可能很多情况也是有限方位排他的，但是其有限结构的划分方式和中国人的不一样。

刘：不一样，所以后来我们又分纵向和横向，就因为在中国它通常是纵向排他软化，特别是对纵向的某些人、某些主体的排他会软化，面对其庇护者就会软化。

周：对，这就是庇护的来源。某些人的纵向排他的软化，这个东西的来源是什么？您觉得中国特色的关系伦理，或者关系结构是这样的吗？

刘：这很有意思，需要分析。在广义上，我们可以说产权是获得社会认可的对资源的占有。但是，怎样的认可，怎样的社会方式的认可，在这个方面，我们和西方国家有一些基本的差异。西方经过很长时间的发展，私有产权之神圣不可侵犯这点已经深入人心，而我们不是。我们这儿，占有的规范都是权宜性的，没有说神圣不可侵犯，这个差异挺大的。在西方社会中，产权被宗教化了，然后在宗教化的基础上又把它法制化了。我们始终没有这套东西，传统社会没有。

周：传统社会呢，虽然是私有产权，但是私有不是个体的，而是家庭式的，而且这个家的范围还是有弹性的，是吧？

刘：对。个人占有权利没有被神圣化。

周：占有权利从来没有被神圣化，是吧？比如说咱们分家还都是诸子均分，对吧？

刘：对对。就这些基本点不一样。我觉得中国社会学要发展，如果去读西方的东西，主要要读经典，要分析那些经典中的基本假定，从基本假定上看出差异。现在的一些学生，他们的问题就是枝叶文献读得很多，经典读得不好，而枝叶文献的衰减率很高，很容易过时。这使他们看不到中国社会的一些重要特征和西方经典著作在假定上的冲突。根上的假定不一样，会导致后面的一系列的差异。

周：他们看问题没有一层一层看到根儿上去，就在枝叶上面，说你这个叶子和那个叶子是不一样的，然后我来做一些比较，或者做一些分析。

刘：这实际上是表层的，没有深度。我有时候比较国内培养的学生和从美国回来的学生的差异，我发现国内学生读经典似乎比美国的学生还有更多思考。我想，这可能是因为在国外读书，经典被假定为共同知识，大家也就是那么知道一下就拉倒了，然后去关注经典以后的专业知识，这方面他们掌握得比国内学生多。但真的要对中国的这块土壤上的东西做出更深刻的研究，我觉得最重要的是你要知道我们接触的西方理论的那些最根上的假定是什么，然后和中国的根上的东西比较在哪儿不一样。如果发现了基本前提的差异，再往下做的时候，那就可以做出比较漂亮的东西。

周：所以我就在想，咱们社会学无论是在人才培养方面，还是在社会研究发展方面，理论始终是特别重要的。先理论，然后就是对历史的了解。

刘：对历史的了解，得基本感觉到位，这很重要。

周：然后就是田野，这几个东西很重要。

刘：对，田野调查是社会学这个学科对其他学科的相对优势。比如说统计，经济学和社会学都用，计量经济学的技术发展水平甚至比社会统计学还要高，那不是你学科的相对优势。如果以后玩大数据，我估计计算机系的人玩得比社会学系的好，论编软件、让机器去跑数据，他会弄得比你好。

周：就咱田野调查的优势要发挥一下。

刘：比较优势嘛。你必须得发挥啊，否则你说你……

周：对，你说你会跑数据，那为啥非要你跑呢，将来可能人工智能就能跑。

刘：对，而且人家跑得比你还好。即使现有的学科也是人家跑得比你好。

周：但是这个田野调查人工智能好像还不太行。所以我一直觉得田野调查这块很重要。现在的田野调查呢，我在带学生调查或者上课的时候遇到的问题就是：大家特别有一种冲动，就是科学的冲动，总想把自己这个东西弄得特别科学化。比如我发现一个规律，这个规律放到别的地方都很准，其实这不是田野调查的长处，是吧？

刘：我觉得现在有一个误导，就是过分强调程序决定结论，这对田野调查似乎也有影响。我把那个程序弄得更科学化，然后由此来保证这个结论。但是科学当中很重要的一块，就是波普尔（karl Popper）讲的猜想。这个猜想不是凭程序说话，猜想过程是科学研究中的一个重要环节，同时又是一种艺术，它是艺术和科学的结合点。一个好的猜想，不是说我设计了一个程序，最后它自然就出来了。我想在这一点上是不是有一点误区。

周：就是总觉得需要有特别充分的论据来说你的道理，而田野其实是一个产生直觉和洞察的地方。

刘：对，田野是产生直觉、洞察、好的猜想的地方。

周：田野的魅力就是像一个孕育洞察力的地方，你到了那个环境里，各种感受来了之后，你就容易产生洞察力。

刘：对，它是个营养汤。不是说我设计个程序，然后东西就出来了，是吧？这里面有那些孕育生命的东西，你不知道它那儿有多种可能性存在。在里面要碰来碰去才能碰到。这里是需要北大的那些聪明孩子发挥他们的创造力、想象力的地方。他也不是瞎想，因为你想完以后还得有所论证。

周：对，你还在田野里，你又不可能上天，你还是得在田野里。

刘：那个猜想不是说一拍脑袋出来就怎么样了的。其实田野的优势就在这个地方，如果我们要是把田野弄成模拟程序化的东西，可能反而就完了。

周：对。田野是一个让你产生想象力的地方，这个想象力有的时候会不经过中间阶段就直接到达那个机制，对吧？他就好像直接看到那个东西是怎么做的，而不是说我一步一步、一点一点才知道的，不是这样的。

刘：这种猜想出来以后，在有待检验的时候，就需要有程序了。

周：对，这就好比你直接一看，你看见了几个斑点，你就说这是一头豹子，但是你得把豹子的头、尾、身子都找出来。但是你一开始的时候能直觉到它是豹子，这个很重要。

刘：很重要，你说我非得按照程序，最后怎么怎么弄，那豹子可能早把你吃了。

周：因为你一旦直觉到它是头豹子，你就立刻非常警惕了，因为豹子随时有可能吃人。有了恰当的猜想，研究才会进行下去。哎，但是我就觉得这些方法论呢，我们社会学讲的就特别不够。

刘：我觉得来自田野实践的方法论反思实际上可以……

周：对，我就在想什么时候应该开一个专门讲田野方法的会或什么班也好。把在田野调查中感悟到的方法论的东西，正当化地说出来，而不是闲谈似的，对吧？

刘：需要把实际上做的时候的体会讲出一些道理来。

周：是，学生在课堂上，你教他怎么访谈，说应该先谈什么后谈什么，怎么去控制表情，等等。我就在想说的比如说猜想的问题，或者想象力的问题,或者田野中的直觉的问题、直觉培养的问题,我们在田野研究的方法论层面上应该重视。

刘:对,我觉得这些应该有适当的地位,包括直觉的问题,应该很好地去讨论。我读过一本讲数学的书,讲到在最理性的数学中,也有一个派别是非常强调直觉主义的。当你看到一个现象,你得想象它可能会衍生出数学模型,这就是直觉,没有这个,最后你可能也成不了数学家。当然我对数学的理解很有限,但看看讲数学思想的书觉得非常有意思。

周:其实人跟人交往时,很多时候对方心里的想法,我们也是靠直觉来把握吧?就是说,一下子你就感到和他相通了,或者你直接洞察到他心里的想法,虽然他并没有向你这样表达。这个东西和田野的实践就是很有关系的。

刘:很有关系。直觉能力其实是人很重要的财富,也是理论的重要财富。但是我们通常没有给它一个正当地位。

周:它没有地位,一说这个别人就觉得你在扯什么,就觉得这个不够科学。我就在想,我们的本科生的直觉能力训练,仅仅在理论上讲也没用,还得在实践中做。

刘:必须得是这样,光讲理论没用。田野这东西,你就得下去实践。

周:得等他有了调查之后,你再说这个事儿,他才容易感觉到其中的道理。

刘:对,这就像游泳,你在岸上讲再多理论也没用,你不让他下水里去,在水里教他,他就是下了水也只能乱扑腾。

周:因为有了田野经验,我就能感受到您说的那些深层的机制,它确实是很微妙的东西。比如说您说的二次嵌入、关系丛这些东西,比如说让一个老外来做乡镇企业研究,他就不怎么会往这个地方去考虑。

刘:他可能就不太会去考虑这个。因为我们的直觉实际上是从我们日常生活当中逐渐培养出来的,他们在他们的日常生活中培养了另外的直觉,可能他们就不太会像我们那样对那些问题有敏感性。

周:他们可能更多地会考虑关系的边界:你的权利是什么?我的权

利是什么？这是他的文化赋予的。在谈田野调查的方法论问题时，费老的调查引起了一个争论，即应不应该去自己家乡做调查，或者应该去一个异民族、你什么都不知道的地方做调查。费老晚年觉得，在家乡做调查做得最好，是因为感受力特别丰富，在这个地方直觉能力特别强。我是觉得这些方法论上的问题和咱们说的直觉、洞察或者猜想，还都有一些学理上的关系。

刘：做跨文化研究，会增加对异文化的敏感认知，这也是一种优势。进入异文化环境，一下就会觉得很多东西都新鲜，会增加调查者的敏感性。但是不是像做本土文化那样，对那些更深层的东西更有感觉？

周：是的，对比外国人的乡镇企业研究和本土的乡镇企业研究，我的感受还是很明确的：外国人会提一些你想不到的问题，他的角度不一样。

刘：比如他们会提问说：乡镇企业这样模糊的产权为什么能够带来高速增长？然后他说，它挑战原来明晰的产权更有效率的理论。他会提这种问题。

周：咱们中国人，除非对西方的经济学理论特别偏好，才会自然提出这种问题。而大部分中国人则不会觉得这是个问题。我看过一篇很出名的文章，是许成刚和一个叫作魏茨曼（Weitzman）的哈佛大学教授写的，他们在谈乡镇企业为什么能在模糊产权条件下搞好，是因为中国文化里面有一种合作性，这种合作性就是在模糊的情况下容易产生效率，但这个合作性是什么？他们真的没有说出来，这就是机制不清楚，对吧？我觉得他们是从外部推理，说模糊产权的情况下为什么乡镇企业还搞得比较好，但没有深入到内部机制。

刘：一般来讲，我们讲明晰的产权有利于个体激励，但可能不利于协作。然后他们说，既然在激励不足的情况下，乡镇企业发展得好，那就可能会协作得好。这是依靠前提和逻辑就很容易推出来的一个结论。然后再造一个概念，就是合作性。但是它到底是什么？并没有说清楚。

周：他没有"深入虎穴"，不知道那个洞里头啥样，对吧？他只是在洞外头想一想。刘老师，那你们苏南调查完，都出了一些什么成果？当时写了一些什么？您有几篇文章都是跟这个有关的？

刘：编过一本案例集。后来王老师、我、柳可白准备各写一本书，甚至纳入了出版社的计划，但由于忙别的事，没有完成。我当时的任务是写双重税制。

周：你说的案例集是马戎、王汉生、刘世定合编的那本？

刘：对，是上下集，上集是有关山东的，下集是有关苏南的。

周：但是那书都主要是案例，是吧？

刘：全是案例，实际上最初写出的案例比书中详细。但是后来控制每个案例规模，要求一个案例二万字，就砍掉了一些内容。我们最初写的案例中，有的案例是十几万字。

周：我们回顾乡镇企业那段历史，比较深入的就是咱们北大社会学系（所）这边的研究。如果再能找到最初写的案例，这真的是咱们系史上特别重要的一笔。可以启发后面的学者，让他们看看前辈学者怎么做调查，怎么收集材料。我看过王老师写的一个案例，觉得已经特别详细了，非常生动——不能完全把它当成一个案例读，甚至当成一个研究都可以，里面的信息非常丰富，启发性非常强。

刘：这种东西挺宝贵的。这些年我在北大深研院上课的时候，做了两个口述史研究，主要是和城市规划学院的老师合作。做的是深圳创业者的口述史。当时是想做三个，可是只完成了两个。

周：您出版了？

刘：在社会科学文献出版社作为内部稿出版了，编辑过程是完全按出版的标准来做的。其中也有一些有趣的东西。深圳早期创业的时候有三个亮点，一个是蛇口工业区，一个是华侨城，一个是深圳大学。我们在深圳大学和华侨城分别找到当时的两个核心人物，做了他们的口述史；蛇口工业区呢，想做袁庚先生的口述，但我们想做这件事的时候，他的身体已经不行了。

周：我们一直想专门开出田野研究的课程，想把它做成一个系列的、给学生上的田野研究的培养体系，其实口述史的问题是一个特别重要的问题。您那两个东西可以用来做我们的培养教材。这个田野调查的课程,口述史的部分,您这个就是特别好的实例的教材,让学生看看前辈做的口述史研究。我就在想这个课程设计,怎么能给学生系统地培养一下做口述史的能力,也需要有一些东西来指导他们。另外,咱们苏南调查的最初案例版本要能找出来,那价值就太大了。因为它不仅是社会学的纪念,也是中国乡镇企业那段历史的一个详细的记录。因为当时那个做法,那些案例本身就构成了一个研究。现在的学生看了那些案例,他才能知道,我做研究、做访谈还可以谈到这样,能谈到这么细。中国改革开放40年,有几个特别壮观的社会景象:一个是乡镇企业,另外一个是农民工。我记得1993年或1994年跟王老师第一次去调查,一起去广东,那时候我啥也不懂,就跟在王老师后头,那是比较早的农民工研究。

刘:我们和王老师一起做农民工研究,记得是1994年或1995年。

周:那时候提的概念就叫"边缘人"。

刘:我们那时候的研究写过几个报告,后来孙立出了一本书,把那几个报告收进去了。

周:农民工的研究就是那几个报告吧?

刘:对,有一个总报告,然后几个分报告,孙立主编的《转型期的中国社会》中收了。

周:我去找找那本书。咱们系做的研究里,农民工研究相对少,主要是乡镇企业。

刘:对。那个时候对农民工问题,我们开始做的时候,同时有几家在关注。

周:那个时候全国也就才一两千万农民工?那个时候刚刚开始,还被叫作"盲流"。

刘:后来做的就比较多了,其实农民工现象导致了一系列的后果,和学界、政府中一些人原来设想的很不一样。比如在发展起步的时候,有人提出所谓的梯度理论:沿海先发展,然后扩展到中部,再到西部。后来我在武汉那边带学生做调查时了解到,当地政府想沿着梯度理论的思路,把沿海的企业引过去。理论根据是,现在沿海的劳动力成本、土地成本都上升了,企业可以向中部转移。但事实上,梯度理论有两个假定,这两个假定在现实中已经不存在了。第一个假定就是,沿海劳动力上升后中部劳动力价格相对低。但全国大范围的劳动力流动使得劳动力价格趋于平均,所以企业从沿海搬到江汉平原优势不大。而且他们那地方,人家该流出去的早出去了,剩下的劳动力没有什么质量优势。第二个假定是土地价格在中部较沿海有优势,这和你研究过的土地财政有关,但土地价格已经被抬起来了。原来设想这两个优势,一个廉价劳动力,一个廉价土地,都玩完了,还搞什么梯度呢?人家沿海那里聚集效应形成了,你这里啥也没有,跑你这儿干什么?地价也不便宜,劳动力价格也差不多。原来的设想没有考虑这些问题,现在基本前提已经变了,所以整个发展模式就很不一样。

周:对。农民工研究还有一个跟原来设想的不太一样。原来设想城市化带来的必然现象,就是人口从农村向城市迁移。但是发展了这么多年,发现现在很少有人管他们叫"迁移"了,都叫"流动人口"。这些人口不是单向迁移,这两亿多的人真实落地的还是少,这也是跟当初的设想很不一样的。我记得费老晚年有一篇文章说:我以前说错了,以前不是说"离土不离乡,进厂不进城"吗?现在是"离土又离乡,进厂又进城"。但是几千万人到处走,中国社会为什么没乱呢?其实他都没想到,现在都不只几千万人了,有几个亿!流动规模这么大,这不是也没乱吗?我觉得费老还挺厉害的,当时他的想法是,他们之所以不乱,是因为他们不抱团,他们都是散的,他们心中每个人都有个家,他们不是一个阶级,也没有什么集体行动,虽然待遇可能确实也挺差的。我觉得这些东西是中国发展进程中很有意思的现象,就跟乡镇企业一样。

刘:当时和王老师、王小强他们做农民工研究时,我记得总报告当中就提出来,要考虑大城市发展战略,2000年以后慢慢成了主导性的发展战略。这可能是提得比较早的。

周:因为那时还在说积极发展中小城市……

刘：大力发展小城镇，适度发展中等城市，控制大城市，是这个方针。但当时已经觉得不太可能了，人口如此大规模地流动起来后就不太可能了。

周：孙老师和郭于华写那个收粮的案例，是哪段时间？

刘：收粮的那些研究，实际上应该在1996年或1997年。那时我们想选一个近一点的田野地点，就选了白沟。因为这儿可以经常跑，可以多次进入，而且大家可以一起去。

周：我上学的那阵，我有印象。

刘：那段时间是频繁去，但是时间比较短。那时候得坐长途车去。

周：对，他们的收粮研究就是在白沟做的。

刘：是在白沟做的。我们以白沟的镇区为核心，有的时候伸展到下面的村。我做的土地调整研究也是在那，白沟周边的一个村子。我一直想做一个土地调整过程的研究，后来正好碰到白沟附近有一个村要调地，我就住到村里去了。

周：在河北做调查的好处就是他们说话也都容易听得懂。

刘：对，他们议论什么也能听懂。我进村后，托镇里熟人关系住到一个农民家里，跟踪研究村里的调地过程。那是在1996年秋冬。那时正好有一个机会，我就赶紧抓住。田野调查有时候就是要碰机会，有机会就要设法抓住。

周：当初你们这几个老师，写文章、发表文章，感觉不像现在有这么大的发表压力？

刘：对。

周：我就觉得你们当时的文章发表得太散了，对吧？您"三个维度"的文章还不太容易找。

刘：是在社会学人类学所编的一个文集中。

周：孙老师那文章也弄在一本书里，对吧？

刘：那时候没有现在这种发表C刊（CSSCI来源期刊）的压力，就成那样了。

周：所以我有个想法，想把咱们系所这两边做的这几块研究，梳理清楚之后，把其中的重要的文章汇集起来。

刘：你们那时候不是编过一些吗？

周：没编，我和应星、渠敬东编的《中国社会学文选》，把您的文章编进去了，但是那个不是站在北大的立场上做的。我是觉得应该站在北大社会学的立场上总结一下。主要是集中在20世纪90年代和21世纪第一个十年，这大概20年的时间，把这一代社会学家做的最好的经验研究给编出来。我觉得一定有特别高的历史地位，因为这都是特别接地气的、"很土"的研究。

刘：当时很多是先从描述做起，然后一边调查，一边做一些理论思考，但是第一步工作是先做案例描述。

周：我当学生的那时候，看这些案例也看不出啥来。当老师这么多年，也做了很多调查，再看案例，我就觉得这些案例特别好，特别有启发、有意味。我觉得原因就是接地气，还有你们当时团体式的、小组式的研究特别好。

刘：有学生把我们这种做法叫"一鱼多吃"。大家共同调查，一起讨论，然后各自有自己的兴趣点，去写东西，资料共享，就这么个做法。这也不是现在人们常说的那种意义上的课题和项目。

周：是啊，就是这种学术的研究方式，就是您说的"一鱼多吃"，一个小组一个小组的，然后大家一起做调查，用各自不同的视角来谈，对吧？

刘：对。补充一点，案例的白描式的研究，那是基础。

周：当时你们在苏南调查，你们想的就是先把案例写好是吧？

刘：对，想的就是先把案例写好，但是也会讨论一些问题。比如苏南这种模式能不能够持续，其实我们那时候已经有了讨论，觉得这问题会出在经营者方面。所以我们对后来的改制是早有理论预见的，不觉得有什么奇怪，其逻辑是自然而然的。当时的经营者已经有抱怨，他们觉得企业越来越扩展以后，还是受到一些限制的。他们后来的经营范围越来越扩展，全国其他地方都有他们的关系，但他们到时候就要退休，这很难接受，会有问题，而且后来的历史都证明了这一点。

论 文

论生活习惯与制度建设:变革的视角[*]

杨雪冬[**]

摘要:习惯与制度都是规范和约束人们生产生活方式的规则。相对于制度的统一性和设计性而言,习惯是多样的和演进的。制度可以借助公共权力来倡导、塑造某种与其理念相符合的生活习惯,也可以改变、禁止某种被认为有害的生活习惯。但生活习惯由于其惯性也会以某种方式抵制制度的干预,从而形成二者的紧张关系。本文将从政治学的角度出发理解生活习惯与制度之间的互动关系,梳理古典政治学关于二者关系的理论资源,分析近代以来政治学忽视生活习惯的原因,归纳二者互动的基本方式,并结合当代中国的具体案例,探讨在何种条件下,能在变革的时代中同步实现良好生活习惯的养成与良法善治。

关键词:生活习惯 制度建构 社会变革 中国

现代化过程也是制度化过程,制度化的效果是通过生产生活的改善来检验的,但受到既有的生产生活方式的制约,生活习惯就是其中的一种制约条件。相对于制度的统一性和设计性而言,习惯是多样的和演进的,并且呈现为本土、群体乃至个体的特征。固然,制度可以借助公共权

---

[*] 本文在写作过程中得到了北京大学中国政治研究中心俞可平教授、何增科教授的帮助,调研过程得到了恒源祥集团的资助。文责自负。
[**] 杨雪冬,清华大学政治学系教授。

力,通过顶层设计、外来移植等方式来改变既有的多样生活习惯,确立、倡导、推广并养成与其匹配的统一的新习惯,以延展制度的影响力和覆盖面,达到制度化预想的目标;但是,既有的生活习惯并不会马上消失,依然会通过各种方式进行抵抗,持续直接或间接地影响着特定群体和个人,并在一定条件下与强调统一一致的制度形成紧张关系,进而引发国家与社会的局部矛盾冲突。之所以如此,根本原因在于习惯是长期养成的,已经在特定群体、个人身上形成了稳定的心理和行为定式,很难依靠外部强力短时间改变。因此,有人说,习惯是人的第二本性,是人后天的全部本性。

本文将以当代中国的变革为背景,从政治学的角度来考察生活习惯与制度建设之间的互动关系,探讨在中国这个传统悠久、生活多样化的社会中,具有强大公共权力支持和理念引导的制度建设如何更好地对接、改造既有习惯,培育、养成具有现代意义的新习惯。文章分为四个部分:第一部分简要概述现有文献中关于生活习惯与制度建设之间的观点;第二部分从理论层面分析生活习惯与制度建设之间的互动关系;第三部分通过中国的若干实践案例,讨论如何在社会变革与制度变革的双重进程中,寻求生活习惯养成与制度建设之间的良性互动关系;最后一部分是结论。

一、生活习惯与制度建设: 一个被现代性遮蔽的问题

习惯是我们耳熟能详的概念,也是影响甚至左右我们日常生活的重要力量。有研究表明,人们每天有40%的行动不是由决策,而是由习惯驱动的。[①] 中国也有"习以为常""习惯成自然"等说法。由此可见习惯在塑造人们言行方面的重要性。

---

① 转引自查尔斯·都希格:《习惯的力量》,吴俊奕、陈丽丽、曹烨译,北京:中信出版社,2013年,前言第 xvii 页。

在中文中，习惯有两个含义："1. 由于重复或多次练习而巩固下来并变成需要的行动方式。如：良好习惯；不良习惯。2. 指经过不断实践，已能适应新情况。惯，亦作贯。"①在英文中，习惯通常有 habit、custom、practice 等表述方式。habit 意思是一种习得、几乎是不知不觉经常采用的行为模式②，habit 专指个人经过反复运用，以至于自然而然采取的行为，可以译作"习惯"。custom 既指个人习惯，也指集体习惯，还指长期形成的具有规律性的做法，以及社会学意义上的可以代际传递的惯例，可以译作"风俗""惯习"。爱德华·汤普森（Edward Thompson）认为，在英文中，习惯（custom）的含义丰富，表示过去的东西、好的东西、地方法、普通法等；习惯也具有法律效果。③ practice 指的是一组固定下来的习惯（habit），或者采取行动时遵守的固定程序，可以译作"惯例""通例"。④

根据这些词义解释，我们可以归纳出习惯的几个基本特征：

1. 反复出现的行为方式，也会凝聚成某种观念；
2. 可以习得、传承，但形似自然生成；
3. 既可以是个人的，也可以是群体的；
4. 既有良好的，也有不良的。

本文研究的生活习惯，指的是人们日常生活中固定化的行为方式。日常生活丰富多彩，包括衣食住行、婚丧嫁娶等，贯穿于从摇篮到坟墓的生命历程中。本文重点研究的不是个人的生活习惯，而是群体的习惯，更接近 custom，因此在概念使用上会与风俗、惯例、惯习等词汇混合使

---

① 夏征农编：《辞海》第 4 册，上海：上海辞书出版社，2002 年，第 2296 页。
② https://www.dictionary.com/browse/habit? s=t.
③ 爱德华·汤普森：《共有的习惯》，沈汉、王加丰译，上海：上海人民出版社，2002 年，第 3 页。
④ https://www.dictionary.com/browse/custom.

用。这类生活习惯,具有集体性、传承性、模式性,以及约束性。

习惯作为一个研究议题,散布在自然科学和社会科学多个学科之中,并且是民俗学、教育学、法学等学科的重要研究对象或问题。不同的学科形成了各自的研究路径,有的学科通过研究习惯的养成来总结个人成长的规律,比如教育学、神经科学、脑科学等;有的学科通过研究习惯的功能来分析其在社会关系维系中的作用,比如社会学、管理学、法学等;有的学科把重点放在调查习惯的种类、分布、演变、流传等方面,比如民俗学。由于这些研究路径主要是围绕个人与社会的关系而展开的,所以可以称为社会中心论。

相比之下,政治学对于习惯的研究是制度中心论的,从一开始就将习惯与保持统治持久、实现优良治理联系在一起。中西方古典政治学都以不同的方式关注着习惯与制度的关系。

中国古典政治学按照"家国同构"逻辑,提出了教化、德政、礼治等治理方式,把培养良好习惯、倡导良风美俗视为实现国家长治久安的基础性条件。《论语·学而》说:"其为人也孝弟,而好犯上者,鲜矣;不好犯上,而好作乱者,未之有也。"这种把个人生活与公共生活或者政治生活联系在一起的逻辑,成为儒家治理国家的基本思路。因此荀子说,"移风易俗,天下皆宁"。后世对风俗之于国家治理的重要性给予了高度的重视。例如,汉代崔寔将风俗视之为"国之诊脉",认为"年谷如其肥肤,肥肤虽和,而脉诊不和,诚未足为休"。宋代苏轼更明确地将风俗之于国家的意义比作"元气"之于身体之意义,认为"国之长短,如人之寿夭,人之寿夭在元气,国之长短在风俗"①。陆象山也曾经说:"一国之俗,善习长而恶习消,则为治国,反是则为乱。"②关于风俗,古代也有许多精彩论断。例如"观风俗,知得失,自考正"(《汉书·艺文志》)、"风俗,天下之大事也"(司马光)、"为政必先究风俗"、"求治之道,莫先于正风俗"(叶

---

① 赵汝愚编:《宋名臣奏议》卷一一〇,《文津阁四库全书·史部·诏令奏议类》第148册,北京:商务印书馆,2005年,第290页。
② 陆九渊:《象山集》,北京:中华书局,2008年,第124页。

伯巨)等。

瞿同祖评价说,日常生活习惯反映了古代社会的等级差别,正因为如此:

> 古人认为这种差异必须严格维持,绝对不容破坏,否则,必致贵贱无别,上下失序,而危及社会秩序,其推论实有其理论上的根据……于是不仅将这些差异规定于礼中……图以教育、伦理、道德、风俗及社会制裁的力量维持之,且将这些规定编入法典中,成为法律。对于违犯者加以刑事制裁,因之这些规范的强制性愈加强大。①

经历了中国传统社会急剧变革的章太炎,归纳了政教(制度)、风俗、心理的递进连带关系,"因政教则成风俗,因风俗则成心理"。一个社会要有良好的治理秩序,则需要政教、风俗和心理的和谐统一。②

历朝历代统治者都非常重视利用风俗而治,在因风俗习惯改进治理、通过治理改变风俗等方面积累了丰富的实践经验。从制度角度而言,主要有三种方式来回应风俗的变化:首先,在政治理念上将风俗与国家治理联系在一起,认为风俗既是治乱的表征,也是其原因。因此,历朝历代统治者都会委派官员考察民风民俗,宣传教化,整顿社会秩序。从周秦时代设立輶轩使者到民间采风开始,历代都有类似的设置,比如唐代的视风俗使,清代的观风整俗使。人们常用"淳""醇""美""厚""朴"等形容好风俗;用"薄""恶""陋""漓""浇""偷""浮""粗""鄙""野""淫""奢""黠"等形容坏风俗。风俗齐同(六合同风)是治世的特征,风俗不一(九州异俗)则是"晚世"的征兆。其次,通过法令移风易俗。法家思想对此有很大的贡献,强调以吏为师、以法为教,通过法律政令的实施强

---

① 瞿同祖:《中国法律与中国社会》,北京:中华书局,2003年,第151页。
② 章太炎:《章太炎全集》第4卷,上海:上海人民出版社,1985年,第445页。

制性地改变风俗。后世对这种做法颇多批评,经常以秦朝短命而亡作为案例说明强制改变风俗的负面后果,但是依然不断有类似的做法。最后,通过教化移风易俗。这种做法得到儒家思想的支持,并且西汉之后被历朝统治者推崇。明太祖就曾对大臣们说:"治道必本于教化,民俗之善恶,教化之得失也。"教化的主要方式包括推行教育,重视家庭、家族的作用,重视社会精英的表率引领等。梁漱溟将这种重教化、社会礼俗的治理方式称为"不要政治的政治"①。尽管如此,由于风俗习惯是人们习以为常的东西,所以常常被忽视。清代黄中坚就曾感叹说:"天下之事,有视之无关于轻重,而实为安危存亡所寄者,风俗是也。"②

西方古典政治学按照个人与社会关系的逻辑,跨过家庭,将个人与国家、制度直接联系在一起。亚里士多德是这一思想的首倡者。在他看来,习惯与道德在希腊语中有着密切的词源关系。他说:"德性分两种:理智德性与道德德性。理智德性主要通过教导而发生和发展,所以需要经验和时间。道德德性则通过习惯养成,因此它的名字'道德的'也是从'习惯'这个词演变而来。"③在《政治学》一书中,他进而提出,习惯与天赋、理性共同构成了培养人的诸善德的根基,并且系统探讨了个人健康发展与良好政治之间的关系。他认为,对个人和集体而言,人生的终极目的都是相同的,最优良的个人的目的也是最优良的政体的目的。④ 由此,他提出一个关于政体公式:1. 政体=人民生活方式;最优良的政体=最优良的生活方式。2. 优良(善德)=幸福(快乐)。合并两公式,那么最优良的政体=最幸福(快乐)的生活方式。要构建最优良的政体,就要培养良好的遵守法律和礼俗的习惯。习惯培养起来,有助于制度的稳定和秩序的维护。如果随意改变法律制度,就会造成民众的不适应。民

---

① 梁漱溟:《乡村建设理论》,载《梁漱溟全集》第 2 卷,济南:山东人民出版社,2005 年,第 179 页。
② 张勃:《风俗与善治——中国古代的移风易俗思想》,《广西民族大学学报(哲学社会科学版)》2015 年第 5 期。
③ 亚里士多德:《尼各马可伦理学》,廖申白译注,北京:商务印书馆,2009 年,第 36 页。
④ 亚里士多德:《政治学》,吴寿彭译,北京:商务印书馆,1981 年,第 392 页。

众守法的习性减弱了,法律的威信也相应削弱。①

尽管中西方古典政治学从不同的路径来认识习惯与制度的关系,但都认为风俗习惯是治理的基础性条件,良好的习惯是善治(当然对于善治有不同的理解)所必需的。要保持统治稳定,实现良好治理,执政者就有责任推动民众养成良好的习惯。

近代以来,随着交通的发展、国际交往的扩展,研究者有了更加便利的条件了解其他历史文化背景下产生的制度及其运行方式,由此在习惯与制度关系的认知上增加了比较的视野,强化了实证的基础。孟德斯鸠、托克维尔、韦伯等人的研究就体现了这点。孟德斯鸠认为习俗是法律未做规定、无法规定或无意规定的习惯,法律与习俗的区别在于前者偏重约束公民的行为,后者偏重约束普通人的行为。② 显然,这个认识是以现代国家-社会关系作为背景的,将自然形成的习惯与国家权力保障、人为设计的制度区分开来。为了划分不同的制度形式,他还将自然环境、气候、风俗习惯、法律制度等视为决定人们行为的因素,当某种因素起到主导作用时,其他因素就相应减弱,以此区别了不同的人群。③ 比如他说,自然条件和气候左右着未开化的人,礼仪规矩支配着中国人,法律束缚着日本人,施政的准则及古老的习俗是罗马的准则,由此形成了各自的制度形态。他还试图找到这些因素之间的规律性联系,得出气候决定风俗习惯、风俗习惯决定制度形式的结论。尽管他的一些判断武断偏颇,且还是臆测的,但有着明显的制度国情论倾向,这迥然不同于后来流行起来的将西方现代制度视为可以任意移植的现代化理论。

托克维尔进一步发展了孟德斯鸠关于风俗习惯的思想,力图解释风俗习惯背后的观念。他使用"民情"(moeurs)来指代包括心理习惯、社会流行观念以及人们的生活习惯所遵循的全部思想。④ 他在解释美国民

---

① 亚里士多德:《政治学》,吴寿彭译,北京:商务印书馆,1981年,第81页。
② 转引自雷蒙·阿隆:《社会学主要思潮》,葛智强、胡秉诚、王沪宁译,上海:上海译文出版社,2013年,第26页。
③ 孟德斯鸠:《论法的精神》,许明龙译,北京:商务印书馆,2009年。
④ 托克维尔:《论美国的民主》上册,董果良译,北京:商务印书馆,1988年,第332页。

主的时候,将民情作为美国民主制度产生和运行的重要原因之一,甚至成功的关键。他认为,虽然美国的自然环境有利于维持民主政体,但法律的作用超过了自然环境,而道德习俗又超过了法律。① 托克维尔的"民情论"遭到了后世许多研究者的批评,称其概念过于宽泛,缺乏严谨性,分析粗糙,简单化了美国制度的独特性。但是这种将制度与民情联系在一起加以考察的政治社会学方法,对于后来的制度多样性研究、多样现代性理论具有启发意义。

相比之下,马克斯·韦伯作为一名更具有现代意义的社会学家,对习惯做了学理性的定义。他认为法律、惯例与习俗(custom)属于同一连续体,相互转化是难以察觉的。习俗可以被定义为"一种独特的一致性行动,这种行动被不断重复的原因仅仅在于,人们由于不假思索的模仿而习惯了它"②。习俗不具有反思性,被人们自然而然、不问原因地遵守着,是所有社会行动中极其重要的因素。当习俗被制度化,例如法律将某些习俗转化为法律义务的时候,实际上并没有因其有强制性而提升习俗本身的效力。但当法律与习俗对立的时候,后者的实际影响更大。因此习俗、惯例在规约人们的行为时比法律强制机构作用更大。③ 在韦伯的理论中,理性化是一个重要概念,也是现代化的标志之一。他认为,行动理性化的一个重要方面就是将"内在未经思索地接受流传下来的风俗习惯"替换为深思熟虑、有计划的、考虑利害状况的行动。但是这种理性化过程既可能培养出积极的"价值理性",也会因为牺牲掉风俗习惯、感性行为而不利于"价值理性"的形成,导致一种"弃绝任何价值理念"的纯粹目的理性式行为。④

---

① 托克维尔:《论美国的民主》上册,董果良译,北京:商务印书馆,1988年,第358页。
② 马克斯·韦伯:《经济、诸社会领域及权力》第2卷,李强译,北京:生活·读书·新知三联书店,1998年,第14页。
③ 马克斯·韦伯:《经济、诸社会领域及权力》第2卷,李强译,北京:生活·读书·新知三联书店,1998年,第16页。
④ 马克斯·韦伯:《社会学的基本概念》,顾忠华译,桂林:广西师范大学出版社,2005年,第40—41页。

韦伯对惯例、习俗具有的道德性、价值性的认识,可以追溯到亚里士多德那里。这也是西方古典时代对于风俗习惯的普遍性认识。但是,韦伯将其与理性化联系在一起,从而提出了风俗习惯的现代转化这个深刻命题。在现代化过程中,人们会用工具理性的标准来衡量传统的风俗习惯的作用,很容易忽视它们携带的文化符号、价值理念,以及其对特定人群的心理、精神影响,从而简单化地将其取消,或者视为落后、过时之物。如果新确立的,或者取而代之的规则制度不能提供相应的价值理念,填补缺失的心理精神空间,就会造成风俗习惯与规则制度之间的矛盾,集中体现为价值理性与工具理性的冲突。进而言之,制度化过程也是一个培养道德、塑造观念的过程。在《新教伦理与资本主义精神》中,韦伯将这种认识推到了极致。

遗憾的是,在接下来的理论发展中,习惯与制度之关系的主题逐渐淡出了美国主导构建的当代西方政治学视野,即使是二战之后流行起来关注发展中国家政治转变的比较政治学、政治现代化理论等也没有给予二者关系以足够的重视,只是简单地将习惯、风俗作为现代化要去除和替代的对象,并以西方社会产生的制度作为现代制度的理想类型,以比照出发展中国家既有习惯风俗的落后性,并证明实现西方式现代化的合理性与正当性。而对于西方国家来说,随着经济的发展,实现了高水平的现代化,整个社会走向成熟均衡,法律政治也趋于完备稳定,因此大部分政治学研究也不会关注本国的风俗习惯与制度运行的关系问题。

就政治学本身来说,忽视习惯的原因大致有三:第一是启蒙时代出现的"现代-传统"二元论思维,给现代打上理性的标签,赋予更高的道义性,将传统等同于落后、过时、非理性甚至蒙昧,由此在价值原则上摒弃了风俗习惯继续存在的理由。第二是现代社会科学的学科分化导致了研究边界的明确化与研究问题的专属化,风俗习惯研究被归入人类学、民俗学、社会学等学科之中,在政治学中没有了存在的空间。第三是政治学研究的"科学化"后果。行为主义革命倡导借鉴自然科学,践行价值中立原则,构建出一套不同于古典政治学的概念话语和分析方法,形成了一系列的命题判断。由于主要关注当下政治如何运行,缺少历史分析的深度,由此也难以将具有历史性特征的风俗习惯纳入分析框架和话语体系之中。因此,西方政治学在解释发展中国家的政治社会转变时存在着结构性不足和知识的盲区。

20世纪60年代以来,西方社会生活和观念结构开始发生深刻的变化。以英格尔哈特(Ronald Inglehart)为代表的一些政治学者通过定期的多国问卷调查试图记录下这些变化,找出变化的趋势。他们提出了西方发达社会出现了从"物质主义"价值观向"后物质主义"价值观的转变。年轻一代开始追求更高层次的需求,强调自我表达与个人自由。[①]社会理论家吉登斯等提出了"生活政治"已经取代了"解放政治",成为西方政治生活的主题,人们更关注日常生活、自我实现、个人认同等微观的问题。这些研究虽然没有直接触及社会风俗习惯,但是其揭示的变化必然会有社会风俗习惯的具体体现。

帕特南(Robert Putnam)、福柯(Michel Foucault)和斯科特(James Scott)的研究很具有启发性,分别从不同角度揭示了生活习惯与制度建设的关系。帕特南通过研究意大利、美国等国家生活习惯的变化,讨论了这些改变对社会资本,进而对制度运行的影响。福柯从批判的角度揭示了权力对于社会具有强烈的、有意图的规训作用,通过对人的生活、生育、健康等的干预,使国家的意图转化为个人的自觉行为。他的研究说明了制度对于生活习惯有强大的塑造作用。斯科特则与福柯相反,从人类学的视角,讨论了即便国家有着强烈的改造社会习惯的意图,但往往适得其反,不仅不能成功地改造之,还会产生一系列负面后果。

帕特南对西方民主,特别是美国民主制度运行遭遇困难的思考,使风俗习惯重新回到了政治学研究视野。他对"社会资本"进行了创造性应用,以解释意大利南北制度运行绩效的差异,以及美国民主参与和社

---

① 罗纳德·英格尔哈特:《静悄悄的革命:西方民众变动中的价值与政治方式》,叶娟丽译,上海:上海人民出版社,2016年。

会自治的滑坡。在他看来,现行制度的运行深受环境和历史的制约,并由人们的交往方式决定。因为在交往中,会培育出社会自组织能力和社会信任,后者就是社会资本的具体表现形式。他说:"我们的研究得出的一个经验就是:社会环境和历史深刻地影响着制度的有效性。一个地区的历史土壤肥沃,那里的人们从传统中汲取的营养就越多;而如果历史的养分贫瘠,新制度就会受挫。"①他通过对各种解释变量的筛选,发现结社、集体合作传统等通过培育公共精神及养成良好的公民习惯,巩固了公民共同体,提高了民主制度的运行绩效。②

在《独自打保龄》一书中,他通过大量的材料描述了美国普通人生活方式和生活习惯的变化,分析这些变化对他们的政治行为,进而对政治制度的影响。帕特南认为,时间和财富压力、市郊化、城市的扩张、上下班时间的增加、以电视为代表的电子娱乐,以及代际更替等共同推动了美国人参与公共事务活动的减少,降低了美国的社会资本,进而削弱了美国民主制度的质量。例如,他通过对各种研究的汇总,得出结论,电视到来产生的一个重大影响是,所有年龄的人们对社会、娱乐和社区活动的参与都减少了。"电视使闲暇时间私人化了。"③在他分析的这些因素中,有的是改变了的生活习惯,比如看电视;有的则是改变生活习惯的原因,比如市郊化、代际更替等。生活习惯的改变,制约着人们参与公共事务的时间安排、精力投入以及目标期待,进而侵蚀了美国传统上形成的公共生活组织方式,削弱了整个社会的社会资本和政治信任。

福柯关于权力的研究拓宽了我们对于权力的认识。他认为权力不是单向的,而是相互影响的,以网络的形式运行:"在这个网上,个人不

---

① 罗伯特·帕特南:《使民主运转起来:现代意大利的公民传统》,王列、赖海榕译,南昌:江西人民出版社,2001年,第214页。
② 罗伯特·帕特南:《使民主运转起来:现代意大利的公民传统》,王列、赖海榕译,南昌:江西人民出版社,2001年,第214页。
③ 罗伯特·帕特南:《独自打保龄:美国社区的衰落与复兴》,刘波等译,北京:北京大学出版社,2011年,第274页。

仅在流动,而且他们总是既处于服从的地位又同时运用权力。"①权力不仅具有压制性或消极性,而且具有生产性。他提出的"治理术"和"生命政治"(bio power)概念深刻揭示了近代以来国家通过构建一系列现代制度(例如卫生、教育、人口登记等)来规训和改变人们的习惯,进而实现了对整个国家的有效治理。在这个治理过程中,权力具有了连续性,即从国家治理向下延伸到社会、家庭以及个人的治理。他认为,当一个国家运转良好的时候,家长会懂得如何照看他的家庭,个人行为也会良好。②

人类学家詹姆斯·斯科特一直关注社会如何回应国家权力的强制和渗透。他在《国家的视角》一书中讨论了国家对包括风俗习惯在内的社会、自然内生规则的过度干预及其负面后果。在他看来,虽然国家可以通过制定和推行正式的制度来实现管理的计划化、规范化、标准化等,甚至可以快速实现提高产量、效率以及组织能力等现代化目标,但是也会破坏社会和自然原有的秩序,产生正式制度意料之外的后果。因此,要重视"米提斯",即实践知识。米提斯不可言传,是通过实践和习惯养成的。只有重视实践知识、地方知识,才能避免理性主义的自负和现代主义的单一化。斯科特对单一化的现代性进行了有力的批判,倡导以多样性的保留来应对现代性带来的更大的不确定性。在他看来,"正式制度在很大程度上总是寄生于非正规过程,虽然正式制度并不承认非正规过程的存在,但没有它们又无法生存;同时,没有正式制度,非正式制度也无法自我创造或保持"③。

值得注意的是,虽然政治学忽视了风俗习惯,但是制度主义经济学为了增强解释的效力,开始关注被归为非正式制度的行为准则、传统、惯

---

① 米歇尔·福柯:《必须保卫社会》,钱翰译,上海:上海人民出版社,1999年,第271页。
② 路易丝·麦克尼:《福柯》,贾湜译,哈尔滨:黑龙江人民出版社,1999年,第125页。
③ 詹姆斯·斯科特:《国家的视角:那些试图改善人类状况的项目是如何失败的》,王晓毅译,北京:社会科学文献出版社,2005年,第424—425页。

例、禁忌等。① 这不仅扩展了研究对象,而且拓宽了历史视野。西方的兴起、东西方发展道路差异以及南北发展差距等宏观问题,以及公用地、灌溉用水、商业信用等具体问题,都被纳入制度分析的范围。尽管这些研究都关注了曾经被忽视的非正式制度,丰富了研究内容的多样性,但是也存在明显的不足:一是衡量非正式制度的标准依然是经济主义的、现代性的,例如理性、效率、效益等,因此并没有摆脱进步主义的单一现代性倾向,并且强化了西方的现代性优越感;二是由于非正式制度的定量操作性弱,研究并没有充分深入地展开。在这方面,经济学与强调扎根、深描等定性研究方法的人类学、社会学,以及注重史实分析的历史学等学科相比,并没有提供更有启发性的论述和锐利的发现。

在这些思想或者理论中,都或多或少有关于生活习惯与制度关系的论述,但囿于不同的原因,并没有进行系统的论述分析,尤其没有讨论制度是如何改变或者塑造生活习惯这个后发现代化国家普遍面对的现代化问题。这为进一步讨论这些问题提供了空间。

二、生活习惯与制度现代化:一种规范分析

现代化是一个分化与理性化、制度化、规范化并行的系统工程,包括诸多要素。制度现代化既是其组成要素,也是其推进和实现的保障。现代化虽然也需要相应的生活习惯作为支撑,但并非所有的生活习惯都符合现代化的需要,因此一些被视为旧的、过时的生活习惯就与现代化产生矛盾,成为制度现代化干预、改造乃至消除的对象。但是,生活习惯背后是特定人群长期形成、共同拥有的生活方式、人际关系、信仰体系、价值理念等深层次因素,这使得生活习惯具有很强的韧性,不会被轻易消

---

① Douglass North, "Institutions", *The Journal of Economic Perspectives*, Vol. 5, No. 1 (1991), pp. 97-112.

除掉,反而制约制度现代化的进程,影响制度现代化的绩效。由此,生活习惯与制度现代化形成互动并相互影响的关系。

要讨论二者的关系,首先要从生活习惯的类型学入手,以区分哪些习惯可能受制度现代化影响更大,哪些习惯的韧性更强。一般而言,生活习惯可以分为个人的习惯与群体的习惯。在现代化背景下,如果个人习惯只局限于个人生活之中,没有影响到其他人或者公共生活,就可以归为个人偏好或者隐私,不应该受到制度的干预。群体习惯则由于群体规模、社会阶层、区域分布等因素,呈现出不同的形态。群体的规模越大,某种生活习惯的影响范围就越广,改变起来就可能花更长的时间。由于社会阶层的分化,生活习惯有了清晰的边界,有了资产阶级与无产阶级、精英与大众等方式的区分。在不同的制度和文化环境下,这些群体性生活习惯经过政治判断和价值筛选,做了先进 vs 落后、奢靡 vs 朴素、低俗 vs 高雅等价值性区分。城市与农村,不同的区域,由于发展水平、生产方式、自然环境条件以及历史文化传统等的影响,也会形成各具特点的生活习惯。

随着社会交往的扩大,特别是跨国交往的发展,长期形成的稳定的本土生活习惯就会遭遇到外来生活习惯的冲击。城市生活习惯、西方生活习惯被认为代表了现代化的方向,往往更加强势。在许多发展中国家,都会出现城市生活习惯逐渐普及、西方生活习惯备受推崇的现象。农村生活习惯、本国的生活习惯往往被打上"落后""保守"等标签,成为改革乃至放弃的对象,相关群体也会受到歧视。生活习惯成为城乡差别、地区差别、内外差别等在日常生活中的具体体现。

在现代社会,消费成了生活习惯的重要展示方式。阿瑟·米勒(Arthur Miller)在1985年出版的剧本《代价》第一幕中有这样一段话:"许多年以前,一个人如果难受,不知如何是好,他也许上教堂,也许闹革命,诸如此类。今天,你如果难受,不知所措,怎么解脱呢?去消费!"[①]从更广泛的意义上说,消费在当代西方社会已经超过了宗教、政

---

① 转引自高丙中:《西方生活方式发展叙略》,《社会学研究》1998年第3期。

治等的重要性,发展成主要的社会活动。由于收入的差距、审美观的分化,以及资本的推动塑造等,消费被赋予了文化含义,区分出不同的层次,有了流行与落伍、主流与非主流、高级与低级等区别。随着消费在国家经济发展中影响的提升以及影响范围的扩散,消费习惯也成为国家干预和塑造的对象,国家也会倡导某种"文明""健康""合理"的消费习惯,推动生活习惯的现代化。

许多生活习惯是特定人群为适应特定的生活环境长期累积而成的,有物质载体和具体体现形式,也形成了稳定的内心图式和行为模式,并没有好坏之分。但是,在现代化过程中,国家出于意识形态和管理的需要,会构建出一些衡量标准,比如先进 vs 落后、健康 vs 不健康、绿色 vs 浪费等,对生活习惯进行区分判断,并作为社会改造的内容。这样也会造成特定群体心理和行为的不适应。

传统社会由于发展缓慢,社会阶层区分明显,社会流动性低,因此习惯与制度的契合度高,相互呼应,互相支撑,实现了长期稳定的一体化。习惯使制度生活化、日常化,制度则成为习惯的维护者和倡导者。费孝通先生认为日常生活中的传统习俗具有一种敬畏的魔力,"不必知之,只要照办,生活就能得到保障的办法,自然就会随之发生一套价值"①。而在现代化过程中,社会快速转型,许多现代制度被快速建构出来,习惯与制度的一体化状态也被打破,出现了明显的二元化。这样,在现代化过程中,如何对待习惯就成为各国制度现代化必须面对的问题。

由此,我们也可以从生活习惯与制度的距离维度审视现代制度。现代制度具有很强的主观建构性,是为了达成某种价值目的而设计的,常常有明确的文本规定和具体的组织体现,对于相关领域具有规范性和强制性。但是主观建构并不意味着现代制度是非历史的、脱离社会生活环境的,依然会与习惯有着直接或者间接的联系。有的制度在功能上是某种习惯的替代,有的制度在形式上是某种习惯的体现。在法律方面尤其

---

① 费孝通:《乡土中国》,北京:北京出版社,2011年,第74页。

如此,习惯法被认为是"国家认可和由国家强制力保证实施的习惯"①。"在构建社会交往、沟通自我中心的个人和实现社会整合上的重要性早已被哲学家和社会科学家们所认识。"②

但是,现代社会中生活习惯与制度的关系呈现了两极化趋势。一方面,随着社会分化和个体化,许多个人的生活习惯作为隐私被隔离到制度干预范围之外,特定群体的传统习惯作为其特色表现被纳入法律尊重和保护的范围,由此生活习惯成为公民权的组成部分;另一方面,随着国家对社会生活的高度渗透和监控能力的提升,几乎没有哪一个群体的生活习惯能逃脱制度的干预、影响和塑造。倡导和培养某种符合国家意识形态需要的生活习惯,已经成为巩固和延展国家合法性的内容。

表1 生活习惯的划分原则及主要类型

划分的原则	主要类型	与制度的关系
生活领域	衣食住行、生老病死	中性
空间区域	东西南北、沿海内陆等	中性
时间尺度	传统/现代、过时/流行等	密切
社会层级	精英/中产/底层、资产阶级/无产阶级等	密切
价值尺度	先进/落后、文明/不文明、健康/不健康、绿色/浪费、主流/异类等	密切

生活习惯与制度在同存的同时,也形成了相互影响的关系,这既是制度现代化必须面对的条件,也是需要解决的问题。习惯对于制度现代化的重要性已经得到了公认。有学者认为,包括生活习惯在内的习俗可以弥补制度供给不足,以法外制度的形式调节、规范人们的社会行为。尤其重要的是,即使是最完善的法律制度,其实现也要靠民众的服从。服从的习惯是长期养成的,在养成的过程中,既有的习惯可以发挥弥补

---

① 中国大百科全书出版社编辑部编:《中国大百科全书·法学》,北京:中国大百科全书出版社,1984年,第87页。
② 柯武刚、史漫飞:《制度经济学:社会秩序与公共政策》,韩朝华译,北京:商务印书馆,2000年,第122页。

和替代作用。①

简要地说,生活习惯通过以下几种方式影响着制度以及制度现代化。

第一,以"移情共理"的方式,生活习惯为制度及其运行提供社会心理基础和行为模式参考。人是通过日常生活的展开来了解和认识各类制度的,日常生活中养成的习惯往往是正式制度的投影或模拟,养成习惯成为个人政治社会化过程中的重要环节。在习惯的养成过程中,人们也逐渐接受和认同了习惯背后蕴含的特定价值和规则。当人们进入公共生活的时候,他们就会自然而然地将日常生活中养成的行为习惯和思维习惯与公共生活的要求对接起来,减少了心理和行为的不适应感,并很快适应制度化的环境,这为制度的有效运行提供了社会心理和行为惯性基础。生活习惯具有教化人们自愿自觉服从制度的功能。《管子》一书曾经将教化过程描绘为"渐也、顺也、靡也、久也、服也、习也,谓之化"。实际上,一些重要的生活习惯往往通过重要礼俗或者节日体现出来,比如中国传统的乡饮酒礼、西方社会的圣诞节日等,既有庄严的仪式感,也有丰富多彩、老少咸宜的活动,成为人们日常生活中标志性的活动。现代国家则通过设定法定节假日、组织公共活动等方式将这些生活习惯公共化、制度化,纳入整个国家的治理体系之中,使人们在享受这些生活习惯带来的公共福利的同时,增强对国家的认同。

第二,作为某种非正式制度,生活习惯在某些领域可以成为正式制度的补充,也可以通过法定程序,转变为正式制度的组成。自从有了制定法以来,风俗习惯一直被认为是制定法的重要来源,甚至是比前者影响更持久的法律。恩格斯认为,在社会发展的某个很早的阶段,在生产、分配和交换中逐渐形成共同规则。"这个规则首先表现为习惯,不久便成了法律。"②梅因认为,《罗马法典》"只是把罗马人的现存习惯表述于

---

① 费维照:《习俗与制度创新》,《学习与探索》1995年第6期。
② 《马克思恩格斯选集》第3卷,北京:人民出版社,2012年,第260页。

文字中"①。卢梭在谈到风俗习惯时充满激情地指出:"它形成了国家的真正宪法;它每天都在获得新的力量;当其他的法律衰老或消亡的时候,它可以复活那些法律或代替那些法律,它可以保持一个民族的创制精神,却可以不知不觉地以习惯的力量代替权威的力量。"②在传统中国,生活习惯会成为礼制的组成部分,通过礼乐仪式来体现制度的价值诉求和行为要求,形成传统社会的"生活政治",将日常生活与政治价值、原则联系在一起,使日常生活政治化。③ 日本学者在谈到中国台湾的惯习调查重要性时说:"法律并非习俗,政事并非人情,惟法律非渊源于习俗不可;政事非以人情为根基不能成。设法律不以习俗为渊源,则法律将与习俗枘凿不相容,终将破坏习惯,唯有扰乱民俗而已。又政事,设不以人情为根基,则政事将与民情乖戾不相符,致民心离反,社会为之动摇而已。其害之大将不可测也。"④

第三,生活习惯作为既定的存在,能够充当缓冲阀或隔离带,限制某些制度的作用范围,进而为特定群体提供保护。霍布斯鲍姆(Eric Hobsbawm)认为传统社会的"习俗"具有双重功能——发动机和惯性轮,虽然不妨碍一定程度的革新和变化,但会产生诸多的限制,因为无论是期望的变化或者是对变革的抵制都需要来自它们作为历史惯例、社会连续性或自然法的认可。⑤ 由于习惯是历史形成的,因此也被认为是一种"权利"。⑥ 现代国家多是多民族国家,保护包括少数民族在内的特定群体的风俗习惯被认为是国家的基本责任。以中国为例,《中华人民共和国宪法》第四条就规定,各民族都有保持或者改革自己的风俗习惯的自由。高其才通过对中国法律的检索发现,包含"习惯""习俗""惯例"的

---

① 梅因:《古代法》,沈景一译,北京:商务印书馆,1959年,第11页。
② 卢梭:《社会契约论》,何兆武译,北京:商务印书馆,1980年,第73页。
③ 朱承:《论中国式"生活政治"》,《探索与争鸣》2014年第10期。
④ 铃木宗言:《〈台湾惯习记事〉发刊辞》,转引自蔡升德:《日据初期台湾旧惯调查的"民俗"知识建构——知识政治学的视角》,《民俗研究》2014年第6期。
⑤ 霍布斯鲍姆、兰格:《传统的发明》,顾杭、庞冠群译,南京:译林出版社,2004年,第2页。
⑥ 霍布斯鲍姆、兰格:《传统的发明》,顾杭、庞冠群译,南京:译林出版社,2004年,第2页。

自治条例和单行条例中,绝大部分为自治条例,包含"习惯""习俗""惯例"的单行条例主要涉及民族团结进步、宗教事务、教育、民族教育、义务教育、法制宣传教育、非物质文化遗产保护、民族文化遗产保护、民族文化村寨保护、民间传统文化保护、婚姻、继承、老年人权益保障、未成年人保护等多方面事务。① 在高其才看来,最近十几年来,中国的立法正经历着从"为立法而立法"向"为生活而立法"的转变,对于习惯尤其是民事习惯表现出更为尊重和认可的态度,使相关法律尽可能反映民众情感并使其乐于遵循。

第四,作为环境约束条件,生活习惯会与制度产生冲突,也会推动制度的调整转变。制度的有效运行也是适应环境要求的过程,如果人们固守某些生活习惯,或者养成了新的习惯,而这些习惯与制度的要求不匹配,那么制度就会很难执行,甚至被放弃,比如一些国家禁酒措施的失败。就法律而言,韦伯曾经讨论过当人们只服从某种习惯性规范时,成文法被迫放弃的事例,在法理学上这被称为"由习惯法引致的法律之废除"②。社会的分工分层造成了生活习惯的多样化,也使得群体之间在改变生活习惯、适应制度要求的能力上存在着差异。有的群体更容易适应制度要求,有的群体更可能抵制制度要求。在实践中,能够产生持续绩效的制度往往也是适应生产生活需要的制度。因此,制度在建构过程中,应该考虑到传统习惯的存在以及新习惯的培养。与制度规范对象一致的习惯,如果双方有类似的或者相同的目标,那么就更容易被保留下来,甚至成为制度的组成部分;反之,如果双方的目标差距很大,习惯就更可能被制度替代,或者受到制度的干涉。

与生活习惯相比,制度拥有公共权力的公开支持和实体组织的具体执行,更具有普遍性、建构性和强制规范性,现代制度尤其如此。因此,在生活习惯vs制度这对互动关系中,制度常常更为主动,对生活习惯的

---

① 高其才:《当代中国法律对习惯的认可》,《政法论丛》2014年第1期。
② 马克斯·韦伯:《经济、诸社会领域及权力》第2卷,李强译,北京:生活·读书·新知三联书店,1998年,第3页。

影响或干预更为直接。

制度是从区分生活习惯开始施加其影响的。所谓的区分,就是根据制度所追求的价值理念、遵循的原则要求,以及对各种生活习惯进行区别判断,将其置于制度体系中的不同位次,并给予具体的回应。汤普森等人曾经说:"生活方式之所以得以存在,靠的是对行为进行划分,一些是值得称道的,而另一些则令人生厌,甚至是不可思议的。"①区分是制度化选择,既是对特定生活习惯的公开化、合法化,也是对其他生活习惯的否定,往往会伴随着立法、教育、惩处等公共行为。

在各国的现代化过程中,都曾出现过不同程度以消除旧生活方式、倡导新生活方式为主题的社会改造运动或者社会改良运动。这些运动大体包括两个方面内容:一种是围绕公民权展开的现代生活方式的普及化;另一种是以追求社会文明进步的名义倡导推广"健康""卫生""绿色"等生活习惯。这些运动的目的是培养符合现代国家要求的劳动力、公民或者消费者。

理念色彩越浓的制度,往往会越主动地区分生活习惯,划出哪些是要倡导推广的,哪些是要禁止消除的,通过培养与整体制度理念相匹配的生活方式,来实现日常生活与政治生活连接在一起。比如,在中国传统社会中,秦朝之后历朝都汲取秦二世而亡的教训,推崇主张礼治教化的儒家思想,从天子到各级官员都要恪守良好的生活习惯,并通过教育、表彰孝子节妇来推行良风美俗。有学者指出,这种教化方式使"主流政治价值体系及其相应的观念、意识、认知与情感等等逐步介入人们的日常生活,并且内化为所有社会成员的文化精神和民族形态,表现为人们的生活方式"②。中华人民共和国成立后,通过移风易俗、破"四旧"、爱国卫生运动等多种方式,清除封建的、不健康的生活方式,倡导新的、社会主义的生活习惯,并将之视为塑造社会主义新人、培育社会主义价值

---

① 罗伯特·帕特南:《使民主运转起来:现代意大利的公民传统》,王列、赖海榕译,南昌:江西人民出版社,2001年,第215页。
② 葛荃:《教化之道——传统中国的政治社会化路径析论》,《政治学研究》2008年第5期。

文化的重要内容。20世纪初期,美国的进步主义运动就涉及许多与培养健康生活方式有关的城市改革。城市社会学家帕克(Robert Park)就曾经感慨说:"在当今的世界上,大约任何一个国家也不像今日的美国那样,在实行那么多名目繁多的'改革'。事实上,改革已经成了一种很时髦的'户内运动'。这类方式实现的改革,几乎无一例外地都包含有某种禁令,或包含有官方对于活动的干预和控制的性质,而这些活动本应是'自由'的,或者说仅应由民风、民德和公众舆论去控制的。"①

尽管有公共权力的支持和保障,但是制度对生活习惯的干预并不是无限的。许多生活习惯,特别是个体化的习惯处于制度影响的范围之外,呈现出"原初"或者"自然"状态。其之所以被放任存在,原因或者是它们对于制度倡导的主流生活方式没有构成危害或者没有对制度本身构成威胁,或者因为制度本身还没有足够的能力覆盖、影响它们。这也是社会保持多样性和活力的原因之一。

制度对于生活习惯的强力干预也会产生负面影响,毕竟一些生活习惯长期存在,涉及庞大的群体,已经潜移默化为人们的行为规则和观念价值,并与特定的利益联结在一起。一旦在制度的干预下,这些生活习惯被要求改变或者停止,必然引起特定群体的不适应感,乃至抗争。由于公共权力的介入,对生活习惯的干预也会演变为简单粗暴的过激行为,严重冲击相关群体的生活现状,并造成传统习俗的破坏。在各国现代化进程中,这类强制改变生活习惯造成历史悲剧的事例并不罕见。

在现代社会,制度在与生活习惯的互动中往往处于主动地位。主动性是由制度强弱决定的。衡量制度强弱有四个标准:一是制度所持价值理念的明确程度;二是是否有承担相应职能的具体组织机构;三是制度渗透社会的程度;四是动员资源完成目标的能力。如果制度有明确的价值理念,设置了专门负责的机构,并且渗透到社会各个领域,具有一定的

---

① 帕克:《城市:对于开展城市环境中人类行为研究的几点意见》,载帕克等:《城市社会学:芝加哥学派城市研究文集》,宋俊岭、吴建华、王登斌译,北京:华夏出版社,1987年,第29页。

动员资源完成目标的能力,那么就可以说这个制度或者制度体系是强的;反之是弱的。必须强调的是,制度能力的强弱是相对的、不均衡的。就单个制度而言,在不同阶段,针对不同生活习惯,会表现出强弱的转化;就整个制度体系来说,也是如此。这也说明了制度作为有公共权力支撑和具体组织运行的规则体系,具有能动性和自我调适性。

由于生活习惯有新兴 vs 既有的区别,因此制度的主动性也有不同的表现。对于新兴的生活习惯,能力强的制度会选择其中一些符合其价值期待的生活习惯,加以倡导鼓励和推广,也会对其中一些被认为会产生负面影响的生活习惯加以限制或禁止,并为此拓展了制度的覆盖范围和相应的制度化建设;能力弱的制度通常会默许或放任这些新的生活习惯的存在和发展。

解决既有生活习惯,是制度现代化过程中遇到的更大挑战。我们根据生活习惯的覆盖群体范围和存在时间,划分了普遍性习惯和特殊性习惯;然后,根据制度的强弱,简化出制度遭遇既有生活习惯时呈现的四种回应方式(表2)。

表2 制度与生活习惯的关系

		制度	
		强	弱
生活习惯	普遍	冲突	接受
	特殊	改变	放任

方式一:冲突。当制度有明确价值追求、很强的动员改造社会能力时,会有很强的意愿去干预既有生活习惯,这就容易与一些长期坚持、涉及群体广但短时间内不易改变的生活习惯产生矛盾冲突。由于制度的要求是通过具体组织执行实施的,制度与生活习惯的冲突就呈现为官方机构与特定群体的冲突。这些机构采取的执行方法越简单,特定群体的抵制就越激烈,也会推动冲突的不断升级。

方式二:改变。当制度有明确价值追求、很强的动员改造能力时,一些涉及群体少的特殊生活习惯就比较容易受到干预,并被改变。改变特殊生活习惯通常有两种方式:一种是对被认为对主流生活方式有冲击的生活习惯,制度通过发动公共舆论、采取政策措施等方式加以限制,甚至禁止;另一种是对认为代表社会发展趋势、符合制度倡导的价值理念的特殊生活习惯,加以倡导鼓励,进而推广复兴,使之成为普遍性生活习惯。

方式三:接受。当制度没有强烈的改造社会的意图和能力的时候,或者有意图却没有找到有效的替代性方案的时候,会承认已经长期普遍存在的生活习惯,甚至会将其作为正式法律规则的补充,肯定其规范社会生活、传承社会价值的作用。

方式四:放任。如果制度没有强烈的改造社会的意图,或者有意图却没有能力,即便面对社会中特殊的生活习惯,也没有有效的干预方法和手段,则会默许其存在,放任其发展,由此会保留生活习惯的多样性,也会产生一些与主流社会隔离开来的特殊群体。

三、制度构建与习惯改造:当代中国的经验

中国传统政治一直重视协调制度构建与习惯改造的关系。传统制度持续时间长,稳定性强,一定程度上得益于由家国纽带维系的制度与社会习惯的有机融合。制度通过社会习惯渗透到人们的日常生活、代际更替之中,以教化实现了约束;社会习惯则为制度的存续提供了深厚的心理、文化和行为基础,由此在社会规则意义上形成了从社会习惯到正式制度的连续谱系,浸染其中的社会个体可以自然而然地从家庭人转化为政治人,并从政治生活回归到家庭生活。

清末以来,中国被卷入了现代化进程之中,面临"三千年未有之变局"。西方的闯入,从物质实力到制度文化全面冲击着传统中国,打破了制度与社会习惯的稳定关系。人们已经习以为常、代代相传的传统习惯受到质疑,持续了上千年的、奉为神圣的制度也被放弃。新制度与旧习

惯、旧制度与新习惯、本土制度与外来习惯,以及外来制度与本土习惯等交织在一起,形成了错综复杂的关系。中国的现代制度构建也要解决如何改造旧习惯、塑造新习惯的任务。

(一) 近代中国的三场改造社会习惯运动

20 世纪 20 年代以来,在各种社会政治力量关于中国出路的讨论中,如何改造习惯、构建新的制度也是话题之一,贯穿在"文化改造""社会改造""政治革命"等主题争论之中,"欲救今日之中国,必自改良风俗始"[1],由此也形成了渐进与激进、保守与革命、自下而上与自上而下等不同的实践路径选择。值得注意的是,第一次世界大战的结束和俄国十月革命的胜利,为国内争论注入了国际要素[2],并把西方人的自我反思与中国人对西方和自我传统的再认识结合在一起。如何改造国民和组织社会成为各种政治派别在政治实践上面对的共同问题[3]。在实践的过程中,也形成了诸多改造社会、构建新制度的方案。

其中,梁漱溟等人推动的乡村建设运动、国民党发起的新生活运动以及共产党在苏区和根据地进行的革命性社会改造实践等因为系统性强、持续时间长而最有代表性。兴起于 20 世纪 20 年代末 30 年代初的乡村建设运动,参加团体众多,所持的理念和运用的资源也有较大的差别,但就其本质来说,是一场社会改良运动,是在维护现存社会制度和秩序的前提下,力图通过在一些地方试点,然后推广的实验方法,来实现渐进改革,进而实现"民族再造""民族自救"。[4] 其采取的兴办教育、改良农业、流通金融、提倡合作、公共卫生和移风易俗等措施,都触及生活习

---

[1] 转引自邓阳阳:《国共两党民俗变革比较研究——以国民党的新生活运动与建国前后共产党的移风易俗为例》,山东大学硕士学位论文,2015 年,第 25 页。
[2] 李永春:《论五四时期社会改造思潮兴起的国际背景》,《湘潭大学学报(哲学社会科学版)》2013 年第 6 期。
[3] "从五四运动到人民共和国成立"课题组:《胡绳论"从五四运动到人民共和国成立"》,北京:社会科学文献出版社,2001 年,第 5—62 页。
[4] 郑大华:《关于民国乡村建设运动的几个问题》,《史学月刊》2006 年第 2 期。

惯与制度构建之间的关系,并在抛弃陋习、培养新习惯方面取得了一定的效果。① 梁漱溟在谈到中国之所以不能成功采用欧洲政治制度时说,原因不在于军阀和政客等少数人,而是中国缺乏支撑其生存的社会习惯,"制度依赖于习惯"。②

但是受制于整体制度和社会环境、缺乏持续的资源投入、依靠个人主导、没有将乡村建设的主体培育并动员起来等诸多原因,各种乡村建设实践都以失败告终,既没有培养出新农民,也没有建立起新的乡村制度。梁漱溟后来反思时痛陈乡村建设有两大难处:其一是"高谈社会改造而依附政权",其二是"号称乡村运动而乡村不动"。③ 最后"走上了一个站在政府一边来改造农民,而不是站在农民一边来改造政府的道路"。

国民党在20世纪20年代末取得全国政权后,将去除"风俗之害"作为"训政"时期的治国举措。这项工作先从风俗调查开始。1929年10月,国民政府内政部制定了《风俗调查表》(后定名为《风俗调查纲要》)和《淫祠邪祀调查表》,然后通过行政院下放到省市县各级,调查当地生活状况、婚丧嫁娶等社会习俗,然后上报汇总;同时开始颁发各种法令、条例、办法,对社会上存在的一些恶风陋俗加以取缔。1934年,蒋介石在江西南昌发起新生活运动,然后扩展到全国,并且持续到1949年,目的是重整传统儒家道德规范,消除陋俗恶习,培养理想国民。④

新生活运动一开始就和国家政权紧密联系在一起,成为各级党政机构的工作内容。各地设立新生活运动促进会,采取干事制,由相应行政级别的党政最高领导人负责。全国层面设立新生活运动促进总会,蒋介石亲自任会长。制定官方指导文件《新生活运动纲要》,以蒋介石的名义出版。官方通过宣传、指导和纠正来推动运动深入。蒋介石夫妇出席各

---

① 关于乡村建设运动的基本情况,参见郑大华:《民国乡村建设运动》,北京:社会科学文献出版社,2000年。
② 梁漱溟:《我的努力与反省》,桂林:漓江出版社,1987年,第77页。
③ 梁漱溟:《我们的两大难处》,载《梁漱溟全集》第2卷,济南:山东人民出版社,1993年。
④ 关于"新生活运动的过程与内容",参见关志钢:《新生活运动研究》,深圳:海天出版社,1999年。

种场合活动,带头宣传。通过政训处、省市党部、宪兵团、青年会等发挥公务员、警察、军官以及在校学生的作用,进行指导、监督、检查,起到"督促社会,感化民众"的关键作用。虽然号称"教化",但运用警察的惩戒规训职能却成为这场运动的特色之一。①

运动从一开始就流于形式,到后来随着"生活军事化""生活生产化""生活艺术化"目标的提出,内容更为琐碎化,许多规定要求脱离实际。例如生活艺术化提出"有暇时常至野外旅行",生活生产化包括"年未满六十岁者,不得设宴祝寿",生活军事化有"提倡冷水洗浴"等。1934年最初拟定的《新生活须知》就有多达95条,到后来更是把从妇女道德到幼儿饮食定量之类全都纳入进来,几乎什么都可以称作"新生活",甚至连"旧"事物(如"忠孝")也改头换面成了"新道德"。这些琐碎的规定,一方面难以执行,即便纳入地方党政机构工作范围,动用了警察力量,但全体民众的习惯养成不可能靠强力完成;另一方面这些规定与社会生活的变迁和生活方式的多样性严重脱节,不可能得到民众的自觉认同和遵守,以至于这些苦口婆心的训令在民众耳朵里听来不过是流于空泛的道德说教。② 因此,这样一个由国家政权推动的持续时间很长的运动,归根到底是缺乏社会基础和制度支撑的。进一步说,由于官员的贪腐懈怠,一些规定成为人们生活中的笑料,严肃政治"娱乐化",道德说教"反讽化",从上而下轰轰烈烈推动的运动反而充分暴露出强制改变社会习惯的制度性弱点。

当乡村建设运动、新生活运动在国民党统治区开展的时候,共产党先后在苏区、根据地开展了以改变旧制度为前提、以动员基层民众广泛参与为途径的更为深刻的社会改造运动,并形成了一套富有特色的改造

---

① 刘文楠:《规训日常生活——新生活运动与现代国家的治理》,《南京大学学报(哲学·人文科学·社会科学)》2013年第5期。
② 深町英夫:《教养身体的政治:中国国民党的新生活运动》,深町英夫译,北京:生活·读书·新知三联书店,2017年。

社会习惯的工作模式。① 在改造社会习惯上,共产党秉持着与前两者迥然不同的理念,即认为社会习惯是在一定的社会经济条件和制度环境下形成的,是阶级关系和阶级身份的表现,因此,要改造旧习惯,树立新习惯,必须从改变经济条件和制度环境入手,消除旧习惯生存的土壤,进而改造沾染了旧习惯的人群。② 这样,从一开始,共产党就利用阶级分析方法对社会习惯进行了定性区分,将旧习惯定位为落后的、封建的、剥削阶级的,去除旧习惯是应该的、正当的、必然的;把新习惯推崇为进步的、先进的、无产阶级的,而培养新习惯是翻身的需要、解放的需要、当家作主的需要。

在具体实践中,共产党基于"群众路线"的思想构建起一套"动员-参与"的社会改造模式。这个模式直接针对的就是当时已经形成共识的中国民众思想落后、缺乏组织两大问题。动员的目的是唤醒社会民众(群众),让他们认识到社会改造的重要性;参与是有组织的,通过建立各种新的社团③,不但把民众从家族、宗族等旧的社会组织中分离出来,而且通过社团的各种活动,让他们在集体行动中相互学习、相互教育、相互鼓劲,以获得行动的力量,增强行动的自觉。动员的形式多样,包括办识字班、开展文艺活动、树立模范、搞改造"二流子"运动等。实际上,动员是靠组织参与达到目标的。比如用卫生合作社来对抗"巫神",根据北方冬季长、不适合户外活动的特点组织冬学、夜校来普及科学知识,通过青年组织、妇女团体、剧社等举办讲演、演戏、书写墙报及运动会等民众积极参与和喜闻乐见的文娱活动来宣传教育革除

---

① 何友良:《论苏区社会变革的特点与意义》,《中共党史研究》2002年第1期;黄正林:《1937—1945年陕甘宁边区的乡村社会改造》,《抗日战争史研究》2006年第2期。
② 毛泽东:《湖南农民运动考察报告》,载《毛泽东选集》第1卷,北京:人民出版社,1991年,第37—38页。
③ 例如在苏区时,社团组织的组建主要有两种方式:一种是由国民革命时期的社团延伸而来,在苏区建立时沿用了其名称、精神和办法,主要有工会、青年团、妇女组织、儿童团、互济会等;另一种是苏区建立后成立的组织,主要有贫农团、反帝大同盟、拥苏大同盟、赤卫队、各种合作社等。参见何友良:《权能分担与社会整合——国家与社会关系视野下的苏区社团》,《近代史研究》2014年第3期。

陋俗。

毛泽东在延安时期以组织农业互助组为例,谈到如何通过生产改造进而实现社会改造的关系,他说,要通过采取耐心说服、典型示范的方式建立农业互助组:

> 这种生产团体,一经成为习惯,不但生产量大增,各种创造都出来了,政治也会进步,文化也会提高,卫生也会讲究,流氓也会改造,风俗也会改变;不要很久,生产工具也会有所改良。到了那时,我们的农村社会,就会一步一步地建立在新的基础的上面了。①

尽管都称为"运动",但是比较而言,共产党领导的社会改造运动采取的措施更彻底,导致的变化速度更快,因为农村的阶级关系、生产关系发生了根本性的改变。② 这种运动对社会的渗透更为深入,因为基层民众被广泛动员和组织起来了,参与到社会改造之中。就制度构建与社会习惯的关系而言,乡村建设运动是通过改造社会习惯为传统制度更好运行创造条件,以形成新习惯与传统制度的组合;新生活运动是通过改造社会习惯支持已经建立的制度,以形成新习惯与既有制度的组合;共产党的社会改造运动则是将改造社会习惯与创建新的制度同步展开,以形成新习惯与新制度的组合。

---

① 毛泽东:《必须学会做经济工作》,载《毛泽东选集》第 3 卷,北京:人民出版社,1991 年,第 1107 页。
② 薛暮桥曾经评价说:乡村建设运动"实包含着一个不能解决的矛盾。他们想不谈中国社会之政治的经济的根本问题,但是他们所要解决的却正是这些根本问题;他们不敢正视促使中国国民经济破产和农村破产的真正原因,但是他们所要救济的却正是由这些原因造成的国民经济破产和农村破产"。参见薛暮桥:《薛暮桥学术论著自选集》,北京:北京师范学院出版社,1992 年,第 117 页。

表 3 现代中国三种改造社会习惯的运动比较

名称	持续时间	地域范围	针对的问题	采用的路径	借助的力量	取得的效果
乡村建设运动	20世纪20年代中期至1937年	河北、山东、江苏、浙江等省"实验县""模范县"	"贫、愚、弱、私"（晏阳初）；"文化失调"（梁漱溟）；农村危机	从外部介入的社会改良（例如培养农民、农业技术改良、组织合作社等）	主要依靠社会力量	引起了社会甚至政府的关注和支持，培养了一批年轻人，但最后设有突破实验区、模范县的范围，在抗战全面爆发中中断
新生活运动	1934—1949年	从南昌发起扩展到国民党统治区，但以城市为主	恢复礼义廉耻，培养"规矩清洁""遵守纪律"，为民族复兴培养合格国民	自上而下的教导、规训	依靠国家政权，尤其重视发挥警察的作用	流于形式
社会改造运动	1929—1934年（苏区时期）；1935—1945年（抗日根据地时期）	苏区；抗日根据地	将民众动员起来，支持苏维埃政权，支持抗日根据地建设	自上而下的动员与自下而上的参与	通过政治权力改变经济关系，依靠政党发动和组织各种社会团体	获得了政权巩固所需的资源；为共产党夺取全国政权后的执政提供了经验借鉴

(二)"动员-参与"模式的扩展和蜕变

1949年中华人民共和国成立,破除陋习、树立新习惯,成为国家发展的任务与巩固政权的条件,得到了国家政权和政党体系的全面支持。毛泽东在50年代就卫生工作发出了"移风易俗,改造中国"的号召①,由此可以看到改造社会习惯对于国家建设和治理的重要性。共产党在苏区、抗日根据地积累的经验和做法得以通过意识形态宣传、组织设置、体制机制以及政策法律等扩展到全国层面,"动员-参与"模式被运用到诸多领域的移风易俗活动中,例如在城市里开展的禁娼禁毒运动(1950—1953年)、宣传"婚姻法"运动(1950年)、爱国卫生运动(1952年开始)、除"四害"运动(1958年)等。

新中国成立后,决策者为了解决一些紧迫问题,频繁将群众路线工作方针具体化为各种形式的群众运动,以调动、集中和运用有限的社会政治资源。②

实际上,从苏区开始,针对任意采取"运动式"工作方法及其带来的消极后果,共产党内就有很多的批评、反思和纠正,并将其与"冒进主义""命令主义"等联系在一起,强调要从领导干部的思想认识、工作作风、工作方法等方面找原因。新中国成立后,出现了大规模的全国性群众运动,产生的消极影响也更大了。董必武在中共八大发言时提醒说,群众运动会助长人们轻视一切法制的心理,也增加了党和政府克服这种

---

① 中共中央文献研究室编:《建国以来毛泽东文稿》第6册,北京:中央文献出版社,1992年,第606页。
② 美国学者理查德·马德森(Richard Madsen,中文名赵文词)在《毛泽东时代的中国群众动员》一文中说,从新中国成立到毛泽东逝世26年间中国全国性的群众运动有70多次(地方一级的运动则要多十倍)。参见理查德·马德森:《毛泽东时代的中国群众动员》,载萧延中编:《外国学者评毛泽东》第4卷,北京:中国工人出版社,1997年。根据新中国成立以来毛泽东文稿中经他本人批示过的运动的数目,共52次。参见孙培军:《运动国家:历史和现实之间——对新中国成立60年以来中国政治发展经验和反思的考察》,载上海市社会科学界学术年会组织委员会编:《上海市社会科学界第七届学术年会论文集》,2009年,第100—107页。

心理的困难。①

1962年刘少奇、邓小平在扩大的中央工作会议(即"七千人大会")上的发言中对1958年以来的"大跃进"进行了深刻反思。邓小平批评了"大运动"对经常性工作的冲击,他说:"这几年,我们搞了许多大运动,差不多是把大运动当作我们群众路线的唯一的形式,天天运动,这是不好的。结果,很多经常工作,各部门、各系统、各单位的经常工作,被不断的运动和'分片包干'的方法挤掉了。"②刘少奇阐述了经常工作与群众运动的关系,分析了要根据工作的特点来选择运动的方式。他说:"没有经常工作,不把经常工作做好,就不会有真正的群众运动。这几年来,我们提倡的一些'大办',有些是需要的,有些是不适当的。就是那些需要的'大办',也往往不是有准备、有步骤、有区别、分期分批地去进行,而是一哄而起,限期完成,结果就不能取得应有的效果,反而造成损失。这一点,应该引为深刻教训。"③他进一步明确,今后凡是需要通过全国性运动解决的事情,"必须由中央斟酌情况决定"④。

从规范的意义上,我们可以归纳出共产党改造社会习惯采取"动员-参与"模式的两种形态:理想模式和极端模式。理想模式也就是邓小平曾说的符合群众运动规律的做法。⑤ 在理想模式中,执政党将关于社会习惯的观念主张通过宣传、教育、典型示范等广泛动员的方式,顺利转化为国家的正式而正当的要求,然后运用国家政权和政党组织来推动参

---

① 董必武:《董必武选集》,北京:人民出版社,1985年,第417页。
② 邓小平:《邓小平文选》第1卷,北京:人民出版社,1994年,第314页。
③ 刘少奇:《在扩大的中央工作会议上的报告》,载中共中央文献研究室编:《建国以来重要文献选编》第15册,北京:中央文献出版社,1997年,第70页。
④ 刘少奇:《在扩大的中央工作会议上的报告》,载中共中央文献研究室编:《建国以来重要文献选编》第15册,北京:中央文献出版社,1997年,第71页。
⑤ 邓小平曾经归纳了太行山根据地符合群众运动规律的做法:"第一是发动群众,在发动群众中组织群众、武装群众;第二是在发动群众之后,立即注意整理与健全群众组织生活;第三是在发动与组织群众中注意群众的政治教育,在发动与组织任务完成之后,应将重心转入教育群众,把群众运动提高到民主政治和武装斗争的阶段,使群众形成一个自为的阶级力量,去参加统一战线,去参加群众性的游击战争,以巩固既得的政治经济权利;第四是把群众的经济斗争政治斗争约束于统一战线范围之内。"参见邓小平:《邓小平文选》第1卷,北京:人民出版社,1994年,第68页。

与,以教化、渗透、引领等方式加以实施,以取得消除陋习、树立新风的目的。在极端模式中,执政党的观念主张通过意识形态实现绝对化,宣传、教育、树立典型这些柔性的措施被"强硬化"、单向化。进而国家以行政命令的方式层层传递要求,层层提高标准,国家政权和政党组织以强制、督促、惩罚等方式加以实施。尽管在极端模式中,改变社会的速度加快了,但也容易引起社会和下级执行者的消极抵制乃至反抗,实际效果反而被削弱了。

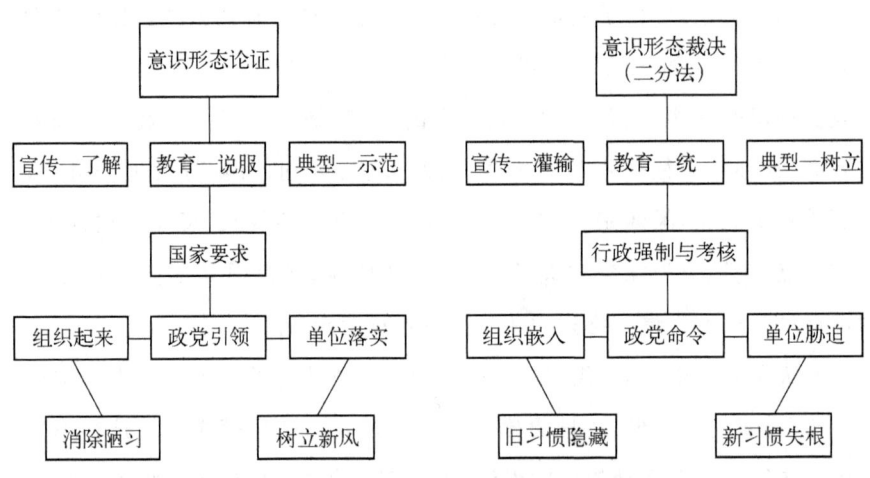

图1 动员-参与模式(左:理想模式;右:极端模式)

在当代中国,动员-参与模式之所以在改造社会习惯的过程中发生蜕变,从强调教育转变为采取强制,根本原因在于它本质上是一个自上而下靠理念设想新的习惯、靠行政命令推动工作的模式,很容易将前文提到的"强制度"四要素过度使用。决策者有明确的价值理念,但会将之作为衡量社会现实和社会行为的唯一尺度;有完善的政治行政组织机构,但会强制性自上而下推行指令;国家政权和政党全面渗透到社会各个层面,但会将各种社会组织功能单一化;能有效地集中和动员社会资源,但也会不计成本地使用资源。因此,在极端的模式中,我们没有看到刘少奇等人说的要做细致的思想工作和组织工作,要典型示范、分期分批,经常看到的是他们批评指出的上级部门提出的要求超出实际,要求过急,强制执行,"瞎指挥"下级部门采取更过激的行为来落实要求,群众的积极性被挫伤,"干劲被白白浪费掉了"①。甚至被树立的典型模范也没有起到毛泽东所说的带头作用、骨干作用、桥梁作用。②

(三)制度与生活习惯互动的四个案例

当代中国处于快速而深刻的变革之中,改革开放加速并深化了这场变革。在变革过程中,"强制度"前提依然存在。国家和政党始终对社会有强烈的干预意图,并且注重将"动员-参与"模式中的手段措施机制化、制度化、法制化,通过引导、选择、塑造更适合制度运行要求的生活方式、生活习惯,以应对社会的多元化。在这个过程中,由于过度使用"强制度"的要素,制度构建与习惯改变之间会产生紧张关系。下面,本文将通过四个案例,来探讨制度构建与习惯改变是如何相互影响的,以及"强制度"的四个要素是如何发挥作用的。

1. 爱国卫生运动

改变卫生习惯、提高民众身体素质是近代以来中国社会改造的议题之一。共产党从关心群众生活、增强革命力量的角度,赋予其政治意义和阶级意义,将卫生习惯从个人生活层面提升到阶级力量层面,为通过制度干预卫生习惯提供了正当的理由。

毛泽东在长冈乡调查时就指出:"疾病是苏区中一大仇敌,因为它减弱我们的革命力量……发动广大群众的卫生运动,减少疾病以至消灭疾病,是每个乡苏维埃的责任。"③临时中央政府成立后不久,中华苏维埃共和国临时中央政府副主席项英就在《红色中华》发表社论,号召大家起来做防疫的卫生运动。1932年5月,中央内务部颁布了《苏维埃区域暂

---

① 刘少奇:《在扩大的中央工作会议上的报告》,载中共中央文献研究室编:《建国以来重要文献选编》第15册,北京:中央文献出版社,1997年,第86页。
② 毛泽东:《必须学会做经济工作》,载《毛泽东选集》第3卷,北京:人民出版社,1991年,第1014页。
③ 毛泽东:《长冈乡调查》,载中共中央文献研究室编:《毛泽东文集》第1卷,北京:人民出版社,1993年,第328页。

行防疫条例》，1933年3月又颁布了《苏区卫生运动纲要》，"号召全苏区各处地方政府，各地群众团体，领导全体群众，一齐起来，向着污秽和疾病，向着对于污秽和疾病的顽固守旧迷信邋遢的思想习惯做顽强的坚决的斗争"，并提出了"七要"的行为规范，即要通光、要通气、要通水、要煮熟饮食、要除去污秽、要勤灭苍蝇、要隔离病人。①

在苏区和根据地时期，农会、妇女组织、青年组织等都把宣传推广卫生习惯作为工作内容，安排专人负责此项工作。中华人民共和国成立后，1950年8月第一次全国卫生会议召开，将"面向工农兵""预防为主"列为全国卫生工作总方针内容，要求各级党委"必须把卫生、防疫和一般医疗工作看作一项重大的政治任务"。

将卫生运动与热爱国家联系在一起，则是在抗美援朝期间。1952年2月，美国派飞机在中国抚顺等地播洒带有病毒、细菌的昆虫，发动细菌战。3月14日，政务院决定成立中央防疫委员会，领导反细菌战，开展爱国卫生运动，之后在全国范围开展了灭蝇、灭蚊、灭蚤、灭鼠以及杀灭其他病媒昆虫的工作。1952年12月，第二届全国卫生会议召开，根据周恩来的指示，把"卫生工作与群众运动相结合"定为卫生工作方针之一。1953年12月，在以中央名义起草的致上海局、各省委、自治区党委等的通知中，毛泽东指出，"在七年内，基本上消灭若干种危害人民和牲畜最严重的疾病"。由此，爱国卫生运动就由反对细菌战的紧急防疫阶段进入到消灭疫病的群众性运动阶段。1957年9月，全国兴起"除四害，讲卫生，消灭疾病，振奋精神，移风易俗，改造国家"的爱国卫生运动。不久，中央防疫委员会改称爱国卫生运动委员会。

毛泽东对卫生工作非常重视，对"除四害"、消灭血吸虫病等具体工作亲自过问，提要求，发出倡导，并将他的想法写入中央的相关文件之中。例如，在1956年，毛泽东主持召开最高国务会议，讨论中共中央提

---

① 陈安、刘前华：《中央苏区时期党领导开展的移风易俗运动》，《世纪风采》2017年第12期。

出的《1956年到1967年全国农业发展纲要(草案)》。毛泽东在会上指出,血吸虫病严重妨害生产,威胁健康,是有关整个民族的问题,要全党动员、全民动员。随后公布的《全国农业发展纲要(草案)》提出:"从1956年开始,分别在7年或者12年内,在一切可能的地方,基本上消灭危害人民最严重的疾病,例如血吸虫病、血丝虫病、钩虫病、黑热病、脑炎、鼠疫、疟疾、天花和性病。"1957年,毛泽东在"除四害"活动中提出,"除四害的根本精神,是清洁卫生,人人振奋,移风易俗,改造国家"①。1958年,他为中央起草了《关于在全国开展以除四害为中心的爱国卫生运动的通知》,要求"除四害布置,城市一定要到达每一条街道,每一个工厂、商店、机关、学校和每一户人家,乡村一定要到达每一个合作社、每一个耕作队和每一户人家"②。1958年夏天,他看到《人民日报》关于江西省余江县消灭血吸虫病的报道后,连夜写出了《七律二首·送瘟神》。

  毛泽东还推动了爱国卫生运动的体制机制建设。例如,1960年,中共中央发出《关于卫生工作的指示》,毛泽东要求各级党委、卫生部门党组、工会党组、青年团党组、妇联党组等,从1960年开始,每个季度要为卫生工作开会一次,每次三四个小时,不要太长。爱国卫生运动委员会在上述会议开过之后也要立即开会,每季一次,年年如此。1965年6月26日,毛泽东对卫生部工作汇报做出批示,要求把医疗卫生工作的重点放到农村去,"培养一大批农村也养得起的医生,由他们来为农民看病服务"。这成为指导农村卫生体制建设的"六二六指示"。1968年9月,毛泽东对《人民日报》的一篇文章批示,"赤脚医生就是好"。从此,"赤脚医生"成为半农半医的乡村医生的特定称谓。按照他的思路,全国各地在县一级已经成立人民医院、公社一级成立卫生院的基础上,在大队一

---

① 中共中央文献研究室编:《建国以来毛泽东文稿》第6册,北京:中央文献出版社,1992年,第606页。
② 中共中央文献研究室编:《建国以来毛泽东文稿》第7册,北京:中央文献出版社,1992年,第4页。

级都设立了卫生室,构成农村三级医疗体系。

爱国卫生运动有了较为完善的卫生体制的支持。据统计,到1957年,以预防疾病和开展环境卫生为主要内容的卫生防疫站已经建立1330个,比1952年增长了8倍,全国医院和疗养院4800多所,病床和疗养床位增加到339 000多张,比解放前增加4倍多。由国家投资建立的城乡卫生所、卫生站等卫生医疗组织已经发展到23 400个,比解放前增长了52.7倍。① 到1964年,全国2000多个县都建立了配有现代医疗设备的县医院,一个全国性的县、乡、村三级医疗预防网基本建成。在卫生体系的支持下,加之人民卫生习惯的改进,中国人均寿命有了明显延长。

"文革"期间,爱国卫生运动遭遇挫折。改革开放以后,随着制度运行的正常化,1978年4月,中央爱国卫生运动委员会重新成立,办公室设在卫生部,发布了《关于坚持开展爱国卫生运动的通知》。通知指出,爱国卫生运动是一场移风易俗、改造国家的深刻革命。1979年6月中央爱卫会、卫生部发出通知,要求迅速将各级爱卫会办公室建立健全起来,配备专职干部。此后不仅从中央到地方各级都有爱卫会办公室,各个单位内部也设立了爱卫会办公室。

随着市场经济和城市化的发展,中国人的生活方式更为个人化,医疗条件显著改善,医疗体制也更加市场化。爱国卫生运动的工作重点和工作机制也相应进行着调整。爱国卫生运动与精神文明建设、环境保护等对接起来,并借助一些大型活动、评比考核等找到了新的运动载体。1982年全国第一个"全民文明礼貌月"开始后,爱国卫生运动成为了精神文明建设的组成部分。为应对单位体制的弱化,市场和社会主体的多元化、自主化,"门前三包"(绿化、卫生、秩序)、"七户一岗"、"四自一联"(自修门前路,自通门前水,自栽门前树,自搞门前卫生;统一规划,联合行动)等卫生责任制被确立起来。1989年3月《国务院关于加强爱国卫生工作的决定》提出了"政府组织、地方负责、部门协调、群众动手、科学

---

① 佚名:《五年来我国卫生事业大发展》,《上海中医药杂志》1958年第2期。

治理、社会监督"的新时期爱国卫生工作的方针和方法,从理念与行动确立了爱国卫生作为一种群众运动的理念,更加注重常规化、制度化建设。每年 4 月被确定为"爱国卫生月",开展"国家卫生城市"评比和创建的活动。此后,"国家卫生城市"称号成为地方政府之间激烈竞争的重要荣誉,创建活动也成为地方化的运动式治理典型,成为爱国卫生委员会这个制度化机构工作运行的主要依托。

在经济建设成为整个国家的中心工作的背景下,爱国卫生运动作为一种群众运动,其政治重要性在逐步降低。而个人生活的私密化、保健的个性化、生活的差异化从根本上削弱了这个运动继续以高度动员的形式发动的前提。人们讲究卫生、保持健康,不是为了增强革命队伍的力量,而是为了个人生活质量更高、寿命更长,保健和锻炼成为体现阶层分化的标志。因此,爱国卫生运动在生活习惯改造中的倡导作用、推动作用,乃至强制作用都受到了明显约束。

2. 殡葬习惯改革

中国传统上对于殡葬非常重视,将其作为体现孝道,进而实现对国家忠诚的重要形式,国家也以礼制的方式规定了严格的程序和仪式。孔子在回答弟子樊迟时说:"生,事之以礼;死,葬之以礼,祭之以礼。"当弟子宰我认为三年之丧太久时,孔子批评曰:"予之不仁也! 子生三年,然后免于父母之怀。夫三年之丧,天下之通丧也,予也有三年之爱于其父母乎!"(《论语·阳货》)因此,殡葬习惯实现了观念化和制度化,影响深远。随着社会的发展,仪式更加繁琐铺张、等级明显,并与迷信活动交织在一起,成为人们的生活负担和精神负担。因此,近代以来,殡葬习惯成为社会改造的对象。①

中国共产党对于中国的传统殡葬习惯一直持批判和改造的态度。在苏区和根据地时期,中共通过提倡节约简朴、反对封建迷信来推动丧

---

① 例如在 1928 年,国民政府制定了《礼制案》,其中的《丧礼草案》进一步废除了旧丧礼中的迷信风俗。1943 年,戴季陶在重庆北碚主持制礼工作会,制定《中华民国礼制》,其中也包括丧礼。国民政府还分别在 1916 年、1930 年、1948 年颁发了三部《国葬法》。

葬改革。1946年陕甘宁边区三届一次参议会上通过了关于《为改革丧事礼俗，提倡简素并改造阴阳案》。陕甘宁边区政府下达命令，"令各级政府严禁妇女缠足及改革丧事礼俗提倡简素并改造阴阳"，要求在改革过程中"各县除以当地具体情形拟定办法提倡执行外，并应特别注意宣传解释，使人民能够自觉地逐渐改革，不得求之过急，采取强迫命令方式"。①

在反对旧传统习惯的同时，中国共产党也积极倡导追悼会这种新的丧事形式。1944年，张思德因公牺牲后，毛泽东在追悼大会上说："今后我们的队伍里，不管死了谁，不管是炊事员，是战士，只要他是做过一些有益的工作的，我们都要给他送葬，开追悼会。这要成为一个制度。这个方法也要介绍到老百姓那里去。村上的人死了，开个追悼会。用这样的方法，寄托我们的哀思，使整个人民团结起来。"②

1956年，在中央工作会议上，毛泽东倡议，所有的人死后都实行火化，只留骨灰，不留遗体，并且不建坟墓。当时的国家领导及各界知名人士151人都表示同意，并且在倡议书上签名。毛泽东在《倡议实行火葬》的倡议书中说："实行火葬，不占用耕地，不需要棺木，可以节省装殓和埋葬的费用，也无碍于对死者的纪念。"至于火葬的推行，要逐步、自愿地进行。对于坟墓的处理要分类进行，不能粗暴地一刀切。此后，殡葬改革在全国范围展开，追悼会也推广开来，尤其是在城市之中，及国家公职人员身上。即使在乡村，给老党员或有名望的老年人召开追悼会也很常见。特别是在人民公社时期，开追悼会是较为普遍的。由于参加追悼会也算工分，人们参加追悼会也有着一定的热情。③ 总的来说，新中国成立之后，一直到改革开放之前，在计划体制、单位体制、公社-大队体制的约束下，传统的殡葬形式一直受到严格的限制，火葬也没有完全替代

---

① 陕西省档案馆、陕西省社会科学院编：《陕甘宁边区政府文件选编》第10辑，西安：陕西人民教育出版社，1991年，第54页。
② 毛泽东：《毛泽东选集》第3卷，北京：人民出版社，1991年，第1005页。
③ 马金生：《追悼会的历史命运》，http://www.sohu.com/a/43417403_117499。

土葬。

改革开放后,国家控制社会的体制开始松动,农村经济活跃起来,传统殡葬习惯在经济率先发展起来的南方和沿海地区又开始复兴,甚至出现了大修坟墓和大办丧事的现象,一些官员还利用办丧事来敛财受贿。1981年第一次全国殡葬工作会议召开,推动殡葬改革重新进入国家议程。1985年,国务院发布了《关于殡葬管理的暂行规定》,确定了积极、有步骤地推行火葬,改革土葬,破除封建迷信的丧葬习俗,提倡节俭、文明办丧事的殡葬管理工作方针。在全国范围内划定了火葬区和土葬改革区。在土葬改革区,规划建立公墓,逐步实现遗体埋葬公墓化。

1997年第三次全国殡葬工作会议召开,国务院颁布实施《殡葬管理条例》,到2000年底,已有15个省市制定了本地法规,许多地、县、乡镇也制定了相应的规章,中国的殡葬改革走上了法制化轨道。这些政策法规规范了葬法和葬礼两个内容。推行殡葬改革有两个主要目的:一是节约丧葬用地;另一个是革除传统习俗中的丧葬陋习。这两个目标转化为国家发展的话语就是:保护土地资源和促进精神文明建设。这样,殡葬改革就与国家的发展紧密结合在一起。国家通过法律的形式,将传统的丧葬习俗(土葬)定为落后的、封建的、迷信的、愚昧的,以国家意志加以取缔,并以国家的方式提倡一种先进的、现代的、科学的、文明的丧葬规则(火葬)。① 但是,国家以法律形式对殡葬进行明确的规定,也使对遗体的处理方式成为国家与社会的矛盾焦点,甚至在一些地方引发冲突。

中国人有深厚的"入土为安""魂归故里"观念,土葬不仅是一种形式,更是一种信仰,一种代际遗产。如果没有完善的替代性方式,单靠国家倡导和推动,火葬形式并不容易很快被民众接受。再加上在一些地方火化以及骨灰存放等存在着成本高、不便利、管理混乱等问题,因此,民

---

① 韩恒:《法规的运行——以G村的殡葬改革为例》,《中国农业大学学报(社会科学版)》2007年第3期。

众出于情感和经济考虑,更愿意选择土葬,想办法规避火化。① 在这种情况下,殡葬法实施初期,一些地方负责具体工作的乡民政所以收取一定的"土葬押金"的方式默认土葬,一些乡政府甚至分给乡民政所一定的"罚款任务"进行创收。于是出现了"二次土葬""缴费土葬"甚至"尸体盗卖"现象。最严重的是部分殡葬管理部门从殡葬管理和殡葬事业中牟取暴利,导致火葬的成本相比土葬更高,部分管理部门和执法者卷入与民众违法土葬的"合谋"中,进而使民众对殡葬管理和殡葬法之合法性产生怀疑。②

各地政府的重视程度和推进方式差别较大,也造成了各地殡葬改革进度的分化,这集中体现在火化率上。例如江西省自1990年至1996年火化率平均每年只提高1%,排名在全国倒数第一。1996年全国平均火化率为35.2%,江西为18.55%。③

2009年,民政部为了推动殡葬改革,下发了《民政部关于进一步深化殡葬改革促进殡葬事业科学发展的指导意见》,提出要推动遗体火葬,改革土葬,减少殡葬用地,清理限定区域内的散葬坟,实行集中到公墓、骨灰楼(堂)安置,破除丧葬旧俗和封建迷信,实行葬法与葬礼的改革,采取不占地或少占地的骨灰处理方式。指导意见将这些改革的意义总结为四点:节约自然资源,改善投资环境,有利于促进经济可持续发展;减少因拜祭引起的山火,保护山林,有利于加强生态环境保护;简化丧事,减轻群众办丧负担,有利于树立科学、文明、健康的生活方式;"一般人对于棺材会有恐惧感,如果火葬就可以避免了"。

十八大之后,反腐败形成高压之势。2013年,中共中央办公厅、国务院办公厅印发了《关于党员干部带头推动殡葬改革的意见》。意见列举了丧葬中存在的一些问题:一些丧葬陋俗死灰复燃,封建迷信活动重

---

① 吴磊、朱冠楠:《农村殡葬改革之败突显政府行为失范——对殡葬改革在安徽农村推行较难状况的思考》,《辽宁行政学院学报》2008年第5期。
② 王启梁、刘建东:《中国殡葬法制的意外后果》,《云南社会科学》2016年第1期。
③ 刘煌榜:《江西殡葬改革的回顾与思考》,《社会工作》1998年第4期。

新活跃,突出表现在火葬区遗体火化率下滑、骨灰装棺再葬问题突出,土葬改革区乱埋乱葬、滥占耕地现象严重,浪费了大量自然资源,破坏了生态环境;重殓厚葬之风盛行,盲目攀比、奢侈浪费现象滋生蔓延,加重了群众负担;少数党员、干部甚至个别领导干部利用丧事活动大操大办、借机敛财,热衷风水迷信,修建大墓、豪华墓。意见提出要逐步形成党员和干部带头、广大群众参与、全社会共同推动的殡葬改革良好局面,明确要求党员、干部要带头推动殡葬改革,各级党委政府要加强这项工作。

在这种背景下,各地的殡葬改革加速,火化和土葬问题成为各地工作的重点。一些火化率低、土葬问题突出的省为了达到目标,对下级政府提出指标要求,加强定期考核;而一些地方政府为了完成任务,更频繁地采取动员方式和强制手段。"周口平坟"和"上饶收棺"事件成为极端举措的典型。①

2018 年,民政部会同发展改革委等九部委,联合印发了《全国殡葬领域突出问题专项整治行动方案》,决定从 2018 年 6 月下旬至 9 月底,在全国范围部署开展殡葬领域突出问题专项整治。这些问题包括违规乱建公墓、违规销售超标准墓穴、天价墓、活人墓,炒买炒卖墓穴或骨灰格位等问题。这些问题都是殡葬服务市场化中出现的问题。殡葬服务市场化则是替代传统殡葬习惯的重要方式。

吴飞认为,近代以来,中国的丧葬改革大体有几个方面的内容:一、建立适应现代自由平等观念的礼节;二、确立现代国家的神圣性及新式国民关系;三、革除各种迷信因素;四、确立节俭文明的丧葬习俗;五、节省土地和保护环境;六、通过丧礼告慰死者,安顿生者,表达哀思,尤其是子女对父母的孝敬之情。最后一点相当重要,是古代丧礼根本的礼意,也是民国政府丧礼改革和毛泽东曾经一再强调的。但是在今天的丧

---

① 曹伟:《河南周口:平坟损益账》,《小康》2013 年第 1 期;钟煜豪、刘宇:《江西上饶殡改:至少回收四千副棺,政策执行曾反弹》,http://www.chinanews.com/sh/2018/04-26/8500184.shtml。

葬管理条例中,这一点体现得越来越淡化。① 在农村中,殡葬改革的强制方式屡屡受到社会舆论关注,城市里每逢农历纪念逝者的节日,烧纸钱现象依然存在,这些都说明当下的殡葬改革还没有给相关人群带来心理的慰藉。

3. 干部生活习惯的调整

"风成于上,俗化于下。"公权力的掌握者和行使者的一言一行对于社会公众具有引领和倡导作用。作为一个强调先进性和代表性的政党,共产党对于党员干部始终有着严格要求,通过各种形式的政治教育来统一党员的思想,规范党员的行为,期望党员能够成为社会行为的楷模。在战争时期,党员干部的生活习惯本质上是政治军人的习惯,服从命令,遵守纪律,追求信仰。"三大纪律八项注意""官兵一致"等是对党员干部生活习惯的具体要求。这使得他们的日常行为迥然不同于对手,并与普通民众的生活习惯对接在一起,能很好地融入民众的生活,形成"鱼水"关系。

刘少奇在1939年发布的《论共产党员的修养》讲话中说,共产党员,"是近代历史上最先进的革命者,是改造社会、改造世界的现代担当者和推动者",但是党员都是"从旧社会中生长教养出来的,他总带有旧社会中各种思想意识(包括成见、旧习惯、旧传统)的残余",因此要在革命实践中发挥主观的能动性,加紧学习和修养。

1949年七届二中全会,针对即将取得全国胜利,工作重心向城市的转移,中共中央对党员干部提出了两个"务必"的要求,即"务必使同志们继续地保持谦虚、谨慎、不骄、不躁的作风,务必使同志们继续地保持艰苦奋斗的作风"。根据毛泽东的提议,通过了六条规定,其中前四条都与生活习惯有着直接关系,即一不做寿,二不送礼,三少敬酒,四少拍掌。

尽管有这些思想和制度上的准备,但是执政地位和城市工作,对长期处于战争状态、物质匮乏、供给有限的党员干部来说,依然形成了诱惑

---

① 吴飞:《慎终追远——现代中国的一个童话》,《读书》2014年第9期。

式的挑战。1951年1月,中共中央下达了限期发动"三反"运动的指示,要求全国县级以上的机关单位动员干部和全体工作人员学习文件,统一思想,自我坦白,检举贪污行为。在此期间,刘青山、张子善被处决,可以视为对党内高级干部贪图享乐的警醒。

在计划经济时代,人们的消费水平和方式受到了物质定量供应、意识形态倡导、生活空间规训等诸多因素的规定。尽管存在着较为严重的城乡差别,也有所谓的干部供给制,但是干群差距、干部内部的差距并不明显。因此党员干部的生活方式和生活习惯并没有成为社会关注的焦点,也不是历次政治运动整肃的主要对象。

改革开放之后,人们的生活水平有了极大的提高,生活方式和习惯也发生了重大变化,党员干部作为社会成员也不例外。与其他社会群体相比,这个群体的生活方式和习惯的变化还受到市场经济完善过程中公权力如何行使的影响。一方面,社会交往的商品化、物质化深刻渗透和影响着干群关系、政企关系,尤其是党员干部的社会交往活动。吃喝、送礼、打麻将等逐渐成为一些党员干部的交往活动内容。另一方面,一些党员干部开始突破法律制度的约束,利用公权力的行使为个人谋取利益。追求更高的生活水平、更流行的生活方式成为诱发腐败的重要原因。一些党员干部养成了穿名牌、喝名酒、出国旅游、打高尔夫、出入高档会所等奢靡的生活方式或习惯。

从知网数据可知,吃喝风是从20世纪80年代出现的。《中国税务》1986年第3期有一则关于江西省安远县税务局关于整党后刹住开会"上酒楼"吃喝歪风的简讯。当时社会上关于党员干部吃喝问题还有过热烈的讨论。有一种观点认为,中国传统上有重视通过吃喝交往的习惯。在商品经济条件下,吃喝也有联谊同道、洽谈生意、促进买卖的社会功能,不能简单禁止或者规定,否则会流于形式。[①] 但进一步分析可以发现,饮食也被视为区别社会地位和生活标准的尺度,已经从生活和营

---

① 李晚成:《为何难禁吃喝风?》,《党政论坛》1988年第5期。

养的必需,异化为一种等级差别的标准财富地位的体现、社会关系的媒介和伦理纲常的重要载体。在传统上,中国饮食文化带有夸饰性和豪侈性,很大程度是由政治权力的介入导致的。① 与吃喝风同时出现的还有公款旅游、超标准配车、公车私用等生活方式方面的问题。此后,随着经济水平的提升,党员干部的生活腐败形式越来越多样,打高尔夫、"天价宴请"、出入高档会所等,在一些地方与官员相关的消费甚至成了拉动地方某种领域经济的重要力量。党员干部的形象染上了消费主义色彩。

对于决策者来说,党员干部生活方式的变化,尤其是腐败生活方式的出现,除了有市场经济的诱发、传统糟粕的残存、个别领导干部理想信念缺失等因素外,还由于对外开放后,增多的国际交往带来了"外国资产阶级腐朽思想作风、生活方式"②。因此,在20世纪80年代,出现了反对精神污染、加强精神文明建设的运动。

进入21世纪以来,干部应酬多、接待压力大、对于家庭照顾时间少等问题,引起了一些地方党委的重视,并开展了相关调研。例如,2003年内蒙古自治区委组织部在《关于党员领导干部生活方式的调查》中了解到:

> 党政部门的处科级领导干部在八小时之外的应酬情况是,平均每周少的有一两次,多的有三四次。有些人一到周末,约请的电话不断……吃饭喝酒,已成为部分领导干部八小时之外活动的一项主要内容和沉重负担。有时中午喝完,晚上还要接着喝;有时不仅应付一场,而且还要在几场酒席中交叉进行。对于家在异地的交流干部,这种应酬活动就更多一些。一些同志讲,这种应酬活动有时搞得人身心疲惫,就连正常的生活规律也被打乱,但又毫无办法。③

---

① 唐友波:《饮食文化与吃喝风》,《探索与争鸣》1994年第11期。
② 邓小平:《党和国家领导制度的改革》,载《邓小平文选》第2卷,北京:人民出版社,1994年,第336页。
③ 中共内蒙古自治区委组织部课题组:《关于党员领导干部生活方式的调查》,《马克思主义与现实》2003年第4期。

改革开放一开始,中共就通过恢复中央纪委等制度化方式,启动了反腐败工作,并在1997年制定了《中国共产党党员领导干部廉洁从政若干准则(试行)》,对党员干部行为做了具体要求。但是在生活方式方面,主要通过正面倡导和定期开展内容不同的教育活动(见表4)来引导党员干部树立健康的生活方式,养成良好的生活习惯。

值得注意的是,在2004年中共中央发布《关于加强党的执政能力建设的决定》后,中共对于党员干部的要求更为明确具体。2006年中共提出了社会主义荣辱观,将对党员干部的要求具体到哪些应该坚持,哪些应该反对。胡锦涛2007年在中共第十六届中央纪律检查委员会第七次全体会议上讲话,专门谈了"生活正派,情趣健康"问题。这是在改革开放之后国家最高领导人首次系统谈到党员干部的生活作风和生活情趣。他说:

> 领导干部的生活作风和生活情趣,不仅关系到个人的品行和形象,而且关系到党在群众中的威信和形象,因而决不是小事。不能认为只要工作上有成绩、有能力,生活作风上有点问题没关系。大量事实表明,一些领导干部蜕化变质,一步步陷入违纪违法的泥坑,往往都是从吃喝玩乐这些看似小事的地方起步的,许多都有权色交易从中作怪。千里之堤,溃于蚁穴。如果领导干部生活作风上不检点、不正派,在道德情操上打开了缺口,出现了滑坡,那就很难做到清正廉洁。加强领导干部作风建设,必须把倡导良好的生活作风和健康生活情趣作为一个重要方面。各级领导干部要自觉加强思想道德修养,模范遵守社会公德、职业道德、家庭美德,讲操守,重品行,注意防微杜渐,坚决抵御腐朽没落思想观念和生活方式的侵蚀;要注重培养健康的生活情趣,保持高尚的精神追求,明辨是非,克己慎行,正确选择个人爱好,提高文化素养,摆脱低级趣味,决不能沉溺于灯红

酒绿、流连于声色犬马；要慎重对待朋友交往，坚持择善而交，多同普通群众交朋友，多同基层干部交朋友，多同先进模范交朋友，多同专家学者交朋友，注意净化自己的社交圈，对那些怀着个人目的来拉拉扯扯的人保持高度警觉，更不能为了贪图享乐而去"傍大款"。总之，要时刻检点自己生活的方方面面，做到台上和台下一个样，工作时间和业余时间一个样，有监督和没有监督一个样，始终保持共产党员政治本色。①

表4 改革开放以来党开展的主要教育活动

活动名称	持续时间	主要内容
整党活动	1983—1987年	统一思想，整顿作风，加强纪律，纯洁组织
"三讲"教育活动	1996年，党的十四届六中全会做出决定。为期三年	对县处级以上领导干部进行一次以讲学习、讲政治、讲正气为主要内容的党性党风教育
保持共产党员先进性教育活动	从2005年1月开始，历时一年半，至2006年6月底结束	以"增强党员素质、加强基层组织、服务人民群众、促进各项工作"为目标，重点在于解决实际问题，特别是解决群众反映强烈的突出问题，以群众是否满意作为衡量标准
深入学习实践科学发展观活动	从2008年9月开始，用一年半左右时间	围绕"党员干部受教育，科学发展上水平，人民群众得实惠"的总要求，以县级以上领导班子和党员领导干部为重点，全体党员参加，自上而下分三批进行
创先争优活动	中央于2010年4月做出决定，历时两年半，至2012年11月十八大召开前	创建先进基层党组织，争做优秀共产党员

---

① 胡锦涛：《大力倡导八个方面的良好风气》，载《胡锦涛文选》第2卷，北京：人民出版社，2016年，第557—558页。

续表

活动名称	持续时间	主要内容
党的群众路线教育实践活动	从2013年下半年开始,2014年7月基本完成	围绕保持党的先进性和纯洁性,以为民务实清廉为主要内容
"三严三实"专题教育	2015年	在县处级以上领导干部中开展"三严三实"专题教育。"三严三实"具体指,严以修身、严以用权、严以律己;谋事要实、创业要实、做人要实
"两学一做"学习教育	2016年以来	在全体党员中开展"学党章党规,学系列讲话,做合格党员"学习教育

中共十八大后,党员干部生活方式和生活习惯受到了制度性关注。2012年12月,中央政治局做出了《关于改进工作作风、密切联系群众的八项规定》(简称"八项规定")。从2013年至2016年底,围绕"八项规定"精神中共中央发布了32部配套文件,包括《中国共产党廉洁自律准则》《中国共产党纪律处分条例》《中国共产党问责条例》《中国共产党党内监督条例》等。[①] 根据"八项规定"精神,地方各级都制定了相应的细化措施。各级纪委以此为依据,密切关注党员日常生活中的违法违纪问题(见表5)。有研究发现,在中央纪委监察部网站对于违反"八项规定"类型的"其他"项中,每年内容都不同,但都是与干部生活方式有关的。例如2013年定义为"指其他违反'八项规定'精神的问题,主要包括收送节礼,接受或用公款参与高消费娱乐和健身活动、违反工作纪律、慵懒散等方面的问题";2014年定义为"'其他'包括接受或用公款参与高消费娱乐和健身活动、慵懒散等";2015年定义为"'其他'问题包括:提供或接受超标准接待、接受或用公款参与高消费娱乐健身活动、违规出入私人会所、领导干部住房违规问题"。[②]

[①] 吴楠:《中央八项规定的政治学解读》,《江西师范大学学报(哲学社会科学版)》2017年第6期。
[②] 龙太江、李辉:《"八项规定"精神落实中的问题及建议——基于中央纪委监察部网站曝光案例研究》,《廉政文化研究》2016年第6期。

表 5 全国查处违反中央"八项规定"精神问题汇总表(2018年1月1日—8月31日)

内容	项目	总计	级别				类型								
			省部级	地厅级	县处级	乡科级及以下	违规公款吃喝	公款国内旅游	公款出国境旅游	违规配备使用公务用车	楼堂馆所违规问题	违规发放津补贴或福利	违规收送礼品礼金	大办婚丧喜庆	其他
2018年8月份	查处问题数	5565	0	83	616	4866	729	283	17	838	160	1456	1070	517	495
	处理人数	7846	0	96	818	6932	1201	477	39	964	206	2253	1358	587	761
	给予党纪政务处分人数	5452	0	79	564	4809	842	337	37	602	122	1501	1072	436	503
2018年以来	查处问题数	36 420	1	574	4237	31 608	4692	1857	105	5600	1250	9261	6578	3672	3383
	处理人数	51 817	1	728	5587	45 501	7443	3219	166	6819	1606	14 603	8174	4233	5554
	给予党纪政务处分人数	36 582	1	508	3724	32 349	5308	2312	131	4411	956	10 305	6542	3251	3366
备注	"其他"问题包括：提供或接受超标准接待、接受或用公款参与高消费娱乐健身活动、违规出入私人会所、领导干部住房违规、违规接受管理服务对象宴请等问题。														

数据来源：中央纪委国家监察党风政风监督室
制作：中央纪委国家监督网站

2014年习近平在参加兰考县委常委扩大会议上列举了领导干部的几个不良生活方式及其后果。① 他认为,领导干部要"下决心减少应酬,保持健康的生活方式和工作方式",空闲时间多陪伴家人,保持对家庭的亲切感。

在培养良好的生活方式和习惯上,传统道德资源被更多地利用起来。在传统道德中,修身、齐家成为将"以德治国""以德治党"落到实处的着力点。习近平在2015年中央政治局"三严三实"专题民主生活会上讲话时提到,中国人历来讲究修身,强调"自天子以至于庶人,壹是皆以修身为本""修己以安百姓""修其心治其身,而后可以为政于天下""正心以为本,修身以为基"。② 领导干部要注重个人修养,要带头抓好家风。③

传统道德要求也在制度化。2015年10月颁布的《中国共产党廉洁自律准则》提出要弘扬中华民族传统美德。在《党员干部廉洁自律规范》中规定了"廉洁修身""廉洁齐家",要自觉提升思想道德境界,树立良好家风。在2018年10月修订实施的《中国共产党纪律处分条例》中,专设一章关于违反生活纪律的处分,包含五条,涉及违反社会公德、家庭美德的内容。

2018年12月3日,中央纪委国家监委网站发布消息,八项规定实施六年来,全国就违反中央八项规定精神累计给予党纪政务处分206 428人。总体而言,违纪处理逐年下降④,吃喝现象受到了明显的遏制。有研究显示,"八项规定"出台后,高端餐饮行业受到重创,大众餐饮行业快速发展起来⑤,中国的白酒行业也受到冲击⑥。

---

① http://www.xinhuanet.com/politics/2015-09/08/c_128206459.htm.
② http://cpc.people.com.cn/n1/2015/1230/c64094-27992969.html.
③ http://www.xinhuanet.com/politics/2016-12/15/c_1120127183.htm.
④ http://www.xinhuanet.com/politics/2017-12/04/c_1122056551.htm.
⑤ 周凌洁:《"八项规定"下大众餐饮的发展机遇和挑战》,《经济研究导刊》2016年第19期。
⑥ 王霞、王竞达:《"八项规定"对酒类上市公司财务绩效的影响研究》,《经济与管理研究》2015年第1期。

4. 互联网与青少年的生活习惯

互联网已经成为塑造人们生活和工作的强大力量,青少年作为互联网的原住民,其成长过程、生活习惯的养成更是与互联网的发展和应用密不可分。从中国1994年4月20日正式接入互联网以来,决策者一直在思考和尝试着将互联网的影响纳入整个国家的意图和体制框架之中,如何使互联网有利于青少年健康成长也是决策者反复提及的话题。

1996年,全国范围内的公用计算机网络开始向社会提供服务。[1] 这一年,中国政府正式提出"科技兴国战略",将计算机在生产、工作和生活中的普及,提高国民经济信息化水平列为"2010年国民经济与社会发展的远景目标"。在这个时候,决策者还主要将互联网视为能快速传递信息的新技术手段。1998年4月25日,时任中共中央总书记的江泽民在给政治局常委和其他领导人的信中首次提到"互联网"。他说,信息技术"给我们提出了新的课题"。[2]

在决策者看来,互联网是开放的,信息庞杂,已经成为"思想政治工作一个新的重要阵地。国内外敌对势力正竭力利用它同我们党和政府争夺群众、争夺青年"[3]。因此,要了解适应信息网络化的特点,既要积极推进基础设施建设,也要加强网络管理,"迅速而又健康地推进我国的信息网络化"[4]。

由于家庭接入互联网有限,从1998年至2000年,中国各地的网吧迅速发展,24小时的"泡吧"成为一种新型的生活方式。网吧集娱乐、餐饮、休息于一体,也成为青少年课后活动(主要是打游戏),甚至逃课的

---

[1] 王梦瑶、胡泳:《中国互联网治理的历史演变》,《现代传播(中国传媒大学学报)》2016年第4期。
[2] 江泽民:《一个新的信号》,载《江泽民文选》第2卷,北京:人民出版社,2006年,第319页。
[3] 江泽民:《在中央思想政治工作会议上的讲话》,载《江泽民文选》第3卷,北京:人民出版社,2006年,第110页。
[4] 江泽民:《推动我国信息网络快速健康发展》,载《江泽民文选》第3卷,北京:人民出版社,2006年,第317页。

场所。① 学校周边是网吧的主要聚集地。由此,网吧这种上网营业场所成了政府管制网络的主要对象。有研究显示,1998—2004 年,针对互联网上网服务营业场所整顿治理的文件总数达 25 份。②

2002 年 6 月,北京市海淀区"蓝极速"网吧发生严重火灾事件后(事后查明,系两少年纵火案),国家对于网吧的管理更为严格。2002 年 9 月,国务院颁发《互联网上网服务营业场所管理条例》,规定正规网吧由文化部门监管,无证经营的黑网吧由工商部门查处。凡申请在中小学校园周围 200 米和居民住宅楼(院)内,设立互联网上网服务营业场所的,一律不予核准。2004 年国务院部署开展网吧整治工作。初步统计,从 2000 年到 2009 年全国范围内的网吧治理专项行动达 16 次以上。③

然而,网吧的管理主体涉及国务院、文化部、公安部、信息产业部、国家行政管理局、教育部、财政部、监察部、中央文明办以及卫生部等十余个中央党政部门。由于涉及部门多,工商和文化行政部门只能采取联合行动的方式,而各部门运动式的联合执法又不能天天搞,这样就造成了网吧"天天有人查,问题天天有"的局面。④

随着互联网内容的丰富、功能的拓展,上网不仅是获得及时多样信息的方式,互联网也是人们交往娱乐的重要平台,从而带来了生活的"虚拟化"。上网打游戏成了越来越多青少年的习惯,一些人甚至为此牺牲掉正常学习时间,付出大量的金钱。青少年"网瘾"问题开始成为政府关注的对象。2005 年中央文明办、共青团中央、新闻出版总署等在全国十省率先开展了帮助未成年人戒除网瘾的行动,还特意发布了《关于开展"健康上网拒绝沉迷——帮助未成年人戒除网瘾大行动"的通知》。此后,新闻出版总署、文化部单独或者牵头发布了多项针对未成年沉迷网

---

① 李玫瑾:《未成年人进网吧屡禁不止原因调查——以贵州和北京两地未成年人为对象》,《中国人民公安大学学报(社会科学版)》2015 年第 5 期。
② 刘锡斌:《专项整治制度分析——以网吧专项整治为例》,《行政与法》2004 年第 1 期。
③ 陈党、冯白帆:《中国网络游戏政策发展轨迹与形成逻辑探究》,《吉林工商学院学报》2016 年第 1 期。
④ 胡灵娟、葛彬:《广州市网吧综合整治问题探析》,《探求》2007 年第 6 期。

络游戏的通知,涉及制定衡量网络游戏沉迷的标准,实行网络游戏实名验证、网络游戏未成年人家长监护、网络成瘾综合防治等内容。①

2010年起,移动互联网成为现实,移动上网设备开始普及,互联网更广泛地进入家庭,成为个人生活的必需品。调查显示,到2018年12月,中国网民规模达8.29亿,手机网民规模达8.17亿,网民通过手机接入互联网的比例高达98.6%。② 通过手机,青少年可以更便利地接触并使用互联网,青少年上网行为也发生了相应的变化。

根据中国互联网络信息中心(CNNIC)发布的《2015年中国青少年上网行为研究报告》,青少年网民使用网络游戏的比率超出网民总体水平最多,达到9.6%。中学生网络游戏使用率最高,达到70%,高于网民总体水平13.1个百分点。报告提醒说,作为二次元文化传播载体的网络小说、视频、游戏的青少年用户规模分别达到1.3亿、2.2亿和1.9亿。由于二次元内容主要表现漫画、动画、游戏中的架空世界,因此其世界观、人生观与现实生活必然存在某些差异,而青少年网民的世界观和人生观大多处于形成期,如果过于沉迷二次元内容,则可能对现实生活产生不良影响,因此应受到重视。③ 2017年北京市的调查显示,青少年上网目的中排名前三的分别是玩游戏、聊天交友、查资料学习,分别占比47.5%、45.0%、37.2%。同时,在对青少年上网的主要行为进行调查时发现,休闲娱乐类活动依然占比较大,是使用互联网学习、查资料、看新闻人数总和的近四倍之多。④ 中国农业大学一个研究团队发现,网络

---

① 陈党:《我国网络游戏青少年保护政策的变迁》,《淮北师范大学学报(哲学社会科学版)》2016年第1期。
② 中国互联网络信息中心:《第43次中国互联网络发展状况统计报告》,http://www.cac.gov.cn/2019-02/28/c_1124175677.htm。
③ 中国互联网络信息中心:《2015年中国青少年上网行为研究报告》,http://www.cac.gov.cn/2016-08/13/c_1121534382.htm。
④ 北京青年报:《2017—2018年首都青少年上网行为研究报告》,http://tech.qianlong.com/2018/0720/2709140.shtml。

游戏打破了城乡差别,将许多农村留守儿童捕获。①

　　面对互联网游戏对青少年生活方式的侵入,社会各界都非常关注。许多家庭都采用禁止孩子使用互联网手机、规定手机使用时间、规定上网时间等方式来尽可能地限制互联网游戏对他们的影响。加之父母一辈在游戏方面与孩子有着明显的"代沟",没有共同语言,难以深入了解孩子的网络游戏心理,多采取强制措施,使得上网成为造成家长与孩子关系紧张的因素之一。中小学也采取了禁止学生带手机上学等措施。但是,由于网络游戏已经成为青少年之间交流的共同话题、交往纽带,甚至身份的炫耀,加之网络游戏的不断翻新,有很强的"黏性"②,使得青少年养成良好的上网习惯面临诸多的挑战。

　　显然,培养青少年良好的上网习惯,避免沉迷网络游戏,不能单单依靠家庭、学校等需求方的管束,还要对网络游戏公司进行有效的管制。在2019年全国两会期间,政协委员于欣伟提出要建立第三方网络游戏监督评价机构,以对网络游戏公司和网络游戏内容进行监管。他认为,现在几乎所有的游戏都未设门槛,未成年人可以轻易地进入。游戏中各种绑架玩家意志的规则使得未成年人长期沉迷其中,造成身体和精神的双重伤害。当前未成年人视力的普遍下降和颈椎病多发就是不良游戏伤害的最直接表现,一定程度上甚至造成了国家征兵困难,影响到了国防安全。③

　　然而,互联网的创新一直走在监管的前面,以不断提供新的娱乐功能吸引了用户,尤其是青少年。网络短视频继网络游戏之后,从2014年

---

① 中国青年报:《游戏工业是如何捕获留守儿童的》,http://www.xinhuanet.com/local/2018-12/10/c_1123828570.htm;中国青年报:《游戏将把留守儿童带往何方?》,http://www.xinhuanet.com/ent/2019-01/07/c_1123954728.htm;中国青年报:《捍卫童年》,http://zqb.cyol.com/html/2019-01/21/nw.D110000zgqnb_20190121_1-06.htm。
② 陈党:《我国网络游戏青少年保护政策的变迁》,《淮北师范大学学报(哲学社会科学版)》2016年第1期。
③ 李文姬:《全国政协委员于欣伟:建立第三方网络游戏监督评价机构》,https://www.thepaper.cn/newsDetail_forward_3067846。

开始成为吸引青少年的新的平台。① 一些青少年沉迷于直播成为"网红",或者为了为主播"打赏",成为网络管理的新闻。2019年3月28日,国家网信办指导组织"抖音""快手""火山小视频"等短视频平台试点上线青少年防沉迷系统,这是网络短视频领域首次尝试开展青少年防沉迷工作。② 对网络短视频的管理是否取得预想的结果还需要进一步观察。

5. 简要的比较

本文选取的四个案例涉及不同群体的生活习惯:爱国卫生运动涉及全体社会成员,尤其是工人、农民这些被视为无产阶级的群体;殡葬改革涉及全体社会成员,但受影响最大的是农村人口,因为拥有土地是延续千百年土葬传统的物质条件;干部生活习惯案例中的干部主要指的是地方干部,因为他们的生活习惯与他们的工作对象、工作方法紧密联系在一起,因此案例中的生活习惯主要指的是交往习惯;青少年上网案例主要讨论的是互联网对青少年娱乐或游戏习惯的影响和塑造。这四个案例时间跨度不同:爱国卫生运动是从20世纪50年代初正式开始的,在五六十年代达到了高潮,改革开放之后,随着人们生活水平提高和生活方式的改变,对个人生活的直接影响逐渐下降;殡葬改革是50年代作为倡议提出的,改革开放之后,各地的改革进度差异较大;中国共产党自1921年成立以来,一直对于干部的生活有着严格要求,改革开放以来,干部生活方式成为腐败发生的重要领域;互联网是90年代末期开始影响青少年生活的,移动设备的普及、网速的提高以及网络游戏公司的发展,使得网络游戏成为青少年的重要娱乐方式。

这些习惯都是制度规范或改变的对象。从中央到地方设立的爱国卫生运动委员会是普及卫生习惯的制度化力量;民政部以及地方民政部门则是殡葬改革的具体落实者;从中央到地方各级党委、纪委是干

---

① 刘鹏飞:《我国短视频平台的发展历程与走向》,《中国报业》2019年第3期。
② 澎湃新闻:《国家网信办组织"抖音"等短视频平台试点青少年防沉迷系统》,https://www.thepaper.cn/newsDetail_forward_3213067。

部生活习惯的主要规范者,纪委还发挥着监督和惩戒作用;相比之下,青少年上网习惯则缺乏单一组织负责,呈现出多头管理的格局,中宣部、网信办、文化部、工商总局以及曾经的新闻出版署等多个部门都涉及其中。

以"动员-参与"模式来衡量,爱国卫生运动呈现出"强动员-强参与"的特点。强动员体现为毛泽东的大力提倡、直接介入,成立了各级爱国卫生运动委员会,开展了全国范围各种形式的宣传、动员活动。强参与的动力来自工人、农民的主动性。他们是这个运动的物质、精神和政治地位的受益者,在政治号召下,表现出极高的热情。

殡葬改革呈现出"强动员-弱参与"的特点。强动员体现为毛泽东等领导人的大力提倡,由民政系统直接负责,21世纪以来成为各级地方党委政府的工作内容,采取了强制性的措施。弱参与则由于农民在心理上认同土葬,而火葬作为替代还缺乏相应的配套措施。弱参与的重要体现就是一些地方政府的强制措施以及农民的抵制。

干部生活习惯规范一直呈"强动员-弱参与"的状态,近年来更为明显。在反腐败的高压下,一些干部感慨"为官不易",对于上级的要求持有"畏惧""畏难"心态。之所以参与弱,一方面在于一些干部已经成为特殊利益群体,另一方面则在于对于干部的生活习惯只从政治上提出要求,还没有构建起系统性的、符合时代发展的标准。

对青少年网络游戏习惯的干预呈"弱动员-弱参与"的状态。弱动员体现为多头管理、缺乏协调。弱参与体现为社会对于网络游戏的认识不一,即使是青少年家长,有的害怕网络游戏对孩子的诱惑,有的则认为网络游戏是培养孩子的新方式,每个家庭应对的方式各异。之所以如此,根本原因在于网络承载着多种功能,"互联网+"就充分说明了这点,而网络游戏也是网络经济的重要组成部分[①],并且已经与青少年教

---

① 据中国音数协会游戏工委公布的《2017年游戏产业报告》显示,2017年中国游戏用户规模达到5.83亿人,同比增长3.1%,2017年中国游戏市场实际销售收入达到2036.1亿元,同比增长23.0%。游戏工业已经成为名副其实的"朝阳产业"。

育紧密联系在一起。这也进一步说明了为什么一个有着强动员能力和习惯的制度,在面对有着多重功能的互联网时,难以发挥出"强势"。

表6 四个案例的比较

案例	涉及群体	习惯内容	持续时间	涉及的制度或组织	制度改变习惯的方式	效果
爱国卫生运动	全体社会成员	卫生习惯	从20世纪50年代至今	从中央到地方设立了爱国卫生运动委员会	强动员-强参与	基本养成了现代卫生习惯
殡葬改革	主要是农村人口	遗体处理习惯	从20世纪50年代至今	民政部及地方民政部门	强动员-弱参与	强制性改变了遗体处理方式,受到抵抗
干部生活习惯	各级党员干部,尤其是地方干部	交往习惯	从20世纪20年代至今	党委纪委	强动员-弱参与	以高压态势约束了党员干部行为
青少年上网	未成年群体	娱乐或游戏习惯	从20世纪90年代末今	中宣部、网信办、文化部等多家机构	弱动员-强参与	家庭承担了更多的责任

就生活习惯改变程度而言,经过几十年的发展,中国人基本养成了现代卫生习惯。尽管爱国卫生运动不是唯一的原因,但其提出的理念、口号已经深入人心,推动的基层卫生体系建设发挥了重要作用。火化已经成为遗体处理的主要方式,但是"入土为安"的思想依然存在,并且成为一些地方抵制政府强制火化、强制平坟等措施的心理基础。在反腐败高压下,党员干部的生活习惯正在向家庭回归,但是现在的方式依然是将他们视为特殊的群体来约束。尽管社会已经普遍关注青少年网络游戏问题,但是家庭在有效规范青少年上网、避免其沉迷于游戏之中承担着越来越多的责任。

四、结论和进一步的讨论

习惯和制度是规范人们行为不可或缺的规则。在现代化的过程中,制度的重要性日益凸显,以至于人们将制度视为现代性的体现形式,从而使制度与习惯对立起来,并将习惯简单化为传统的体现形式,"反动的""倒退的""阻碍的""不正式"等成为习惯的修饰词,由此也成为制度化必然消除、制度必然替代的对象。现代国家及其所秉承的理念推动了这种思维的扩散和固化。现代化从西方向世界其他地区的扩展,也把非西方社会与习惯联系在一起,成为西方主导的现代化必然改造的对象。因此,在现代政治学著作中,习惯的形象越来越淡化,制度以及制度化占据了研究的焦点。

然而,习惯从来没有离开过我们的生活,常常是以潜意识、自然而然的形式影响着我们的思维和行为。即使是年代久远或者只有少数群体分享的习惯也会在环境和条件适宜的情况下被挖掘出来,影响到新的乃至更大的群体。而在各国的现代化过程中,在某种程度上,旧习惯的抛弃、新习惯的养成,是衡量其制度化成败的重要标准。鲁迅曾说:"倘不深入民众的大层中,于他们的风俗习惯加以研究、解剖,分别好坏,立存废的标准,而于存于废,都慎选施行的方法,则无论怎样的改革,都将为习惯的岩石所压碎。"[①]因此,忽视习惯的政治学研究,必然是有明显盲点的知识探索。

本文在有限的文献阅读基础上概要地梳理了政治学著作中关于制度与习惯的讨论和基本观点,并进一步在规范意义上重点讨论了生活习惯影响制度及其现代化的四种方式:(1)以"移情共理"的方式,为制度及其运行提供社会心理基础和行为模式参考;(2)作为非正式的制度,对某些正式制度提供补充,或者成为制定法的来源;(3)充当缓冲阀或

---

① 鲁迅:《习惯与改革》,载《二心集》,北京:人民文学出版社,1976年,第36—37页。

隔离带,限制某些制度的作用范围,进而为特定群体提供保护;(4)作为环境约束条件,推动制度的调整转变。与生活习惯相比,制度的官方性决定了它在区分生活习惯的基础上,可以通过倡导、禁止等方式对生活习惯施加普遍的、建构的和强制的干预。理念色彩越强烈的制度,越会主动地区分习惯,明确哪些是值得倡导推广的,哪些是要禁止消除的。

为了细化制度与生活习惯的互动关系,本文对制度和生活习惯做了类型学划分。根据制度所持价值理念的明确程度、是否有承担相应职能的具体组织机构、渗透社会的程度、动员社会资源的能力等四个标准,将制度划分为强弱两种;根据习惯涉及社会群体的范围和持续时间划分了普遍习惯和特殊习惯。以此为基础,简化出制度与生活习惯的四种互动方式:冲突、改变、接受、放任。

通过分析中国近代以来三种改变社会习惯的尝试,比较分析中华人民共和国成立后四个规范生活习惯的案例,本文力图将规范研究中提出强制度干预生活习惯的判断进行验证。在中国的现代化背景下,中国共产党在发动革命、夺取政权的过程中,形成了"动员-参与"的组织模式,这个组织模式带有明显的强制度特点。在一定的历史条件下,相比其他模式,在社会改造中体现出明显的优势。

但是,随着社会经济的发展和开放度的提升,社会利益日益分化,人们的生活需求更加多样化,生活方式更加个人化,因此在制度干预生活习惯的过程中,"动员-参与"模式通常都会陷入"强动员-弱参与"的境地,甚至出现制度与生活习惯的公开冲突,难以实现计划者期待的结果。面对多样化的生活习惯,制度进行着自我调整,或者默认已经形成的生活习惯,或者主动倡导某些生活习惯,将其上升到公序良俗的高度,以实现与制度的契合;或者激活传统生活习惯,以弥补一些群体良好生活习惯的真空。制度的自我调整进一步说明了习惯是现代社会有序运行不可缺少的要素。没有良好生活习惯的支撑,制度有效运行的社会成本更高,持续性会更低。

本文尝试性地对制度与生活习惯的互动关系进行了规范和历史分

析,当然肯定存在明显的不足。在下一步工作中,应该关注和深化以下问题的研究:

1. 在强调统一性、规范性的制度化过程中,多样化的生活习惯如何保持?

2. 在开放的条件下,制度是否有必要保护本土的生活习惯?如果保护,应该采取什么方式?

3. 随着社会的日益多样化,尤其是少数群体权利意识的增强,制度如何回应这些群体的生活习惯,并调和少数群体生活习惯与主流生活习惯之间的矛盾?

4. 随着生活政治的发展,是否可以构建出一种基于生活习惯的制度化理论?

Customs and Institutional Construction: A Perspective of Social Change

Yang Xuedong

Abstract: Customs and institutions are rules that regulate and restrict people's modes of production and lifestyle. Compared with the uniformity and designability features of institutions, customs are diverse and evolving. Institutions can use public power to promote and shape certain customs that are consistent with its ideas, and it can also change and prohibit certain customs that are considered harmful. However, due to its inertia, somehow customs also resist the intervention of institutions, thus forming a tension between the two. This paper will illustrate the interactive relationship between customs and institutions from the perspective of political science; sort out the theoretical resources of the relationship between the two in classical politics; analyze the reasons why politics has neglected customs in modern times; and summarize the basic ways of interaction between the two. Combining with specific cases in contemporary China, this paper will explore the conditions under which the cultivation of good customs and the realization of good governance can be realized simultaneously in the era of change.

Keywords: customs, institutional construction, social change, China

过程-事件分析方法视角下的D市民间金融危机研究[*]

刘卫平 杨艳文[**]

摘要: 近年来,民间金融的经济风险及其社会危害引起了经济学、金融学等学科领域的高度关注。民间金融具有很强的地域性,其表现形式、运行机理及其对地方经济和产业发展的作用机制具有很强的地域经济社会结构特性,各种量化和模型研究很难识别民间金融的地方特性、运行机制及其对地域经济和产业的作用机理。本研究运用社会学过程-事件分析方法,对D地级市2010—2015年民间金融的兴起、发展壮大及崩盘做了全景式追踪。研究发现,D市民间金融建立在传统社会信任结构基础之上,社会信任的断裂是导致民间金融危机的根源,地域经济社会转型亟需建立基于系统信任的现代金融机制。

关键词: 民间金融危机　过程-事件分析　社会信任断裂

---

[*] 本研究系国家社科基金重大研究专项"加快构建中国特色哲学社会科学学科体系学术体系话语体系"(项目批准号:18VXK005)阶段性研究成果。

[**] 刘卫平,国家开发银行研究员;杨艳文(通讯作者),农业农村部管理干部学院农民合作社发展中心助理研究员,电子邮箱:yyw_508@163.com。

一、引言

"深化金融体制改革,增强金融服务实体经济能力","守住不发生系统性金融风险的底线",这是党的十九大报告中所指出的我国金融工作面临的艰巨任务和必须坚持的根本方针。近些年来,日益累积的民间金融风险普遍被认为是系统性金融风险的潜在导火索之一,已经引起了金融决策层和理论界的高度关注。

民间金融也被称为"非正式金融",泛指游离于国家正式金融组织制度和监管体系之外的投融资活动。本研究所指称的 D 市民间金融,以2015年6月23日最高人民法院审判委员会第1655次会议通过《最高人民法院关于审理民间借贷案件适用法律若干问题的规定》对民间借贷的合法性认定为参照,指第一、第二两区间之内的金融行为。[①] 最早对民间金融的产生进行理论阐释的是美国经济学家麦金农(Ronald McKinnon)和肖(Edward Shaw),他们分别提出了"金融抑制"(financial repression)和"金融深化"(financial deepening)的观点,认为在一些发展中国家,由于政府对金融系统的行政管制和不恰当的金融政策,这些发展中国家的金融系统无法体现市场机制,民间非正式金融市场的出现正是国家金融压制的产物。[②] 金融抑制导致了发展中国家金融市场的分割,形成了二元金融市场。相对于政府管制的正式金融市场,民间非正规金融更有效率。富兰克林·艾伦(Franklin Allen)等人甚至认为,中国的法律制度和金融发展水平并不能有效地解释中国经济的快速增长,合

---

① 该规定以年利率24%和36%对民间借贷划分了"两线三区",第一区间就是指年利率在24%以内的借贷行为,受民事法律保护;第三区间是年利率在36%以上的借贷行为,视为无效;第二区间指年利率在24%—36%之间的借贷行为,视为自然债务区,法律不支持也不反对。

② Ronald McKinnon, *Money and Capital in Economic Development*, Washington, DC.: Brookings Institution Press, 1973; Edward Shaw, *Financial Deepening in Economic Development*, New York: Oxford University Press, 1973.

理的解释是巨大的非正规金融部门推动了中国民营经济的快速增长。他们研究了浙江温州民间金融部门的运行机制，发现民间金融建立在社会关系和声誉基础之上，家庭成员、朋友、生意上的伙伴、标会、地下钱庄等社会网络是温州民营企业的广泛融资对象。①

近年来，随着互联网金融的发展，在国家正式金融组织和制度外已经生长出规模宏大、系统性、组织性较强的民间金融组织形式，民间金融的经济功能及其金融风险开始受到国内外学者的广泛关注②，众多关于民间金融的研究通过收集数据建立模型评估了民间金融的规模及风险，由于这些理论模型建立在市场行动者完全理性、信息完备的传统经济定义基础上，与现实社会中的金融现象和行为有着明显的偏差，在很多情况下并不能完全解释和预测金融现象。尤其是在面对金融市场的价格波动和金融危机时，人们的非理性行为和种种政治或社会因素，对金融市场秩序的影响显而易见，而这些外在因素往往被金融模型所忽略。恰如金融学家希勒（Robert Shiller）所总结的："那些出色的金融模型将投资资产价格和经济基础结合在一起。理性预期假设的使用，使得金融和整个经济学结合成一个优雅的理论。"③

实际上，自 20 世纪 80 年代以来，随着新制度经济学和社会学新制度主义的兴起，全面理性、完全有效市场的假设受到质疑和挑战，西蒙"有限理性"假设得到了普遍接受，格兰诺维特（Mark Granovetter）"一切经济活动都内嵌于社会结构和文化网络中"的观点得到广泛认同。④ 在

---

① Franklin Allen, J. Qian, M. Qian, "Law, Finance, and Economic Growth in China", *Journal of Financial Economics*, Vol. 77, No. 1 (2005), pp. 57-116.
② 何虹：《谨防民间金融机构风险向银行业传染》，《国际金融》2016 年第 11 期；潘德春：《我国民间金融发展问题及政策研究——以贵州省为例》，《西南金融》2017 年第 9 期；廖天虎：《论我国民间金融监管制度的演变——基于新中国成立后的相关制度变迁的分析》，《经济社会体制比较》2017 年第 1 期；张欣、苏继超：《民间金融网络中的风险传染机制与监管策略》，《统计与决策》2018 年第 14 期。
③ Robert Shiller, "From Efficient Markets Theory to Behavioral Finance", *Journal of Economic Perspectives*, Vol. 17, No. 17 (2003), pp. 83-104.
④ 马克·格兰诺维特：《镶嵌：社会网与经济行动》，罗家德等译，北京：社会科学文献出版社，2007 年。

这一背景下,"嵌入性-网络"分析成为新经济社会学主要的理论范式,分析金融现象发生和运行的社会环境及其过程为研究金融市场行为提供了新的思路和理论视角。金融市场的社会结构基础成为研究的焦点,贝克(Wayne Baker)应用市场网络分析方法,将证券市场视为一种社会结构来分析其中的网络组成,发现证券市场不仅仅是一种价格机制,更是一种社会整合机制。① 乌兹(Brian Uzzi)等人探讨了社会关系网络对于公司获取银行贷款资源的作用,验证了社会关系网络结构对于金融行为和金融资源配置的影响。他们发现金融行为并非遵循理性计算和完全市场的经济学基本假设,金融市场并非完全充分有效的市场,而是嵌入特定的社会系网络之中,是具体的、充满着社会结构力量的网络场域。② 本萨(D. Beunza)和斯塔克(D. Stark)等人认为,社会学研究金融不应该仅仅停留在经济实践所嵌入的制度,而应继承默顿(Robert Merton)在哥伦比亚大学所开创的组织研究传统,将目光投向经济事件本身,直接研究投资银行的日常实践和运作模式。③

以社会学理论和方法研究金融行为的社会过程及其对经济社会发展的作用机制如今已成为"金融社会学"的重要议题,也为更加深入探讨民间金融对经济社会发展的作用机理提供了新的理论视角和研究方法。本研究尝试应用社会学过程-事件分析方法,再现2010—2015年间D市民间金融产生、发展及崩盘的整个历程,从中探讨民间金融的运行机制及其对地域经济社会的影响机制。过程-事件分析是由我国本土社会学

---

① Wayne Baker, "The Social Structure of a National Securities Market", *American Journal of Sociology*, Vol. 89, No. 4 (1984), pp. 775-811.
② Brian Uzzi, "Embeddedness in the Making of Financial Capital: How Social Relations and Networks Benefit Firms Seeking Financing", *American Sociological Review*, Vol. 64, No. 4 (1999), pp. 481-505; Brian Uzzi, James Gillespie, "Knowledge Spillover in Corporate Financing Networks: Embeddedness and the Firm's Debt Performance", *Strategic Management Journal*, Vol. 23, No. 7 (2002), pp. 595-618.
③ D. Beunza, D. Stark, "How to Recognize Opportunities: Heterarchical Search in a Trading Room", in Karin Knorr-Cetina, A. Preda (eds.), *The Sociology of Financial Markets*, Oxford: Oxford University Press, 2005, p. 84.

者提出的一个带有方法论色彩的叙事和分析工具①,这种研究方法将社会事实当作一种动态的、流动的过程来加以分析,能对社会现实做出更为适当的描述和理解②。

二、快速城镇化与D市民间金融的兴起

民间金融的兴发,与地方的经济社会结构及文化习俗紧密相关,用格兰诺维特的话来说,民间金融高度嵌入在地域经济社会结构中。D市民间金融起源于快速城镇化进程中金融资源的紧张和正式金融机制的扭曲。长期以来,D市正式金融组织汲取了大量的社会存款,但由于银行等正规金融组织的金融资源配置规则、风险及利润偏好,这些社会存款并没能有效配置到当地经济发展的需求中去,当地城镇化进程中存在巨量的资金缺口。投资公司的兴起,打破了以国有银行为代表的正式金融体系的一家独大。投资公司以高于银行存款利息的高息揽存模式诱发了当地民间金融的兴起。

(一) D市概况及其快速城镇化

D市位于湖南中部,是一地级市,下辖一区四县(市),市辖区总面积8117.6平方千米。2015年该市地区生产总值1291.38亿元,常住人口387.18万。如下图1所示,2005—2015年,D市以各县城为中心开启了快速城镇化进程,在快速城镇化的推动下,D市各区县经济和产业结构开始了现代化转型。统计显示,"十一五"规划期间,全市每年有近7万人转移到城镇;2015年,全市5个县市常住人口达387万,其中城镇人口169.47万人,整体城镇化率为43.77%。

---

① 淡卫军:《"过程-事件分析"之缘起、现状以及前景》,《社会科学论坛》2008年第12期。
② 谢立中:《结构-制度分析,还是过程-事件分析?——从多元话语分析的视角看》,《中国农业大学学报(社会科学版)》2007年第4期。

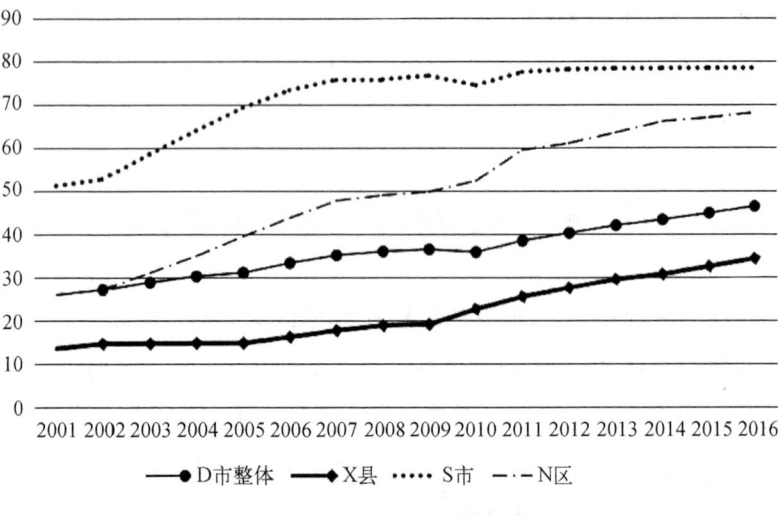

图 1 2001—2016 年 D 市主要区(市)县人口及城镇化率①

(二) 快速城镇化带来的产业结构转型

尽管 D 市各区县的资源禀赋存在很大差异,不同区县走出了不同的城镇化路径,例如 X 县以县府搬迁启动的城镇化,L(县级)市以工矿业城市转型启动的新型城镇化,N 区(D 市政府所在的市辖区)以高科技园区启动的城镇化,但是,无论何种城镇化模式,其最终的经济社会后果都是以房地产为主导的现代经济体系的兴起和建立。房地产主导产业结构的形成,突出表现在 D 市近十年来工业、建筑业和房地产开发业增速的变化上。

如下图 2 所示,2005—2017 年,D 市工业增加值增长速度整体呈下降趋势,2010 年来下降尤为明显:从 2010 年的19.7%一路下降到 2015 年的5.7%。可见,最近十年以来整个 D 市的工业发展步入了下坡路,全市的工业体系在不断衰落,这也预示着一种新的地方经济体系在不断

---

① 本研究仅考察本次民间金融危机较为严重的 D 市 N 区、S(县级)市和 X 县;数据源于 D 市各区县历年统计公报。

成长，这一新的经济体系就是伴随和推动城镇化进程的房地产经济。①

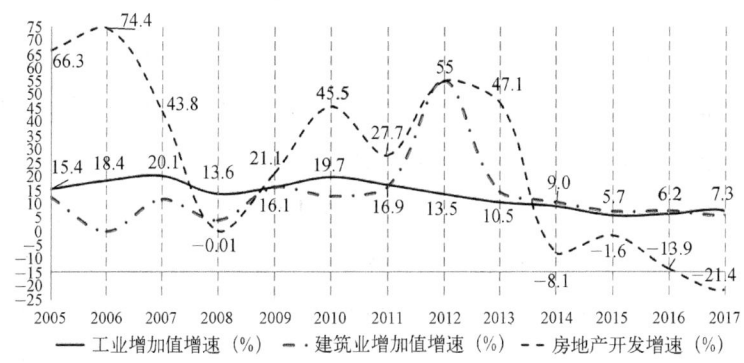

图 2　2005—2017 年 D 市三大产业增速曲线

与工业的萎缩形成鲜明对比的是，与城镇化建设息息相关的建筑业增加值与房地产开发投资增速的逐年快速增长，并于 2012 年达到顶峰，当年 D 市建筑业与房地产开发业双双增长了 55%。2013 年后，D 市建筑业和房地产开发增速大幅下降，特别是 2014 年，全市房地产开发投资增速为 -8.1%，D 市房地产迅速降温。②

从 D 市工业、建筑业和房地产开发业的投资增速图中可以看到：在过去十多年高速发展的城镇化进程中，D 市地域经济增长的动力模式已经悄然发生了本质性变化，即已经从过去由工业和农业主导的传统经济体系和发展模式，悄然转变为以房地产开发为中心的现代经济社会发展模式，建筑业和围绕房地产开发的服务业取代传统工业和农业而成为 D 市经济增长的主导产业。无论是在产值总量上，还是在产业链条的复杂程度上，都远远超过了过去的经济体系。

---

① 2015 年全市工业增速略有上升，房地产开发增速为负，恰恰是 2014 年全市民间金融资金链断裂的结果。
② 也正是在房地产和建筑业大幅回落的 2013 年，D 市发生了民间金融危机。

(三) 资金短缺与民间投资公司兴起

地产经济的兴起和地域经济产业结构的现代化转型,导致地域经济社会生活对金融资源的需求开始迅速膨胀。与经济和产业结构飞速变迁形成鲜明对比的是,以银行为主体的地方正式金融系统并没有发生与时俱进的改革,以更好地服务于地方经济社会的发展。这一对比突出表现在,在金融资源的配置方式上,依然坚持国有部门优先的原则,稀缺的金融资源优先流向国有部门,民营部门很难获得正式金融系统中的金融资源。

笔者实地调研了解到,整个D市城镇化进程中对资金的需求规模日益增长,资金缺口日趋扩大。N区作为市政府所在的城区,金融资源相对于其他区县而言比较充裕。但调研发现,即便从N区重点投资的产业园区与投资计划的实际情况来看,产业园区开发的资金需求也存在很大的缺口(见表1)。

表1 D市N区经济开发区的资金缺口

D市N区开发区名称	级别	主导产业	基建项目(个数)	计划投资/亿元	完成投资/亿元
经济技术开发区	国家级	装备制造业、生物、新能源	17	20.45	3.55
SF示范新区	省级	新材料	11	11.13	8.85
LX经济区	省级	新材料	5	8.64	0.83

尽管产业(经济)开发区模式为D市城镇化的大规模发展和快速起飞创造了条件,但在实际落地过程中,却面临着严重的金融资源的约束。在获取正规金融系统内金融资源成本高、手续烦琐的情况下,以民间借贷为基础的民间金融获得飞速发展。以民间借贷为基础,以投资公司为中介,D市构筑起了庞大的民间金融系统,这一民间金融系统有效弥补了民间经济对金融资源的需求缺口,极大地调动了社会资金参与地方经济发展的积极性,有力推动了D市城镇化建设。

三、传统社会信任网络与 D 市民间金融的繁荣

民间金融市场的建立,有赖于传统社会信任关系的延伸扩展。D 市民间金融市场的形成和运转,建立在传统社会信任关系的基石上,支撑民间金融市场的信任关系经历了从人格信任到组织(机构)信任的建构。

(一)庞大的民间资本雪球:D 市民间金融的规模

D 市民间金融规模究竟有多大,既是讳莫如深的事情,也是很难摸清的问题,因为民间金融本来就运行于灰色地带,没有正规的统计渠道。要摸清 D 市民间金融的规模总量,是比较困难的事情。2016—2017 年期间,笔者通过一些正式和非正式的渠道,对 D 市金融办进行了调研走访。从 D 市金融办对全市民间非法集资展开摸排所掌握的数据来看,D 市民间金融总量在 250 亿元左右,约占全市正式金融系统总贷款额度的一半,占全市居民存款总额的四分之一。

笔者专程走访了 D 市金融办主任 C 先生。D 市金融办"打非办"(打击民间非法集资办公室)曾对全市"民间非法集资行为"进行了地毯式摸排。C 先生透露:

> 我跟你实话实说,在会上我是不能说的。我们成立的"打非办"也在金融办,我们摸排有 173 家公司出了问题,这 173 家公司都是浮出水面来了的,有债权,有不稳定因素的,总计金额是 193 个亿。
>
> 但是这个里面不包括还有一块大的,就是我们的煤炭行业那块。你可能清楚,在我们这里,煤炭是我们的传统支柱产业,那一块其实是更多的。我们原来摸过底,大概是 100 家,资金总额大概是五六十亿。煤炭是一个相对比较传统和独立的行业,

因为我们也管不了这么宽,也没有那个准确的数据,基本上靠它们行业自己消化去了。

我们所估计的就是存在较大风险隐患的这一块民间融资,大概是250亿—280亿之间……这些资金牵涉到众多民众和家庭,光在我们这里登记的有7.8万多人,这个是我们派了工作组进驻各公司,进行了公开登记的,没有派的就没有进行公开登记,我们预测的大概是全市直接债权人在30万左右。我们这登记的只是其中一小部分,三分之一不到。

(二) 资本利得与全民参与:人际信任网络的雪球效应

在资本利得的诱惑下,基于血缘、亲缘、地缘等社会关系的民间借贷行为普遍盛行,向亲戚借10万,亲戚的亲戚借5万,朋友借10万,朋友的朋友借5万,如此往复,分散而微小的民间资金涓涓细流最后汇成了民间金融市场的江海。笔者调研到的一个案例,集中代表了D市民间金融的资金来源及其基本特征:

H先生,D市建筑业包工头,小学文化,在叔父的带领下,从在工地上搬砖干起,一步一步成为在N区从事建筑工程的包工头。2007—2012年,先后在D市承包过一些工程,赚到了人生的第一桶金。在D市买了两套房子,生了三个娃,家里还聘请了保姆。

H先开奔驰,后换宝马。在其出生的X县小镇里,乡亲们都将其视为成功人士和大老板。好多家庭希望搭着他走出乡村,去D市打工、做生意或直接去他的工地上打工。常有一些亲朋好友逢年过节提着土鸡土菜拜访,打听接下来有什么好项目,可以跟着入一些股份。

房地产火爆的时候,只有特别好的朋友或特别亲的亲人才能入股,因为能拿到地皮做开发的,能承包到建筑工程的,总是少数人。当这一少部分人在房地产领域中"发了财"后,人皆羡慕,认为只有房地产是社会发财致富的最好行业,一有机会都想跻身这个行业。

2012年春节,H先生在家族聚餐的时候向亲友们透露,他在D市某区将有一个大的房地产开发项目,但自有资金不足,需要大家入股。H先生家族在当地算是一个大家族,其父辈有六兄弟八姊妹。

八叔一直是跟着二叔做建筑的,十余年来积累了50来万资本。从一个普通农民到在建筑工地做工积累了50万资本,也算是小有收获。因此,他决定跟着老侄干一票大生意。于是,八叔在老丈人那又借了20万,让老丈人帮忙借了20万,在邻居家以1‰的月利还借了10万,一共筹到100万入股到H先生的最新项目中,希望干一票大生意后在村里盖个新房子。

二叔是老的包工头,快60岁了,还有个小孩老四没有稳定工作,也希望H带着去工地上学习锻炼,熟悉房地产行业,以后好子承父业,有自己的事业,因此也入股100万。

六叔本是在X县做教育培训的,颇有一些资本积蓄,他也入股100万,其中60万是个人积蓄,40万是将房子抵押给银行借来的贷款。

此外,H自己还发动老丈人那边的三姑六婆入股,共吸纳资金100万,自有资本也有100来万。一共400万资金,跟另一老板合伙承包D市一个地块的房地产开发项目。

可以看到,仅仅H这一个体融资户,其融资的社会网络就非常广泛:

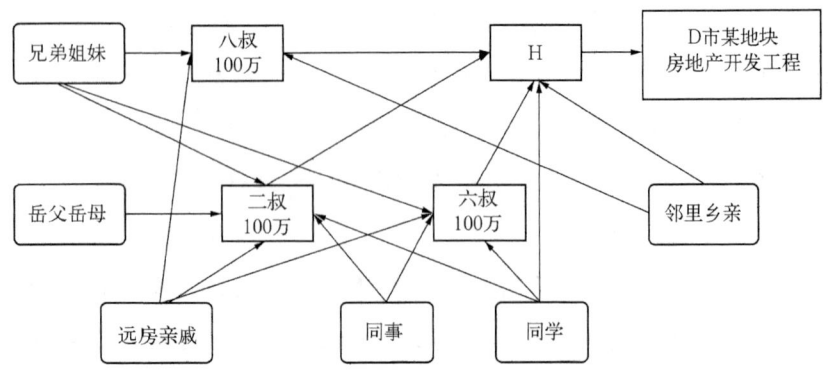

图3 民间个人融资网络关系示意图

民间融资网络遵循传统社会"差序格局"的人际关系网络:越是靠近中心,血缘、亲缘关系越浓厚,汇集的资金量也越大,这种信任关系在一般情况下也越牢靠;越往边缘,血缘关系逐步切换为地缘、业缘关系,信任强度也相对减弱。但总体上看,支撑个体融资网络背后的是传统熟人社会的人际信任。

D市民间资本市场上的利息为月利2%—3%不等,从亲戚朋友那里借来的钱月利可能就只有0.8%—1.2%,有的甚至是不用利息的。上述案例是亲友们都通过H入股一个房地产开发项目。项目完了后,入股分红,其实也可视为资本利得或资产性收入。而实际上,以H为代表的个人融资网络仅仅是民间金融网络的最底层,H只不过是这一网络中的一个小节点。众多的H将个人汇集起来的资金最终投向了投融资公司或地产公司。在H的局部网络中,"八叔"可能以1%以下的月利,从众多亲朋好友那里借了一笔钱,再以1.5%的月利借给H,H可能自己拿去投资,也可能直接以3%的月利把钱放到投融资公司"理财"。

房地产经济景气的时候,民间金融市场的每一个环节都能赚到钱,即便网络最底层的投资者,平均每人投资三五万元,按照1.2%的月利计算,每月资产性收入就有360—600元,而当地一个普通公务员的月薪才2300元左右。因此,资产性收入占了工资性收入的五分之一至四分之一,对当地居民来说这是一笔相当可观的收入。更重要的是,他们以这种形式的投资,参与到了当地的经济发展和城镇化建设当中,投资成为他们共享当地地产经济增长的一种有效模式。因此,民间资本的网络体系最大限度地把整个地域社会的闲散资金聚集起来,投入到房地产开发事业中,迅速弥补了D市城镇化进程中的资金缺口。

(三) 从个人集资到机构借贷:D市民间金融市场形成

城镇化的快速发展以及房地产开发的规范化使得市场对资金的需求不断扩大,民间借贷和融资规模也迅速壮大。最初的房地产开发,用当地的通俗说法来讲,就是"集资建房",当时的房地产开发好比"空手套白狼",当地一位较早从事建筑业的老板Z先生告诉笔者:

> 在1999—2003年的时候,开发房地产基本上不需要太大的资本。因为只要把地皮拿下来了,房地产开发项目得到审批,就可以在工地上搭建一个棚子进行"预售",预售其实就是让购房者先交房款总价的30%或50%。因为那个时候商品房很少,"预售"的时候购房者还得深夜起来排队或走关系。开发商借着这笔"预售资金"就可以建工程,把房子建起来,几乎不用自有资本。因此,那个时候简直就是空手套白狼,"撑死胆大的",只要有胆,借钱把地皮拿下来,房子是不愁卖的,哪怕是一个乞丐,一个农民,只要有胆,就可以去干房地产……
>
> 在这种环境下,后来各地都出现了最早的一波"老板跑路潮",一些没有诚信和道德底线的人,将"预售款"拿到手后,工程不干了,房子也不建了,拿着那笔钱跑路了。由此而引发了一些事件,于是地方监管部门开始逐步监管和规范房地产开发市场。最严格的是后来的"预售许可证"制度,所有的房地产开发项目,必须在项目获批后,主体工程建到一定程度,才能办理"预售许可证",比如说,12层的楼房必须建到5层,才能开盘

销售。

　　这种制度,极大地增加了开发商的开发成本,这个时候开发商必须具备一定的资本实力,才能开发房地产。当然,这也是市场竞争加剧,房地产业不断制度化、规范化、现代化的必然结果。

随着地方房地产市场的规范化发展,要求开发商的自有资金越来越大。而在小县城里,多数开发商都是草根出身,小企业,甚至就是以前的建筑包工头。有些连正规的公司都没有注册,都是花一笔钱挂靠在某家注册登记的企业名下。比如"××公司××项目部",就是花钱买了个公司的牌子,而实际上就是几个私人合伙老板在开发。这种项目最初的时候,到农村信用社比较容易贷款,到国有商业银行进行土地质押贷款的话困难重重:

　　并不是说在银行贷不到款,而是银行可以贷款给你,也可以不贷款给你,这个权力掌握在行长手里,而不在于你的项目有多么合法和正规,也不在于你的项目有多大的盈利空间。盈利空间越是大,你去银行贷款所需要的成本就越高。你不给行长好处,行长就是不批。他们就会找各种理由推辞,说这也不行,那也不行,有一万种理由,其实背后就是要好处。因此,自从跟银行有过一次交道之后,我这辈子都不跟他们打交道了,我宁可凭自己的信誉,通过私人关系去借钱。

在这种情况下,民间借贷需求日益扩大,传统单个放贷者的资金已经无法满足不断增长的资金需求。因此,直接的借贷关系向中介组织和机构借贷方向发展。各种在当地工商部门注册的融资平台以投资公司、贸易公司、担保公司、小额贷款公司等面目出现在市场上。民间资金募集对象的人数也越来越多。这些公司和企业成了民间资金的汇聚点和中介,地域社会的民间资本市场建立起来。传统地域社会里民间借贷参与者之间的血缘、地缘、亲缘社会关系也随之松散。此外,传统民间借贷关系多少具有互助的性质,而民间资本市场的参与者纯粹是以获利为目的进入民间借贷市场,放贷人变为单纯的利润追逐者和资金供给者,资金使用者和放贷人之间实际上已经没有了紧密的血缘、地缘、亲缘关系,只是与各种中介公司有简单的借贷契约关系而已。

这种地域性的民间资本市场,其资金来源、内部运转错综复杂。既有个人与个人之间、个人与企业之间的借贷关系,又有企业与企业,甚至企业与以银行为代表的正式金融机构之间的借贷关系,还有与地域社会以外的其他地区之间的借贷关系。在传统意义上的民间借贷关系中,资金来源主要是普通居民家庭的闲散资金以及私营企业主的剩余资金,而城镇化背景下的这个民间资本市场的资金来源已发生了明显的变化:政府公职人员、普通居民家庭、企业法人、商业银行、上市公司、大型企业和国有企业、各类民间融资机构等都参与其中,共同构成了D市城镇化进程中的地域金融资本市场。

如图4所示,虚线以下部分代表的是民间资本市场,虚线以上部分代表的是正式金融系统,民间资本市场与正式金融系统在资金源头上通过城乡居民存储与企业投融资等基本金融活动连接起来,在投资产品上通过理财和借贷与民间融资机构关联起来,而在经济系统内最后又通过房地产开发项目和城镇化紧密捆绑在一起。

在大规模的民间金融兴起之前,广大居民家庭的积蓄和闲散资金大部分以存款的形式被以银行为代表的正式金融系统所吸纳,正式金融系统将低息吸收起来的居民存款以贷款形式配置到国有企业、上市公司或大中型企业,中小企业很难获得银行的信贷资源。

随着D市城镇化的大规模启动,以房地产为核心的地方民营经济迅速发展壮大,对金融资源的需求急剧膨胀。因此,在最初的私人之间借贷的基础上,出现了专业的投融资公司专门从事"钱"的生意,众多的实

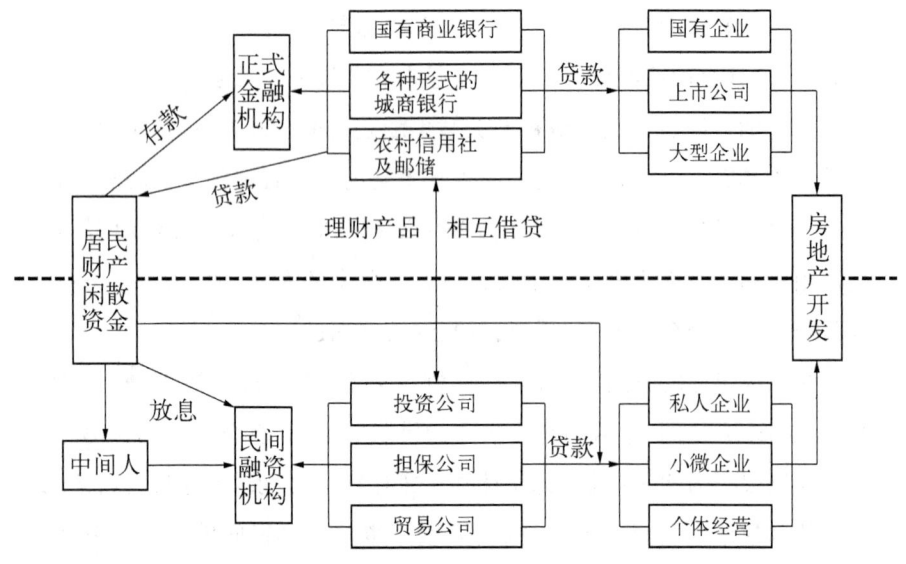

图 4　D 市地域金融市场结构示意图

体企业也开始卷入。民间投融资机构以"投资公司""担保公司""贸易公司"的形式出现。它们以高于银行定期存款的利息吸收居民存款，又以高于银行贷款利息的利率向各民营企业和房地产项目借钱。在高利息、高回报的影响下，居民存款有不断从正式金融系统流向民间金融系统的趋势。在民间金融系统和正式金融系统中也有部分的往来，即在鼎盛时期，民间投融资机构也会将部分流动资金购买银行理财产品（利息相对较高）以降低融资成本。如此，正式金融系统与民间金融系统实际上存在一个良性互动，共同构成了推动地域城镇化的金融市场。

四、社会信任断裂与 D 市民间金融的崩溃

建立在熟人社会人际信任基础上，以民间借贷为基础而逐步形成和发展起来的民间资本市场是正规金融的必要补充。在民间金融系统中，投资者的信任最初来自熟人之间的社会信任，而当其发展到机构借贷和融资阶段后，尽管开具了借款凭证，具有一定契约性质，但这种契约本身

存在很大的法律漏洞。因为企业和投资机构本身的融资资质及其揽存的合法性就存疑,借款凭据的合法性也存在法律争议。因此,在从熟人社会转向陌生人社会的时候,投资者的信任发生了悄然转移,对机构的信任其实来自每月利息的如期足额发放,来自整个民间借贷市场良好的信用环境。利息的发放一旦断裂,或市场上突然发出危险信号,建立在脆弱的私人信任之上的民间金融市场就将面临灭顶之灾。

在D市,从2013年年底开始,庞大的民间金融市场最初因为一个民营企业家的"跳楼自杀"而开始逐步瓦解,最终因为谣言导致全市最大的房地产集团J集团投资部发生挤兑,整个D市民间金融市场雪崩,D市发生了严重的民间金融危机。民间金融危机过后,数量庞大的投资者与投融资机构之间发生了债务纠纷,围绕着J集团的债务偿还问题,D市发生了旷日持久的债权人讨债群体事件。地方政府也陷入了民间债务问题化解的困局。

(一) T企业董事长X1跳楼:D市民间金融危机的导火索

2013年圣诞前夕,D市车水马龙,各大街小巷的商铺都为即将到来的节日而装点门面。然而,就在这狂欢夜的前夕,一条市内新闻给整个D市带来了无尽的恐慌,乃至骚乱:

> 23日下午6点40分左右,D市一家经营20多年的优秀民企T公司董事长X1先生在市内一国际住宅小区死亡,经公安部门现场勘察和现场调查访问,X1先生系高空坠楼死亡,具体原因正在进一步调查之中……

T公司成立于1993年,2003年落户D市开发区,是D市内最大的科技型农业省级龙头企业,下辖6家子公司,连续四年被农业发展银行湖南省分行授信为AA级信用企业。X1系D市人大代表、优秀青年企业家,曾被省乡镇企业局评为"带领农民奔小康领军人物"。2010年以来,T公司凭借其经济实力及X1的社会影响力,以1%—1.5%的月利息在社会上筹集资金,转型房地产开发。

X1跳楼后的第二天,百余市民聚集在T公司门前,要求将存储在该公司账户的本金和利息全部兑现。

(二) 误传与恐慌蔓延:J集团遭遇众多投资者挤兑

凑巧的是,作为当时D市最大的房地产开发集团,J集团的董事长X2与T公司董事长X1同姓,且是同乡。在X1跳楼事件发生后,一些不明真相的群众误传是J集团董事长X2跳楼自杀了。于是,在2014年春节后不久,J集团陆续遭遇投资者的挤兑。许多投资者纷纷来到J集团投资部,要求还本付息。在挤兑压力所造成的现金流短缺情况下,J集团对外宣布停止兑付业务。

J集团可谓D市地产业的顶梁柱,几乎占据了整个D市房地产开发市场60%的份额,先后获得了"中国AAA级信用企业""省十强民营企业""中国服务业500强企业""省非公有制企业质量信得过单位""D市首届市长质量奖"等多项荣誉。

2014年4月26日,投资J集团的众多债权人集聚在一起,堵塞了通往D市政府的一条主干道路,人们打着横幅,要求政府出面,督促J集团退还广大投资者的利息和本金。市金融办、N区政府负责人紧急出面向人群进行解释和劝导工作。J集团董事长X2也来到现场,承诺用五年时间偿还债务,"绝不跳楼,不跑路"。D市正式成立"打击民间非法集资办公室"(简称"打非办"),"打非办"向J集团派驻了工作组,以帮助其理清债务,监管资产。然而,投资者的惊慌情绪并未得到安抚,围绕着债务问题,民众上访维权事件持续不断。

(三) 挤兑潮蔓延至各区县:众多区县发生企业资金链断裂

作为转型中的资源枯竭和工矿企业城市,商业地产是城市转型和再开发当中的重要投资领域。Y集团就是在D市下辖S(县级)市转型过程中成长和发展起来的一家实力雄厚的地方商业地产开发公司,注册资本1.5亿元,是全省中部地区具有较强综合实力的房地产开发企业,下辖14家子公司。公司广泛涉及房地产开发、星级酒店、文化教育以及贸易投资领域,员工最多时高达400余人。

Y集团开发的G国际商业广场是D市、S(县级)市两级政府城市升级的重点项目,是全市商业提档升级的标杆之作,总投资达3亿多元。项目占据S(县级)市最重要的商业、行政核心,以接轨国际商业档次,涵盖大型购物中心、时尚街区、星级酒店、高档住宅、国际公寓等多元生态于一体,力求建成S(县级)市一站式时尚之都、休闲之城。

然而,在D市民间债务发生崩盘的谣言与恐慌的大背景下,Y集团也遭遇了挤兑潮,境内各债权人纷纷开始要求提前收回本金。由此,整个S市也发生了民间债务危机。

在拥有150万人口,2003年城镇化率仅为18%的X县,过去十年城镇化开始了突飞猛进的发展。2015年,X县各金融机构存款余额高达257亿。然而,恰恰是在这样一个高储蓄的县城,各行各业资金紧缺无比,民间借贷也非常活跃。在D市民间债务崩盘的大环境下,X县众多投融资企业也遭遇了挤兑风潮。为全面防控地域金融风险,X县金融办也成立"打非办",对全县涉及民间融资的企业进行摸排和分类处置。

在轰轰烈烈的"打击非法集资"行动下,X县民营企业遭遇了2008年金融危机以来的又一个漫长的寒冬:

> Q科技有限公司是X县的一家从事电子陶瓷制品的新材料制造企业,始建于1997年,公司占地面积66 000平方米,2010年以来,为了扩大公司生产规模,公司新增购规划用地100亩,预期形成年产1000万套新型复合陶瓷托辊及6万吨皮带输送机的能力。近年来新建厂房64 500平方米,新增了3条实现项目产能的生产线,新建办公及科研大楼10 500平方米,仓库13 500平方米,其他配套建筑,包括单身员工宿舍及食堂共4500平方米。

上述项目的落地,是基于2009年以来国家的产业发展和相关经济政策环境做出的决策,已经初步与某政策性银行达成了贷款协议。但是,由于2014年以来D市民间债务的崩盘,整个银行系统提高了对D市民间债务危机的警惕性,将该市列入了信用黑名单,四大国有商业银行不再向D市境内企业提供贷款。而已初步达成协议、就等银行高层会议批贷的Q公司也被误伤。在地方债务危机的影响下,公司也无法从民间市场融资,一下陷入了资金困境,不得不进行大规模裁员以缩减开支。公司员工最多的时候有600余人,2015年已不足300人。

五、尾声与讨论:民间金融的现代化转型

民间金融危机爆发后,众多普通家庭被卷入其中,血本无归。"有问题,找领导""出了事,找政府"的民间逻辑,使得债权人纷纷向地方政府施压,要求解决问题。一些债权人联合起来,天天到政府讨说法,要求政府出来解决问题,政府成了救命的稻草;少部分债权人则拿起"弱者的武器"进行抗争,甚至在恐惧和绝望中惶惶不可终日。这场民间债务危机,在当地演绎了不少人间悲剧。一些行动能力较强的人联合起来,将投资公司诉诸法院,希望用法律来追求公平正义,维护自身的权利,法院系统除了依照相关法律法规做出判决外,对追债和执行无可奈何;人们费尽九牛二虎之力将债务人诉诸法院后,发现判决根本无法执行。法院判决无法执行后,债权人开始了漫漫无期的上访维权之路,希望有更高一级的政府和领导关注底层的艰难,找到解决的办法。此时,更高一级的政府和领导,成为人们求助的希望所在,当地社会治理陷入了"群体上访-干部截访"的尴尬境地。

我们看到,D市民间金融网络中一个关键节点上人物的跳楼自杀,导致了支撑民间金融的社会信任的断裂,D市庞大的民间金融市场刹那间雪崩。在D市这场民间金融危机中,D市城镇化进程中民间金融危机

爆发的故事及其背后所折射出的经济、社会乃至地方行政系统之间的有机联系，对于一些地区乃至全国的经济社会转型发展都具有重大而深刻的意义。

（一）民间金融市场是汇集社会资本的有效形式

在 D 市，以民间借贷为基础的民间资本市场的产生，是当地城镇化发展和正式金融制度环境紧张的结果。建立在民间借贷基础上的民间金融市场，实际上是正式金融体系的重要补充，弥补了正式金融体系的不足。民间资本市场的催生，迅速而有效地集聚了庞大的社会资金，极大提高了社会资金的聚集程度和使用效率，使资金流高速运转起来。

与其说这是一种经济学意义上的民间资金或社会资金，不如说这是一种社会学意义上的社会资本。以民间债务为基础的地域资本市场，正是近些年来我们所呼吁和鼓励的参与经济发展的"社会资本"。因为这些社会闲散资金聚集的背后，是一张张广泛而深远的社会关系网络。正是基于熟人社会的信任，这些资金才源源不断地汇集成流，最后聚集在各类投资公司里，有效地参与到当地的经济发展和城镇化进程当中。这是在市场和社会自发意义上产生和汇集的社会资本场域，无需政府去组织和建立，但需要监管部门提供相应的监管指导和法律保障。

（二）社会信任断裂是 D 市民间金融危机的根源

支撑 D 市民间金融系统基石的是地域社会传统人际信任网络，这种信任建立在血缘、亲缘和地缘关系基础之上，如费老所提出的"差序格局"。传统社会中人们之间的信任关系是以自我和家庭为中心的，通过血缘、亲缘、地缘和业缘等社会关系而外推开去，越往外延伸，情感越薄，信任关系越松散；越往中心，情感越深，信任关系也就越紧密。[1] 这种基于私人关系的信任是与传统中国农业社会主导的静态和熟人社会

---

[1] 费孝通：《乡土中国　生育制度》，北京：北京大学出版社，1998年。

结构相匹配的社会纽带。这种人际信任最大的缺陷就是信任的范围局限在"自己人"圈子之内,过于依赖个体人格和社会关系的网络约束,无法跨越地域和人际圈子来进行更大范围的延伸和扩展;一旦某个关键节点的人消失,短期内没法找到可以替代的人,社会信任关系就会顷刻断裂,整个社会关系网络因此可能随之解体。

随着经济的现代化转型,社会流动性的日益增强使得原有基于熟人社区基础上的人际关系不断解体,传统人际关系网络对个人的约束力显著下降,社区从熟人社会变为陌生人社会,社会经济活动远远超出了血缘、宗族和亲缘的传统社会网络。在这种情境下,支配人们的传统关系型社会信任在经济社会活动中的作用日益遭遇挑战,而新的基于组织和制度的普遍性信任系统尚未完善。于是,在从传统民间借贷走向机构借贷时,民间金融赖以生存的社会信任发生了结构性断裂,一个关键网络节点上的人物的意外死亡,使得这个人的地位和作用无可取代,从而导致了整个民间金融背后信任网络的崩塌,挤兑潮导致发生了庞大的D市民间金融系统雪崩。

(三) 地域经济现代化转型亟须建立起系统信任

信任是降低社会交往成本、提高社会安全感、建立现代市场经济和法制社会的基石。弗朗西斯·福山认为,社会信任度高低是一国经济繁荣与否的基础和决定性因素[1],高信任度源于现代系统信任的建立。关于信任类型与经济社会转型的关系,许多社会学家有过经典表述。传统社会信任是一种建立在私人关系基础之上的基于特殊主义的信任,古典社会学家齐美尔(Georg Simmel)将这种信任称为"人格信任"。齐美尔认为从传统社会到现代的转型必然伴随着社会中的信任类型从以人格信任为主转到以系统信任为主,正是货币的使用使得人格信任在向系统

---

[1] 弗朗西斯·福山:《信任:社会道德与繁荣的创造》,彭志华译,海口:海南出版社,2001年。

信任的转化方面起到了巨大的推动作用。① 在帕森斯关于现代社会系统的论述中,从特殊信任到普遍信任的建立,被认为是从传统社会向现代社会转型的最基本的五个维度之一。② 德国著名社会学家卢曼(Niklas Luhmann)将现代社会基于制度和符号的普遍信任称为"系统信任",这种系统信任正是现代社会秩序得以扩展的基础。③

D市案例表明,建立在差序格局基础上的通过关系型信任而发展起来的民间借贷是与"前现代社会"小规模经济产业结构相匹配的金融行为,远远无法支撑起城镇化主导的大规模现代经济产业体系。地域金融结构与产业结构的不匹配导致了社会信任的断裂和地域社会经济危机的爆发。因此,经济社会的现代化转型,亟须建立起以现代系统信任为基础的新的金融系统。

---

① 格奥尔格·齐美尔:《货币哲学》,许泽民译,贵阳:贵州人民出版社,2009年。
② 塔尔科特·帕森斯:《社会行动的结构》,张明德、夏翼南、彭刚译,南京:译林出版社,2003年。
③ 尼古拉斯·卢曼:《信任:一种社会复杂的简化机制》,翟铁鹏、李强译,上海:上海人民出版社,2005年。

Research on Private Financial Crisis from the Perspective of Process-Event Analysis

Liu Weiping　Yang Yanwen

Abstract: The economic risks and social hazards of private finance have attracted great attention in economics, finance and other disciplines recently. Previous studies have evaluated the volume and potential economic and social risks of it based on various macro data and quantitative models. Private finance has strong regional characteristics. Its manifestation, operation mechanism and its mechanism of action on local economy and industrial development have strong regional economic and social structural characteristics. It is difficult for researches based on various macro data model to identify the local characteristics and operating mechanism of private finance and its mechanism of action on the regional economy and industry. This study uses sociological process-event analysis method to do a panoramic tracking study on the rise, development and collapse of private finance in City D from 2010 to 2015. It found that City D private finance is based on the traditional social trust structure. The fracture of social trust is the root cause of the private financial crisis. Establishing a modern financial mechanism based on system trust is of urgent need to the transformation of regional economy and society.

Keywords: private financial crisis, process-event analysis, social trust broken

评 论

社会空间与社会理论

王天夫*

贾雷德·戴蒙德(Jared Diamond)在其名著《枪炮、病菌与钢铁》一书中,提出了一个不拘一格并引来众多关注的解释人类社会发展历程的理论:人类社会的发展道路之所以有各种不同文明的出现并且发展路径迥异,最重要的原因就在于,人们所赖以生存的当地及周遭的地理空间环境的差异,而与所谓的种族与文化上的差异并没有太大关系。[①] 在戴蒙德看来,初始的地理空间环境决定了生存资料与粮食生产的差异,这直接导致了营养生产、人口增长、病菌免疫与人口聚集的差异,进一步形成文字产生与社会结构的差异,当然,后来的社会发展差异进一步拉大,科学技术也成为社会发展中带来差异最大的变数。

在更为宏大的层次上,戴蒙德所揭示的是,人类文明的确是人的活动与空间环境共同作用的结果。使用同样的逻辑脉络,则必然要求空间在社会理论的讨论中占据重要的位置。事实上,空间的概念在相当长的时期里,都被理论家们忽视了。只是在不久之前空间才又重新进入社会理论的讨论之中,与时间一道成为另一个理解社会的重要维度。

---

* 王天夫,清华大学社会学系教授。
① 戴蒙德:《枪炮、病菌与钢铁:人类社会的命运》,谢延光译,上海:上海人民出版社,2006年。

一、社会理论对空间的再认识

近现代批判性的社会理论发端于对资本主义社会制度的观察、剖析与毫不留情的批判,并由此生发出来对未来深深的担忧以及各种探索思考所带来的可能潜在的拯救出路。当人文主义思想在社会科学的主旨当中转向,并开始试着去理解社会制度的优劣并探寻其发展规律时,一个不可忽视的取向必然出现,那就是对于历史的强调。折射到时间与空间的两种维度上来讲,时间以及由此延绵形成的历史成为理论家们思考的中心,而空间以及由此扩展形成的地理则被相对忽略了。

看起来,这背后的原因也许是浅显易懂的。这是因为在探寻社会规律时,需要的就是根据现有的历史知识信息,对未来做一个有效的推理甚至是猜测。不管这样的对历史发展规律的推理或是猜测背后的理论模型是线性的、螺旋形的或者是其他什么形状,必定需要一个历史决定论的前提,这就决定了时间与历史在社会理论中居于思想维度的中心地位。在如此强调时间的背景之下,理论家们很容易倾向于将对于社会的理解收缩成对于社会历时性过程的理解,而忽略了社会在空间上的呈现。

对于空间长时间在社会思想中被忽略,但最终又重新进入理论家的视野的原因,福柯有过简要的涉及。[①] 他认为有三个方面促进了空间作为一个重要的因素进入到社会理论中。

首先,哲学观念上的改变使得社会思想逐渐抛弃了历史决定论的限制。历史决定论的传统特别强调时间维度的社会变迁,并且将空间排除在外。福柯自认为自我沉迷于空间对于理解社会的重要性,抱怨了自

---

① Michel Foucault, "Of other Spaces", *Diacritics*, Vol. 16, No. 1, (Spring, 1986), pp. 22-27;中译本参见福柯:《不同空间的正文与上下文》,陈志梧译,载包亚明主编:《后现代与地理学的政治》,上海:上海教育出版社,2001年,第 18—28 页。另一些观点也可参见福柯:《权力地理学》,载《福柯访谈录:权力的眼睛》,严锋译,上海:上海人民出版社,1997年,第 199—213 页。

19世纪以来理论家对于时间的过度关注。同时,他认为进入20世纪后的当前,首先是一个"空间的时代",而我们关于整个世界的经验,也是"连接节点与交互关系的延展的网络多于沿着时间发展出来的漫长生命"①,由空间的变化而生成的个体体验要强烈得多。改变了观念的社会思想在历史(时间)、地点(空间)以及社会之间寻求解释。

其次,学科界限的拓展使得原来排斥空间因素的社会思想逐渐引入空间因素。空间因素因为具有强烈的自然属性,往往被认为是地理学的范畴,早期并不为社会思想所用。最早的空间概念起源于宇宙学的"定位的空间",而伽利略的"日心说"将之拓展为无限的延展的空间。当位置成为表达空间中关系结构的重要概念时,也成为各种科学技术发展的重要基础。随着学科进一步交流融合,位置(空间)这种直接表达关系结构的属性也就自然而然地进入到社会思想的领域之中。

最后,将空间的概念引入社会思想也是更具体的理解与分析社会的方法。在福柯看来,当我们思考人类社会时,人口的空间分布问题必然出现,这不仅仅是关于世界上是否能够容纳下人类的问题。"关于人类生活空间更重要的问题是,在给定情境下为了达成特定的目标,需要了解人类的亲疏关系、聚集、流动、标记与分类等。"②这正是在特定的位置、空间呈现出来的人们之间的关系。

长期以来,空间并未进入社会理论的实质内容之中。在社会理论中,空间地点仅仅是作为社会的物理特征,是社会活动的容积性度量,并不参与社会活动,更不与社会中的群体有着不可分割的互动关系。改变人们对空间的简单认识,并将空间重新带回社会学理论之中的真正奠基性工作也许是由列斐伏尔(Henri Lefebvre)来完成的。他不仅仅从哲学的角度将空间重新带入理论分析当中,更重要的是,他提出了一套完整的空间的社会理论,并开创了一个分析传统。

---

① Michel Foucault,"Of other Spaces", *Diacritics*, Vol. 16, No. 1, (Spring, 1986), p. 22.
② Michel Foucault,"Of other Spaces", *Diacritics*, Vol. 16, No. 1, (Spring, 1986), p. 23.

当然，我们也要清晰地看到，时间与空间在社会理论中的讨论一直就存在，并将持续下去。事实上，"地点-过程"的争论（place-process debate）也是社会学理论建构过程中无可回避的议题。[①] 特定地点的空间特征到底有没有决定着当地的社会事件？还是有一种跨越空间的特定的宏观过程能够决定不同地点的社会事件？到底孰重孰轻，在理论建构过程中的空泛争论也许并没有任何结果。更有可能的是，在不同的经验研究进程中，这两者之间的适用性可以更为清晰地显现出来。

二、列斐伏尔：社会空间[②]

列斐伏尔是从剖析资本主义社会对空间的使用来引入空间概念的。如果说马克思主义经典理论对资本主义社会制度的批判与否定最为彻底的话，那么列斐伏尔则是利用空间概念来批判资本主义制度发展最为透彻也最为经典的社会理论家。列斐伏尔的思想激发并引领了后来的"激进"的城市社会学理论。

（一）资本主义的生产与空间的生产

事实上，资本主义的发展与对空间的利用是密不可分的。从"圈地运动"开始，资本的目的就是一方面要将农村劳动力与土地的关系打破，迫使劳动力成为市场上可以买卖的商品；另一方面也是为大规模的工业生产获得土地。

等到工业生产兴起后，资本主义对于空间的利用更进一步。规模化以及集约化的生产就是要将大量的资源集中到统一的地点，完成加工生

---

① 可以参见艾伦·哈丁、泰尔加·布劳克兰德：《城市理论：对21世纪权力、城市和城市主义的批判性介绍》，王岩译，北京：社会科学文献出版社，2016年。另一个理论建构中的争论是"结构-行动"之争。
② 很显然，列斐伏尔的社会空间概念与物理学或是地理学上的空间概念有很大的差别。从某种意义上讲，列斐伏尔的空间概念包含了空间以及空间之内的内容（亦即社会、政治、经济、文化甚至是符号等关系）。

产之后,又通过消费过程回笼资本完成一个完整的生产消费的循环。随着资本主义的发展,消费的集中也成为了可能。因此需要一个更宏大的空间来完成生产与消费的集约化。而跨越国家边界的资本主义的发展又将整个资本运作的区域进一步扩展到全球的范围。

在列斐伏尔看来,空间从来就是生产过程中的一个重要部分。在经典马克思主义思想当中,空间是物质生产的容器,它为物质生产提供了场所。换言之,资本主义生产是在特定空间之中的生产。而列斐伏尔直接将空间纳入生产之中,认为空间不仅参与了商品生产的全部过程,而且它本身就构成了生产关系与生产力之中一个不可或缺的部分。①

更进一步的是,空间不仅仅参与生产,不仅仅用来生产剩余价值;同时,它本身也是资本主义生产的对象,它本身也是资本逐利的对象,也能为资本家带来超额的剩余价值。哈维关于资本的"第二个循环"就直截了当地指出了城市空间的这一特质。② 而城市空间的生产直接连接了城市的集体消费,城市居民在城市中的居住、交通以及其他公共和私人的工作生活活动都离不开城市里建成的空间。③ 这样生产出来的城市空间不仅仅完成了生产过程中的剩余价值的实现,同时也完成了劳动力的再生产过程。

空间的生产随着资本主义的发展逐步扩大,具体表现包括帝国主义对于其他区域的剥削,殖民地与半殖民地对于资本主义发展的资源贡献,城市作为人类文明最为宏大的产品急速扩张,城市权力的扩张,城市对于整个社会的统治的扩张等。到了20世纪下半叶,全球化已经将大都市的触角伸到了民族国家以外的全球各个角落。而网络社会的兴起,则可以看成是资本主义在地理空间之上又将一个虚拟的空间生产出来。

所以,一直以来,空间与资本主义的发展是息息相关的。在列斐伏

---

① Henri Lefebvre, *The Production of Space*, Oxford: Blackwell, 1991.
② David Harvey, *The Urbanization of Capital*, Baltimore: Johns Hopkins University Press, 1985.
③ Manuel Castells, *The Urban Question: A Marxist Approach*, Cambridge: MIT Press, 1977.

尔看来,空间的不断生产与重组,成为资本主义持续的发展动力和化解危机的能力。所以,他一针见血地指出,资本主义"能够存续并获得增长"的能力来自其"生产和占有空间"①,后者使得它能够进一步控制并延续它在理论上已经问题多多、注定消亡的历史性的制度结构。毫无疑问,这要求在社会理论的建构中必须将空间纳入其中。

(二) 空间与社会

虽说列斐伏尔讨论的是资本主义社会中空间的生产过程,但是抽出特定的资本追逐利润的商品生产过程,空间生产可以轻而易举地推论到其他社会制度之中。只不过在不同的社会形态之下,空间所融于其中的生产关系与生产力各不相同,但是这种空间融入其中的本质完全一致。因此,任何一个社会、一种生产方式,都有它生产出来的空间,而这样的空间又包含了社会关系与制度。庙宇或是教堂并不仅仅是一座建筑物,它是人们为了祭祀与信仰建设出来的,同时也是人们集聚礼拜的场所,是一切与宗教相适应的社会心态、社会观念、社会关系以及相关联的社会制度的体现。空间其实就是社会的一部分。所以说,哪里有空间,哪里就有社会的存在;哪里有社会,哪里就有社会的空间。如果用最简单的话来概括空间与社会的关系,那就是"社会的空间性与空间的社会性",这两者是不可分割的。

在列斐伏尔看来,空间与人类社会中的政治、经济、消费、符号、文化以及意义等各个范畴紧密相连。他概括了社会空间在各个范畴之中的具体体现②:

第一,作为生产力的一个部分直接进入生产过程当中,替代

---

① 参见 Edward Soja, *Postmodern Geographies*: *The Reassertion of Space in Critical Social Theory*, New York: Verso, 1989, p.105;中文版参见爱德华·苏贾:《后现代地理学:重申批判社会理论中的空间》,王文斌译,北京:商务印书馆,2004年,第159页。
② Henri Lefebvre, *The Production of Space*, Oxford: Blackwell, 1991, p.349.

并补充了以往由自然所扮演的角色；

第二，作为单一的产品——作为大众商品在旅游、观光或是闲暇活动中简单消费掉了，或是作为诸如机器一样的生产工具在生产过程中消耗掉了；

第三，显示了政治上的重要性——在其发展而成为生产方式的同时，被用来促进社会控制（已经建成的城镇与都市并不仅仅是产品，它们同时也是提供住宅与维护劳动力的生产方式）；

第四，支撑着生产关系与财产关系的再生产（即是土地、空间的所有权，地点的等级分类体系，作为资本主义功能的网络组织、阶级结构、实际的需要等）；

第五，实际上来讲，等同于一系列没有表达出来的制度性与意识形态性的上层建筑（在此，与之同行的是符号与意义的系统），或者是中性、无意义、符号学的贫乏、空洞（虚无）的外在表现；

第六，包含了作品与滥用的潜在可能，它开始于艺术领域，但是首先是对将自身"转移"到空间之中的实体要求的回应，这一实体通过对抗开启了另一个不同的空间（或是反文化的空间，或是实际存在的"真实"空间的乌托邦式的替代意义上的反空间）。

在列斐伏尔眼中，社会空间是一种生产资料，是一种消费产品，是一种政治工具，是一种财富等级（阶级）关系，是一种符号象征体系，是一种社会变迁与（阶级）冲突的源泉。在讨论空间与社会关系的再生产的联系中，列斐伏尔给出了依次递进的三个层面：首先是个体生理意义上的再生产，包括劳动力本身及其亲属；其次是作为工人阶级的劳动力与生产资料的再生产；最后则是作为更宏大的社会生产关系的再生产。因此，列斐伏尔的社会空间之中弥漫着各种社会关系，充斥着各种社会制度。使用更为简单的总结,社会空间其实就等同于社会本身,有着自身物理属性的空间已经与人类社会不可分割。

(三) 社会空间的体验与日常生活的空间

列斐伏尔的分析更多地是关注人类社会与空间之间哲学意义上的关联,并没有给我们提供一个可以直接用于分析人类活动与空间之间具体活动的操作性框架。但是,他在其理论中也给出了分析不同社会空间的具体表现形式的方向,并激励了后来者沿着他所开创的思路不断地挖掘与拓展。[1]

既然社会空间深入到了社会结构的肌理当中,它必然影响到人们的日常生活。那么,在列斐伏尔的理论当中,社会成员们又是如何融入社会空间当中的呢?换言之,社会空间是通过什么样的方式能够被体验到呢?他提出了社会空间的三分内容[2]:

> 第一,空间的实践,包括生产与再生产,以及各种社会形式的特定的位置与空间特征。空间的实践保证了连续性与一定程度的连贯性。就社会空间以及与此空间社会关系相关的社会成员而言,这一连贯性暗示了确定的一定水平的能力与特定水平的表现。
>
> 第二,空间的再现,与生产关系以及这些关系生成的"秩序"相连,进而与知识、符号、编码以及"先锋"关系相连。
>
> 第三,再现的空间,表现为编码或未编码的复杂符号系统,与社会生活的隐含或是未知部分以及艺术(最后可能被更多地定义为再现空间的编码而非空间的编码)相连。

---

[1] 不可否认的是,后来的研究者在列斐伏尔开创性理论的启发下,开辟了众多具体的、富有意义的研究领域并取得了丰富的研究成果。例如,卡斯特尔、哈维、苏贾以及其他追随者都一直将学术上的灵感与激励部分归功于列斐伏尔。
[2] Henri Lefebvre, *The Production of Space*, Oxford: Blackwell, 1991, p. 33.

空间的实践(spatial practice),是指人们在社会空间之中意在生产与再生产的实践活动,包括工作、去办公室的通勤、下班回家的家庭生活等,是感知的空间(perceived space)。空间的再现(representations of space),是指人们通过自己的思维将实践中的空间通过编码重新建构出来的形式,包括地图、旅游指南等,是构想的空间(conceived space)。再现的空间(representational spaces),是指社会生活中的文化意义与象征意义,是普通人的生活空间,也是艺术家用艺术表达出来的空间,还是哲学家从中进行哲学思考的空间,也包括普通人用自己的对生活与生命的理解所装点的家、建筑师用自己的理念设计的房屋等,是生活的空间(lived space)。①

空间的三分是社会空间的三个维度,它们是相互交错的,而个体的社会成员可以在这三个层次上熟练地来回变换。② 正是这样的自由变换,使空间在社会中为人们所体验。同时,空间进入了社会的日常生活。对于这样的社会空间的描述与分析则可以促成后来者对社会空间的具体表现形式的丰富研究。③

使用列斐伏尔的空间三分,可以通过这样的案例来说明社会空间是如何进入日常生活的。一个普通人,其普通一天的生活从早晨离家去上班的过程开始。他需要通过公共交通完成通勤,抵达办公室。这一过程就是空间的实践。在通勤过程中,他清楚地知道从由城市规划师、交通设计师所制定的城市网络图中找出自己的交通路线。④ 这个过程使用了空间的再现。而他在城市中行走时,可能关注某些城市建筑的新奇,感叹繁华绚丽的城市中心根本就没有自己的安家立户的空间等。这完

---

① Henri Lefebvre, *The Production of Space*, Oxford: Blackwell, 1991, pp. 38-39.
② Henri Lefebvre, *The Production of Space*, Oxford: Blackwell, 1991, p. 40.
③ 也可以参见哈维:《后现代的状况:对文化变迁之缘起的探究》,阎嘉译,北京:商务印书馆,2013年。
④ 在如今的网络社会生活中,手机APP使用广泛,人们更多地从网络中获取生活所需的信息。所以,空间的再现更是在网络中表示出来,也容易理解了。

成了一个再现的空间的过程。这样的三个过程可以在这一天的生活中，在这个普通人的心里十分清晰且不可混淆地来回变换，构成他丰富的日常生活。

从上面的分析可以看出，虽然列斐伏尔对于社会空间的讨论起源于他对于资本主义制度的批判，但他的理论对于社会空间的具体讨论则可以深深地植根于人们日常生活的过程当中。这也呼应了列斐伏尔早期对于资本主义社会中日常生活的批判分析。当然，对于列斐伏尔来讲，这样的日常生活也是裹挟或是镶嵌于更为宏大的资本主义制度与空间生产过程之中的。从这个意义上讲，列斐伏尔的社会空间概念不仅仅提供了一种理论的框架，同时也提供了一个理解日常生活的视角。①

三、其他社会理论中的空间

如果说列斐伏尔将空间重新带回到了社会理论的中心地位，并提供了一个社会空间的辩证概念，让社会的空间性与空间的社会性无可置疑地确立起来的话，那么其他的社会理论家则是从另外的维度，将同样的哲学思想运用到具体的社会研究的领域当中，使得社会空间在社会理论中的位置越来越显著。即使他们或许没有有意为之，但这一过程显然是一个集体并且有效的努力，并将社会空间推到了一个显著的理论高度。

（一）福柯：社会空间与权力

对于福柯而言，权力的来源与运用是社会运行的根本，是其理论关注的中心议题。在福柯的思想体系中，权力并不体现在传统意义上的利益—冲突层次，而是一种微妙的社会互动策略，是在微观层次实现的社会关系，是通过对心灵的震慑与驯服确立起来的。权力在社会中的延伸

---

① 这一点在塞托（Michel de Certeau）的讨论中可以更为清晰地看出来，即使塞托并不赞同列斐伏尔关于资本主义日常生活分析的主要观点。参见塞托：《日常生活实践：1. 时间的艺术》，方琳琳、黄春柳译，南京：南京大学出版社，2015年。

以及权力对于社会的控制和操纵,也是通过类似神经体系这样的网络而显得无处不在。福柯考察了一系列极端的社会例子之后——包括考古知识、法律刑罚、疯癫判定甚至是身体性欲,总结出了相应的权力关系的建构与体现。福柯指出知识、话语甚至身体等都具有不可割裂的社会属性,都成为权力运作的过程,都体现了丰富而又细微的权力关系。

除此之外,福柯同时也表现出了对于空间额外的迷恋。在他看来,在所有微观权力的运作过程中,空间都是一个不可忽略的因素。空间是社会实践的基础,也是权力实践的基础。显然,福柯并不过多深究空间与社会之间的辩证关系,而是从空间的政治范畴来剖析空间与权力的关联。空间成了一种政治工具和统治技术,成了权力的具体体现。在福柯的论述中,权力借助空间发挥其作用并进行实践的具体体现,就是使用特定的空间安排来分配与分割个体占有的物理空间。在这样的分配与分割过程中,形成了一种无言但是威严的权力等级体系。因此,对于福柯而言,整个空间结构形成的过程本身就是一种复杂的权力关系。

在《规训与惩罚》[①]中,福柯起篇引用了一个残忍到缺乏人性的公开行刑的场景:在格列夫广场公开对企图谋杀国王的达米安施以酷刑、残忍处决并最后焚烧尸体。在这个具体案例的描述中,我们可以了解到这样的行刑是一种有意建造出来的公共景观,其中的行刑与观众都置身于这样一个开阔的地点,共同完成了这样一个旨在用最残酷的方式来震慑任何违反王国法律的意图与行为的过程。在这里,通过公开对罪犯肉体的摧残与毁灭,建构起一种不可动摇的权力观念。在随后的100年里,这样的公开制造肉体痛苦的表演,逐渐为远离大众日常生活的隐蔽的监狱监禁所取代。这样一来,空间幽闭的监狱成为改造心灵的场所。福柯在后面的章节中详细讨论了监狱的设计与建造。对于全景敞视监狱(panopticon)中圆形监视塔所对应的格子式的监狱牢房,福柯不惜笔墨

---

① 福柯:《规训与惩罚:监狱的诞生》,刘北城、杨远婴译,北京:生活·读书·新知三联书店,2003年。

地描述,将这种空间上的分配与分割清楚地剖析出来,指出监狱里罪犯的所有行为都毫无保留地呈现在了圆形监视塔里的监视者眼前,鲜明地阐释了监视者与被关押者之间的权力关系。在福柯看来,这是一个对身体与心灵控制的转变过程,而这一过程一定是在特定的空间完成的。在这一空间中,罪犯、行刑者或是看守者、法律行业的相关者、旁观者或是看不见罪犯但时常被提醒的普通人,都是不可或缺的。他们之间的控制与被控制、震慑与被震慑、改造与被改造、监视与被监视的角色位置体现得清晰鲜明并淋漓尽致。在这里,福柯明白无误地指明了,这样的空间关系,无论显示出来的是对身体的惩罚(公开的展示),还是对心灵的规训(深刻的隐蔽),其实都是弥漫在社会之中的权力关系的赤裸体现。

(二) 布迪厄:社会空间与阶级

布迪厄对于空间与地点的讨论是与社会关系紧密相连的,社会空间在布迪厄的理论当中有着两重含义:一个与物理空间混合在一起,另一个则仅仅是一种类比的非物理性的空间。①

对于前者,布迪厄花费详细的笔墨,分析了阿尔及利亚北部沿海地区的卡拜尔人(Kabyle)房屋外部与内部的空间安排,认为这样的设定对应着柏柏尔人(Berber)宇宙起源说中的基本二分原则,例如性别中的男女、环境中的干湿等。② 在这里的分析中,布迪厄展现了其结构主义视角的一面。在他看来,在卡比利亚以及更广阔的社会范围内,亲属关系的结构与作为行动者的个人关系不大。而空间安排作为社会结构的一个部分,清晰地显示着个人在社会结构中的位置以及整个社会等级关系

---

① 更多的理论化阐述参见布迪厄:《社会空间与象征权力》,载《空间的文化形式与社会理论读本》,夏铸九、王志弘编译,台北:明文书局,2002年,第 429—450 页。
② 卡拜尔人是聚居在阿尔及利亚北部多山沿海地区卡比利亚(Kabylia)地区的柏柏尔人的分支,占整个阿尔及利亚人口的 40%。

网络。① 当然,布迪厄一定会强调其建构主义视角的一面。在他看来,一方面卡拜尔人的社会实践也要遵循这些空间结构的安排,另一方面他们在实践中同时也不断地塑造和建构这样的空间结构。② 在这里,布迪厄强调了空间与社会实践以及社会关系的你中有我、我中有你的关联,强调了空间结构与社会结构的契合。从这个意义上讲,布迪厄这里的社会空间概念与列斐伏尔的社会空间概念是一致的。

在布迪厄的理论框架中,还有一个社会空间的概念。在他看来,社会中行动者的"空间"位置直接反映了他的社会位置。在这里的空间位置是指行动者根据他所拥有的各种资本的总量以及资本的结构——包括经济资本、文化资本、社会资本以及符号资本,相对于其他行动者所占据的社会位置。行动者的集合就形成了一个社会的型构(configuration),而整个社会又将占据不同位置的行动者划入相应的社会空间之中。③ 事实上,这里的社会空间建构就是由社会群体关系与社会制度所决定的;人与人之间的空间距离其实就是他们之间的社会距离,而个人被划分到不同空间的原因就是因为他所拥有的资本(包括各种类型)的多少。同时,也正是因为这样的"区分",才形成了社会阶层。这样的社会空间结构也为劳动力与社会的再生产奠定了结构性的基础,使得身处其中的人们在毫不自知的状态下进行着各种各样的日常生活实践,并形成代际的再生产过程。显然,布迪厄在这里讲的是一个社会的空间影像(spatial image),与前面他所提到的充斥着社会关系的空间

---

① 事实上,也许更让中国读者理解布迪厄在这里阐述的空间安排与社会结构之间紧密对应的关系的是,富裕的中国传统大家庭居住的院落结构四合院:北屋通常因为阳光、通风更好,是留给长辈居住的地方;晚辈住东西两侧的厢房;后院是女眷与女佣的住处;南屋则是留作储藏或是帮佣的住所。更详细的描述,可参见李孝聪:《北京城内的四合院民居与会馆建筑》,载《中国城市的历史空间》,北京:北京大学出版社,2015年,第258—267页;清晰的图示可参见那仲良:《图说中国民居》,王行富摄影,任雨楠译,北京:生活·读书·新知三联书店,2018年,第33页。
② 具体参见 Pierre Bourdieu, *The Logic of Practice*, Stanford: Stanford University Press, 1990, pp. 271-283。
③ Pierre Bourdieu, *Distinction: A Social Critique of the Judgement of Taste*, Cambridge: Harvard University Press, 1984;中译本参见布迪厄:《区分:判断力的社会批判》,刘晖译,北京:商务印书馆,2015年。

完全不同。

在布迪厄看来,空间的区隔与社会的区隔是相似的、可以类比的。地理空间与社会空间只是相同社会关系在不同维度的体现。事实上,我们知道,特定社会位置的人一定会在空间位置中占据特定的地点,并以此维系和强化社会位置之间的区隔。①

(三)吉登斯:社会空间与社会建构

吉登斯对于空间的论述也是相当明确的。在《社会的构成》②中,他认为时间与空间是社会行为产生与社会结构形成的基础,所有的社会实践都发生在一定的时空限制之下,而时间与空间也是在社会实践中体现出来的。对于吉登斯而言,时空的延伸正是社会建构的中心形式,正是由于时空的不同形式的延伸,在社会中形成了各种形式的时空差异与时空隔离,成为社会结构形成的基础。借助一系列与时空相关的概念——在场、不在场、共同在场、在场可得性、区域化等,吉登斯推论出社会行为在时空结构下的各种延伸形式。而这样的延伸过程导致了社会资源的分配机制,引领着社会成员的各种行动——个人行为、群体聚集、结成联盟、正式组织等,从而进一步形成了社会的运行机制。他甚至强调,为了理解当今全球化时代,时空的变换甚至比经济上的相互依赖更为重要。现代技术的发展——包括现代通信、互联网、快速交通等——使得身体与信息能够轻松地跨越原有的时空局限,更使得人们相对于时空而言,可以延伸到一个相互分离的状况。在这样一个过程中,空间与场所也相互分离。在场的因素正在越来越多地被不在场的因素所替代——正是这样的时间与空间的持续延伸,使得人们的社会行为与社会实践不断地产生变化,而社会也被不断地重组与建构。因此,对于吉登斯而言,

---

① 在城市居住分异的文献中,有更多的讨论和分析。一个经典的著作可参见 Douglas Massey, Nancy Denton, *American Apartheid*: *Segregation and the Making of the Underclass*, Cambridge: Harvard University Press, 1993.
② 吉登斯:《社会的构成》,李康、李猛译,北京:生活·读书·新知三联书店,1998年。

空间是社会形成必不可少的元素。

(四) 苏贾:社会空间与现代性

吉登斯将时间与空间带入社会理论的初衷,在苏贾(Edward Soja)的理论建构中得到了充分的讨论。只不过,苏贾的理论是沿着列斐伏尔开创的社会空间往前推进的。

在列斐伏尔社会空间概念的基础上,为了回击社会批判理论中过于僵化的历史决定论,并挽救社会空间这一概念遭遇扼杀的趋势,同时也是为了区隔地理学学科意义上对于空间因素的过度强调以致抽取出空间决定论,苏贾明确地提出了"社会-空间辩证法"(socio-spatial dialectic)①:

> 社会与空间关系是辩证地相互作用、相互依存的;生产的社会关系是依空间而构成的、依空间而生成的(正如我们认为结构性的空间是社会性地建构的一样)。

显然,苏贾的上述总结是对列斐伏尔"空间的社会性,社会的空间性"社会空间概念更为清晰、更为理论性的阐释。

在他后来的研究中,苏贾进一步推进这一思想,提出了另一个饱含后现代味道的"第三空间"。② 在苏贾的论述中,"第一空间"是具有物理性质的可感知并可以用经验描述的空间,"第二空间"是人们认知形式下的再现出来的空间;前者是具象的空间,后者是构想的空间;意识观念中的后者控制着前者在实际活动中真实运转,因而体现着一种空间关系上

---

① Edward Soja, "The Socio-Spatial Dialectic", *Annals of the Association of American Geographers*, Vol. 70, No. 2 (1980), pp. 207-225.
② Edward Soja, *Thirdspace: Journeys to Los Angeles and Other Real-and-Imagined Places*, Cambridge: Blackwell, 1996. 中文版参见索杰(苏贾):《第三空间:去往洛杉矶和其他真实和想象地方的旅程》,陆扬等译,上海:上海教育出版社,2005年。

的权力控制秩序。"第三空间"是空间知识的另一种创造模式,它在范畴与意义上出自前两种空间,但又超越了"真实的"与"想象的"空间,成为一段通向"真实和想象"空间的理解与建构的"旅程"。从哲学意义上讲,第三空间已经包含了前面两个空间。从行动意义上讲,第三空间是一个理解社会空间并积极投身到改造与重构空间的召唤:我们生活在社会空间之中,我们的行动也在不断地为空间所限制,但是在我们生活与想象的过程中,我们理解了社会空间,同时也塑造着社会空间。虽然,苏贾与列斐伏尔都期待着,空间建构能够成为人们从社会权力关系的控制秩序中解放自己的过程,但是苏贾作为后来者阐释得更为清晰、更为彻底。"第三空间"的概念建立在"历史-社会-空间"的三元辩证关系之上,颠覆了以往的二元对立(历史-社会、空间-社会),超越了列斐伏尔的社会空间的三分。在苏贾的眼里,"第三空间"既是生活的空间,也是想象的空间,既是开放的空间,也是斗争的空间,它将现实的生活与政治、观念紧紧相连,是理解我们置身其中的现代社会的一个社会构建的空间。①

四、空间与社会及其具体化

上述社会思想家都无一例外地将空间与社会行为、社会关系连接起来。他们都反对将空间与地点简单理解成脱离了社会的仅仅含有自然属性的等待人们填充的"容器"。空间对于身处其中的个体与社会组织的行为又有着影响作用。从这个意义上讲,空间关系其实参与到了社会关系之中。更进一步,在他们看来,空间不仅仅是社会结构与关系中不可缺少的因素,任何社会思想上的建构都离不开空间。同时,他们还认为,空间事实上就是社会关系的体现,甚至就是社会关系本身。

---

① 显然,苏贾的第一空间与第二空间与列斐伏尔社会空间的三分有些类似。但他的第三空间则完全跳出了前两者的二元对立逻辑。

显然,这里提及的空间(或是社会空间)概念,事实上与我们日常生活中所使用的空间概念相去甚远。在普通的话语体系中,空间是指在某一地点之上的没有任何填充的空洞的实在。如果更进一步,空间是指人们不可把握的无限实在——例如城市的空间、宇宙的空间等。从空间是一种空洞的实在这个意义上讲,空间与人们的社会活动是不可交融的。因此,上述社会理论家体系中的空间与我们日常生活中使用的空间的意义完全不一样。

如果说列斐伏尔与苏贾的社会空间概念更加抽象,那么福柯、布迪厄以及吉登斯的社会空间则并不是远离人们日常生活的遥远而抽象的概念了。① 福柯分析的医院、学校、监狱、工厂等,布迪厄描述的家庭屋里屋外的各种物件的安排、个人空间的分配等,还有吉登斯讨论的时空架构下的在场、不在场、区域化等,无一不与人们自身的具体活动密切相关。但是,细细品味这后三位理论家的社会空间概念,他们与日常生活中的地点的概念更为接近。因为在监狱这样一个地点当中,才有了各种特定的建筑物的形式,才有了监视者与犯人之间的这种权力关系的对比;也只有在家庭住宅这样一个地点当中,才有了家庭中的各种装饰与布置,才有了家庭成员之间的各种依据自身角色而划分的活动区域;也只有在某个地点之上,人们才有在场与不在场的区分。所以,或许,地点才是一个更为准确的与社会关系、社会结构以及社会实践相互交融、互为因果的对应物。

如果说空间的概念是被列斐伏尔等理论家重新纳入到社会理论之中,那么地点的概念则一直在社会理论中占有重要的位置(例如,人类生态学关于城市的研究似乎是关于地点的研究),只不过社会学家们几乎并不明确表明他们的研究就是关于地点的研究。从一定意义上讲,地点是具体化的社会空间。

---

① 列斐伏尔讨论的日常生活中的社会空间其实也是抽象的,并不指代具体的地点。

《清华社会科学》投稿指南

一、刊物宗旨

《清华社会科学》是由清华大学社会科学学院主办、商务印书馆出版的综合性社会科学集刊,旨在为社会学、政治学、理论经济学、心理学、国际关系学、历史学等学科和领域提供一个高水平的学术交流平台,现阶段每年出版两辑。本刊坚持学术为本、问题导向,采用编辑部审稿与匿名审稿结合的方式,倡导严谨的学风,鼓励理论、历史和实证研究相结合。

《清华社会科学》常设"专题""论文""评论"和"书评"四个栏目。"专题"栏目围绕主题发表原创性的研究论文;"论文"栏目发表原创性的研究论文;"评论"栏目刊登学术演讲、学术对话、学术综述;"书评"栏目刊登对国内外社会科学经典著作和最新著作的介绍和评论;另不定期设置"特稿"栏目。

二、投稿体例

(一)专题类、论文类来稿除正文外应同时提供英文标题、中英文摘要及关键词、所有作者的单位及职称(或学历)、主要作者的电话和电子邮箱。评论类、书评类来稿除正文外仅须提供所有作者的单位及职称(或学历)、主要作者的电话和电子邮箱。

(二)引证文献采用页下注形式,每页断码排列注释序码。引证文献无须在文末单列。

(三)注释中的非连续出版物,需依序标注作者、文献题名(若系析出文献,依序标注析出文献题名、文集责任者、文集题名)、出版地点、出版者、出版时间、页码。

(四)注释中的连续出版物依序标注作者、文献题名、连续出版物名、年期(或卷期、出版年)。

(五)注释中的电子文献依序标注作者、电子文献题名、获取和访问路径。

三、说明

(一)来稿请投专用信箱:qhshkx@tsinghua.edu.cn。

(二)来稿录用与否,本刊都会在2个月内通知作者。

(三)来稿一经刊用,即付稿酬并赠刊2册。

四、著作权使用说明

本刊已许可中国知网等网络知识服务平台以数字化方式复制、汇编、发行、信息网络传播本刊全文。本刊支付的稿酬已包含网络知识服务平台的著作权使用费,所有署名作者向本刊提交文章发表之行为视为同意上述声明。如有异议,请在投稿时说明,本刊将按作者说明处理。

图书在版编目(CIP)数据

清华社会科学.第2卷.第2辑/应星主编.—北京：商务印书馆，2021
ISBN 978-7-100-19605-5

Ⅰ.①清… Ⅱ.①应… Ⅲ.①社会科学—文集 Ⅳ.①C53

中国版本图书馆CIP数据核字(2021)第035374号

权利保留，侵权必究。

清华社会科学
第2卷 第2辑（2020）
应 星 主编

商 务 印 书 馆 出 版
（北京王府井大街36号 邮政编码100710）
商 务 印 书 馆 发 行
江苏凤凰数码印务有限公司印刷
ISBN 978-7-100-19605-5

2021年3月第1版　　开本 787×960 1/16
2021年3月第1次印刷　　印张 20¾
定价：98.00元